城市轨道交通运营效率优化理论与关键技术

解晓灵　著

中国财富出版社有限公司

图书在版编目（CIP）数据

城市轨道交通运营效率优化理论与关键技术／解晓灵著 . —北京：
中国财富出版社有限公司，2024.3
ISBN 978－7－5047－7188－9

Ⅰ.①城…　Ⅱ.①解…　Ⅲ.①城市铁路－交通运输管理－研究－中国
Ⅳ.①U239.5

中国版本图书馆 CIP 数据核字（2020）第 118881 号

策划编辑	张　茜　郑欣怡	责任编辑	白　昕　陈　嘉	版权编辑	李　洋
责任印制	尚立业	责任校对	杨小静	责任发行	敬　东

出版发行	中国财富出版社有限公司
社　　址	北京市丰台区南四环西路 188 号 5 区 20 楼　　　邮政编码　100070
电　　话	010－52227588 转 2098（发行部）　　010－52227588 转 321（总编室）
	010－52227566（24 小时读者服务）　　010－52227588 转 305（质检部）
网　　址	http：//www.cfpress.com.cn　　排　版　宝蕾元
经　　销	新华书店　　印　刷　北京九州迅驰传媒文化有限公司
书　　号	ISBN 978－7－5047－7188－9/U·0118
开　　本	710mm×1000mm　1/16　　版　次　2024 年 3 月第 1 版
印　　张	12.25　　印　次　2024 年 3 月第 1 次印刷
字　　数	220 千字　　定　价　68.00 元

作者简介

解晓灵，女，1986 年出生，河南省郑州市人，现为北京物资学院物流学院讲师，博士。2011 年获国家留学基金委资助，作为联合培养博士生前往日本早稻田大学学习城市规划专业，2015 年北京交通大学交通运输规划与管理专业博士毕业。主持中国物流与采购联合会项目 1 项、校级教改项目 1 项，公开发表第一作者论文 5 篇。主要研究方向为运输组织现代化、运输与物流、仓储与库存管理等。

前　言

　　近年来，中国进入了城市轨道交通建设与发展的高峰期，北京、上海、广州等城市的轨道交通运营里程已位居世界前列。城市轨道交通具有快速、大运量、低能耗、低环境污染等优势，可缓解日益严峻的城市道路交通拥堵问题，满足城市居民的出行需求。伴随城市轨道交通网络规模的扩大，高峰期客流拥挤、换乘不便等运营效率问题逐渐显现。本书以研究城市轨道交通运营效率的优化为目的，在深入剖析国内外轨道交通系统运营经验的基础上，从线路运输组织方案、车站换乘效率优化方案等几个方面，介绍相关的运营组织理论与关键技术。

　　本书的主要特色是在介绍城市轨道交通基本分类和基本概念的基础上，从线路运输组织、换乘站结构与客流集散效率优化技术等多个方面，较为全面地研究了城市轨道交通运营效率优化问题。其中引用了大量的国内外城市轨道交通系统的案例。这些案例印证了本书提出的相关理论和优化技术的可行性，有助于推动运营组织理论的发展与完善。在优化我城市轨道交通系统运营效率、提高人民出行便捷性与满意度上，具有较强的理论与现实意义。

　　本书在撰写过程中，参考了国内外诸多学术专著、论文、研究报告和技术标准，感谢各位城市轨道交通领域学者提供的丰硕研究成果。这些理论和技术不仅是行业发展的奠基石，也对本书形成结构完整的理论体系起到了重要的支撑作用。

　　在此，本人要特别感谢母校北京交通大学多年的培养，感谢导师张星臣教授的辛勤培养以及师门兄弟姐妹们的无私帮助，感谢国家留学基金委提供的留学资助，感谢家人的理解和支持，感谢工作单位北京物资学院创造的良好学术环境。

　　因作者学术水平有限，书中难免有错漏之处，还请各位前辈、同行批评指正。

作　者

2023 年 10 月

目　录

第一章　城市轨道交通分类与发展现状

城市轨道交通是指采用专用轨道导向运行的城市公共客运系统。它是现代城市交通体系的重要组成部分，在提高城市交通运营效率、缓解城市道路交通拥堵方面发挥了重要作用。

本章首先介绍了城市轨道交通按照不同技术要素的基本分类和特征；其次介绍了城市轨道交通在日本、美国、法国、英国等发达国家的发展历程和现状；最后介绍了我国北京、上海、香港和台湾等地区的城市轨道交通发展现状。在此基础上，将国内外城市轨道交通系统在同站台换乘和网络化运营领域的异同点进行了对比和总结。

第一节　城市轨道交通分类

城市轨道交通可按照技术特征、线路敷设方式、综合技术与运营特征等不同的侧重点进行细分，如图 1-1 所示。

一、城市轨道交通的技术特征

城市轨道交通的技术特征主要是指列车运行过程中所具有的机械特征，主要包括支撑方式、导向方式、驱动方式和运行控制方式四类。

1. 支撑方式

其中，轮轨系统支撑方式是列车与轨道之间最常见的纵向方式，可分为坐式和悬挂式。列车在上、轨道在下的是坐式列车；列车在下、轨道在上的是悬挂式列车，如图 1-2 所示。我国的首列新能源悬挂式空中列车于 2016 年 9 月 30 日在成都市双流区的中唐空铁产业园短距离试跑成功。区别于常见的坐式列车，悬挂式列车属于轻型中速列车，每节车厢定员 75~100 人，通常采用 4 节以下的短编组，工程造价较低，工程建设难度也较低，因此十分适合中小城市运量不大的线路，或者机场接驳线路使用。

```
                        城市轨道交通
        ┌──────────────────┼──────────────────┐
      技术特征          线路敷设方式      综合技术与运营特征
        │                  │                  │
    ┌─ 支撑方式 ─┬─ 坐式          ┌─ 地下线路      ┌─ 地铁系统
    │           └─ 悬挂式         │              ├─ 有轨电车
    │                            │              │
    ├─ 导向方式 ─┬─ 轮缘导向        │              ├─ 轻轨系统
    │           └─ 导向装置导向      ├─ 高架线路      ├─ 单轨系统
    │                            │              │
    ├─ 驱动方式 ─┬─ 黏着制         │              ├─ 磁浮系统
    │           └─ 非黏着制        │              │
    │                            └─ 地面线路      ├─ 自动导向轨道系统
    └─ 运行控制方式 ┬─ 有人驾驶                     │
                └─ 无人驾驶                     └─ 市域快速轨道系统
```

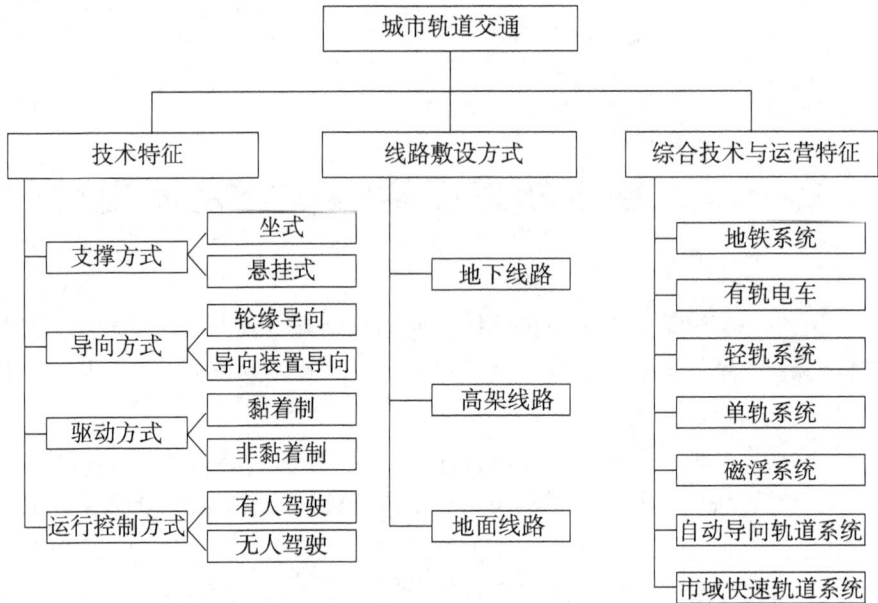

图 1-1　城市轨道交通分类

图 1-2　悬挂式列车

资料来源：新华网。

2. 导向方式

导向方式是指将列车约束在轨道方向上的方式，主要分为轮缘导向和导向装置导向两种。轮缘导向的基本原理是在钢轨支撑方式下，列车通过轮缘的凸起被约束在轨道上；导向装置导向解决了橡胶轮胎没有轮缘凸起，需要额外的导向装置进行约束的问题。

3. 驱动方式

根据牵引力的不同，驱动方式可分为黏着制和非黏着制两类。通过轮轨间的摩擦实现牵引力传递的方式被称为黏着制，传统的轨道交通均采取这种方式；后来随着线性电机技术的发展，磁浮系统实现了非黏着制牵引，由于减少了摩擦的损耗，非黏着制可以实现更大的牵引力和制动力。例如，上海磁浮列车线，是世界上第一条投入商业运营的高架磁浮专线，列车设计最高运营速度达 430km/h，运行十分平稳，噪声小，无废气。然而工程造价高是制约磁浮线路普及和发展的主要"瓶颈"，相较于其他交通方式，昂贵的票价会影响列车的上座率，易出现运营亏损等问题。

4. 运行控制方式

运行控制方式主要分为有人驾驶和无人驾驶两类。目前我国大多采用的是有人驾驶的控制方式。2017 年年底开通的北京地铁燕房线采用的是无人驾驶的全自动运行系统，全程无须司机和乘务人员介入，列车自动唤醒、站间行驶、到站精准停车、自动开闭车门、自动发车离站、自动回库等一系列动作均由系统控制。未来将逐步推广无人驾驶技术，许多新线将考虑采用该技术的运行控制系统。

二、城市轨道交通的线路敷设方式

按照线路敷设方式，城市轨道交通可分为地下线路、高架线路和地面线路三大类。

1. 地下线路

地下线路是指线路位于地下隧道，其主要优点是与地面交通完全分离，不占用地面空间，不易受气候影响；缺点是工程造价高，且需要较高的施工技术支持。例如，上海等地的软土，在施工中易发生塌陷事故；而广州等地是上软下硬的复合式地层，对盾构隧道施工造成了一定技术困难。此外，地下线路的防灾反恐问题也要引起足够的重视。例如，1995 年日本东京地铁的沙林毒气事件，是一起造成 13 人死亡及 5510 人以上受伤的惨重安全事故。

2. 高架线路

高架线路是指线路位于地面之上的高架桥，其主要优点是保持了专用道形式，占地少，解决了与城市地面交通的平面交叉问题，相较于地面线路减少了与其他交通方式间的车流干扰；工程造价适中，介于地面线路和地下线路之间；线路施工、运营维护、防灾设计比地下线路简单。其缺点在于线路区间的高架桥桩和地上车站要占用一定的城市用地和空间，会受到光照、噪声等方面的影响，同时线路也易受台风、暴雨、暴雪等极端天气的影响。

例如，北京地铁13号线于1999年开工，2002年投入运营，是北京市第一条高架线路，全长约40.9公里，西起西直门站，东至东直门站，采用了与北京北站始发的京包铁路立面平行的线路规划方案，一定程度上减少了对城市核心区域土地的占用问题，节约了施工费用，提高了回龙观附近小区居民出行效率。然而，由于对换乘问题考虑不足，北京地铁13号线与其相交的2号线、5号线、8号线、10号线、15号线等线路的换乘时间较长，尤其高架线路与地下线路的换乘不便问题十分突出，例如，东直门站13号线与2号线的换乘需步行7分钟。

3. 地面线路

地面线路是指位于地面的轨道交通线路，其优点在于造价低、施工简便、运营成本低，线路易于调整和维护；主要缺点是平交道口对城市道路交通的影响较大，同样易受极端天气影响。20世纪初风靡发达国家的有轨电车就属于地面线路。

为减少轨道交通对道路交通的负面影响，保障道路交通通行能力和交叉口通行效率，北京地铁八通线就采取沿京通快速路、建国路等城市道路而建，部分地面、部分高架的线路敷设形式。八通线双桥站区段与京通快速路同为高架结构，乘客由地面站厅进站，上楼梯进入二层高架站台乘车；而八通线四惠站、四惠东站则与建国路同位于地面。

三、城市轨道交通的综合技术与运营特征

上文结合案例，分别介绍了按照技术特征、线路敷设方式等某一方面特征对城市轨道交通系统的分类，然而在实际建设和运营管理中，往往要根据综合技术与运营特征进行分类。

我国国家标准《城市轨道交通技术规范》（GB 50490—2009）中将城市轨道交通定义为采用专用轨道导向运行的城市公共客运交通系统，包括地铁系统、轻轨系统、单轨系统、有轨电车、磁浮系统、自动导向轨道系统、市域快速轨道系统。

1. 地铁系统

地铁系统与轻轨系统的主要区别在于轴重，由于地铁系统的轴重大，故而载重也相应较大。单方向旅客输送能力在 3 万人次/小时以上的城市轨道交通系统可称为地铁系统。

具有容量大、速度快、安全准时等特征的地铁系统为合理控制工程费用，常常综合考虑地形、城市土地开发强度等因素，线路有时部分位于地下，部分位于地上，采取地面或者高架形式。

例如日本东京地下铁丸之内线（Tokyo Metro Marunouchi Line）早在 1962 年就开始通车运营，当时的地下隧道盾构施工技术尚不发达，且成本较高，只有少数区段采用该技术施工，主要采用明挖法进行地下线路区段的施工，故而地下线路深度较浅。受东京地区地形的影响，整条线路在地上与地下之间穿梭。丸之内线四谷站采用了高架形式，下方以立面交叉形式穿行而过的是日本铁路公司（JR）的中央线四谷站。

北京地铁八通线作为一条 6 节编组的大运量地铁线路，考虑到沿京通快速路等道路建设，沿线土地开发成本较低，几乎全线采用了地面或者高架形式，而非传统意义上的地下线路。

地铁系统的主要技术经济特征如下。

（1）大运量：列车编组 6～10 节，每节车厢可搭乘 250～310 人，按照最小运行间隔时间 2 分钟计算，单向乘客输送能力可达 4.5 万～9.3 万人次/小时。

（2）速度快：考虑停站乘客乘降时间、起停车附加时间等因素影响，线路平均运营速度可达 30～60km/h。

（3）安全准时、线路专用、绿色环保等。

2. 有轨电车

有轨电车是采用电力驱动并在专用轨道上行驶的轻型城市客运轨道交通车辆。有轨电车又称"路面电车"，20 世纪初曾在欧美发达国家的大城市风靡一时，然而随着小汽车的普及，道路交通出现拥堵问题，有轨电车一度在与私家车和公共汽车的竞争中处于劣势，于 20 世纪中叶陆续被拆除。近年来，由于中小城市无法负担地铁的巨额投资，或者达不到修建地铁的旅客运输量指标要求，有轨电车又逐步回到了城市公共交通的队伍当中。

采用先进技术的现代有轨电车解决了噪声和能耗问题，具备造价低廉、路权多样性、运行灵活、系统智能化、环境友好、便捷舒适和美观等优点，尤其是在一些历史文化区，其本身就有城市旅游名片的作用。

有轨电车的主要技术经济特征如下。

（1）小运量、灵活运行：列车编组 1~2 节，每节车厢最多可搭乘 75 人，按照最小运行间隔时间 2 分钟计算，单向乘客输送能力可达 0.23 万~0.45 万人次/小时。

（2）造价低廉：无须挖掘地下隧道，1 公里有轨电车线路的投资仅为地铁线路的 1/20~1/3。以长春有轨电车为例，包括车辆采购、轨道铺设、线网建设等全部设备在内，每公里造价仅为 2000 万元人民币，远远低于地铁每公里数亿元的造价。

（3）环境友好：采用电力牵引，符合绿色交通城市发展要求。

例如武汉光谷现代有轨电车于 2018 年 4 月 1 日开通运营，日均可运送 10 万人次客流，其中 T1 线途经步行街等商业设施，是城市景观风景线，极大提升了武汉光谷的城市形象。该线通过同台换乘、立体换乘等多种方式，实现与城际铁路、地铁、BRT（快速公交）、常规公交等交通方式的一体化衔接；通过站台无障碍设计、降噪减震等人性化措施，体现了环境友好的高服务水平。线路采用专用路权形式。在交叉口处与道路交通混合运行，易受其他路面交通方式的干扰，因此利用智能交通技术，在交叉路口采用相对优先和绝对优先相结合的方式，可以有效保障有轨电车的通行速度，提高运输效率，保障行车安全。

日本作为有轨电车建设与发展较早的国家，经历了有轨电车从繁荣到衰落的整个过程，都电荒川线是东京现今唯一运营的有轨电车，线路全长 12.2 公里，日均客流量 5 万余人次。由于站间距短，途经老年人聚居地及生活配套设施齐全，故而格外受老年乘客欢迎。该线是东京有轨电车的"活历史"，多次被媒体专题报道，吸引了不少游客。该线有轨电车在平交路口并没有优先权，和其他路面交通工具一样需要等待交通信号灯，需要礼让行人，因此运行速度较低。

3. 轻轨系统

轻轨系统是从旧式有轨电车系统发展演变而来的。国际公共交通联合会给出的"轻轨交通"（Light Railway Transit，LRT）的定义为在旧式有轨电车基础上发展而成的中等运量、车辆自身重量较轻的新型有轨电车交通方式，即轻轨交通车辆施加在轨道上的荷载重量，相对于货运列车和地铁荷载重量来说比较轻。

轻轨系统按照专用路权情况可分为三类：无平面交叉的专用行车线路、

有平面交叉的专用行车线路和与其他机动车辆共用行车线路。为保障行车速度，现在新建轻轨系统要求至少有40%的线路与道路完全隔离。

轻轨系统的主要技术经济特征如下。

（1）运输能力适中，列车编组2～6节，每节车厢最多可搭乘200人，按照最小运行间隔时间2分钟计算，单向乘客输送能力为1.2万～3.6万人次/小时。该运量介于地铁和有轨电车之间，适合中型城市以及市郊线路等。

（2）运行速度适中，可达50km/h，较有轨电车有大幅提高。

（3）路权形式多样，能够深入行人区域，十分便捷；又可与道路交通隔离，提高行车速度。

（4）造价和投资费用较低，建设和施工灵活，可分阶段建造。例如北京地铁13号线原称北京城市轻轨铁路，在2002年开通运营之初是4节编组，后因客流量较大升级为6节编组。由于该线途经北京市北部多个重要的居民区，于2019年6月开始了扩能施工改造，这样可以进一步缩短发车间隔，提高运输效率和能力。该案例说明了轻轨系统作为中等运量的城市轨道交通系统，不太符合特大型城市市内通勤干线对运量的需求。该案例启示我们在城市轨道交通线路规划中，应根据当地的人口、交通需求量和职住空间结构选择合适的轨道交通系统。

4. 单轨系统

单轨系统是一种车辆与特制轨道梁组合成一体运行的中运量轨道运输系统，根据行驶方式的不同，分为跨坐式和悬挂式两种。单轨车辆的橡胶轮胎不仅可以起到承重的作用，还能保持车辆的平衡和稳定以及车辆的导向。

单轨系统最早主要用于游乐项目，后逐步在欧洲发展为城市轨道交通系统，在亚洲，日本单轨系统发展较早，已有30余条单轨线路运营。

单轨系统的主要技术经济特征如下。

（1）占地面积小。一般利用城市道路中央隔离带设置结构墩柱，能够适应复杂地形条件，能够在狭窄的街巷上空或者楼宇内部穿行。

（2）造价低。单轨系统结构较为简单，易于建造，不仅成本较低，而且工期较短。

（3）运量较大。列车编组国外一般4～6节，国内可达到6～8节，每节车厢最多可搭乘140人，按照最小运行间隔时间2分钟计算，单向乘客输送能力在1.7万～3.4万人次/小时。

例如重庆轨道交通 2 号线、3 号线就是国内著名的单轨线路。单轨作为重庆的交通名片，其中 2 号线代表了"巴蜀文化"，3 号线则代表了"寻常百姓"，不仅是重庆市民日常的通勤和生活出行交通工具，还是欣赏重庆山水文化的旅游线路。

以"空中列车穿楼而过"出名的 2 号线李子坝站，是国内第一座车站与商住楼同步设计、同步建设和投入使用，采用站桥分离结构形式，轨道车站桥梁与商住楼结构支撑体系分开设计的建筑结构。这有效解决了车站与楼宇结构传力及震动问题，最大限度地减少了列车行驶带来的震动和噪声影响，使车站与商住楼能和谐共生，实现了城市土地资源的集约利用。

5. 磁浮系统

磁浮系统是一种非轮轨黏着传动、列车悬浮于地面的交通运输系统。磁悬浮列车就是依靠电磁吸力或者斥力将列车悬浮于空中并进行导向，实现列车与地面轨道间的无机械接触，再利用线性电机驱动列车运行。

磁悬浮列车分为超导型高速、常导型高速和常导型中低速三类。其中，常导型高速磁悬浮列车的速度可达 400～500km/h，代表线路有上海高速磁悬浮列车；常导型中低速磁悬浮列车的速度可达 100～110km/h，代表线路有日本东部丘陵线中低速磁悬浮列车。二者相比，常导型中低速磁悬浮列车具有环保、安全性高、爬坡能力强、转弯半径小、建设成本较低等优点，因此更适合城市市区的轨道交通系统。

磁浮系统的主要技术经济特征如下。

（1）列车运行速度快。这是其他城市轨道交通系统难以超越的，常导型中低速磁悬浮列车 100～110km/h，常导型高速磁悬浮列车 400～500km/h，超导型高速磁悬浮列车超过 500km/h。

（2）噪声低，维修少。由于没有机械接触和摩擦，消除了传统列车轮轨摩擦的噪声污染，也大幅降低了日常线路维修费用。

（3）能耗小，环境污染少。采用电力驱动，实现了环境友好型运营模式。

磁浮系统造价极其高昂，另有一些有待进一步论证和研究的问题，例如强磁场对人的健康是否有影响、紧急情况断电后的安全保障措施等。

日本东部丘陵线中低速磁浮线位于爱知县，于 2005 年日本爱知世博会前开通运营，线路全长 8.9 公里，共设 9 座车站，最高时速 100 公里，全程运行时间约 17 分钟，高峰期发车间隔 7 分钟，非高峰期发车间隔 10 分钟，全线除地面线路外，还有部分地下线路。

6. 自动导向轨道系统

自动导向轨道系统是由电气牵引，具有特殊导向、操纵和转折方式的胶轮车辆，单车或多车编组运行在专用轨道梁上的中运量轨道运输系统。客运能力适中，高于公共汽车，而建设成本又低于地铁和轻轨系统，非常适于观光或机场摆渡等中短距离线路使用。

自动导向轨道系统的主要技术经济特征如下。

（1）客运能力适中，每小时输送乘客 0.5 万～1.5 万人次。

（2）专有路权，运行在专用的高架轨道上，没有平交道口，不受道路交通拥堵的影响。

（3）橡胶轮胎，技术上易于实现，但速度不能过高，运行速度一般在 60～70km/h，高速会导致轮胎过热，此外轮胎摩擦的能耗较普通铁路略高。

（4）可采用无人驾驶技术以及车站无人管理模式。

自动导向列车在日本、法国和德国均有所发展，世界上第一条开通运营的自动导向列车是 1981 年日本神户港人工岛线。该线采用的就是无人驾驶技术。我国第一条运营的自动导向列车是北京首都国际机场 T3 航站楼国际进出港旅客的机场摆渡车。

7. 市域快速轨道系统

市域快速轨道系统是指由电气机车或内燃机车牵引，轮轨导向，车辆编组运行在城市中心与市郊、市郊与市郊、市郊与新建城镇之间，以地面专用线路为主的大运量快速城市轨道交通系统，另可简称为市域铁路、市郊铁路、市域快线、都市快轨和市域快轨等。

按照线路服务范围可分为两大类，连接中心城区和城市边缘区域的通勤线路相对较短，一般在 20～40 公里，站间距较小，在 1～1.5 公里；连接中心城区和卫星城的线路相对较长，一般在 40～60 公里，站间距较大，在 3～4 公里。

市域快速轨道系统的主要技术经济特征如下。

（1）大运量。列车编组一般为 8～12 节，每节车厢最多可搭乘 128 人，按照最小运行间隔时间 2 分钟计算，单向乘客输运能力为 3.1 万～4.6 万人次/小时。

（2）专有路权。地面线路成本低，可充分利用既有铁路的线路资源，工程量小。例如，利用以往的货运线路开展城市客运服务，挖掘运力资源。

（3）速度快。列车运行速度为 80～120km/h，且站间距较大，旅行速度高，适于服务大型城市的 1 小时通勤交通圈，覆盖地理范围可包含以城市中心为圆心的 50～100 公里半径区域。

在日本东京都市圈承担主要城市通勤交通分担率的就是市域快速轨道系统。它们构成了以东京都为中心的 50 公里交通圈放射状铁路干线。例如东急私铁开发的田园都市线就是一条非常有代表性的市域快速轨道线路（见图 1-3）。该线始发站是东京都核心区的涩谷站，郊区终点站是中央林间站，共设 27 站，线路营业里程 31.5 公里，平均站间距 1.2 公里。该线规划于20 世纪五六十年代日本经济高速发展期。铁路与住宅一体化开发模式极大地带动了东京郊区多摩地区的开发，为更好地服务于通勤乘客的需求，该线部分车站还进行了四线化改造，并实现了快慢车运营模式，进一步提高了线路运输效率。

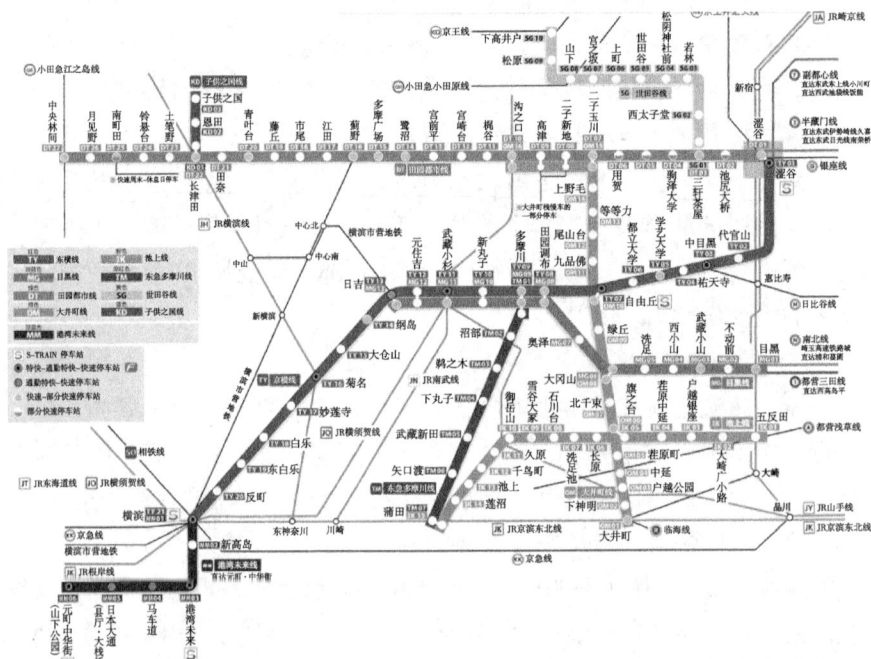

图 1-3　日本东急私铁市域快速轨道网络示意

第二节　城市轨道交通发展现状

一、日本（东京）城市轨道交通发展现状

日本东京都市圈作为世界上最大的都市圈，不仅有着超过 3000 万的人

口，而且还拥有世界上最大的城市轨道交通网络和最高的旅客运输量。以东京火车站为中心，半径50公里范围内，东京都市圈的轨道交通系统每天输送乘客3658万人次。整个城市轨道交通网络里程为2305公里，其中地铁系统运营里程是326公里，地铁车站近300座，有换乘站近百座，最短发车间隔是1分50秒，2015年地铁的日均输送乘客量超过1600万人次。在铁路系统中，由于平均出行距离较长，通勤通学乘客一般都需要在市郊铁路与市内地铁间进行换乘，才能抵达最终目的地。

1. 东京地铁五线换乘枢纽新宿站

世界上最繁忙的换乘站——新宿站也在日本东京。该站日乘降人数在350万人次以上。新宿站集结了包括5家铁路公司的10条线路，其中地铁线路3条，还有长途客车与城市公交场站。这些线路通过庞大的地下步行街、地下步行广场相连接，不仅是一个综合运输枢纽，还是一个休闲商业中心。

2. 东京地铁两线双站换乘大手町站与东京站

大手町站是日本国内线路规模最大的地铁车站，集结了丸之内线、半藏门线、千代田线、东西线和都营三田线5条地铁线路。该站紧邻东京都中心的高铁和既有线铁路枢纽东京站，通过地下联络通道将东西线大手町站站台与东京站站台相连通，方便乘客换乘，换乘时间大约步行7分钟。这种双站步行换乘的布局规划，主要是因为东京站是由日本铁路公司运营的综合铁路枢纽，涵盖了长途高铁、市郊铁路与城市铁路等多种铁路线路。而由东京地下铁公司与都营铁路公司运营的5条地铁线集中在位于东京站500米步行圈内的大手町站，地铁线路都以服务东京都市圈的城市交通为主要功能。这种枢纽双站布局的优势在于明确两站的运输功能定位，有利于运营管理，而且避免了城市交通客流的过度交叉，在一定程度上控制了换乘客流的规模，起到了分流作用。

大手町站的布局，除丸之内线是双线侧式站台，其余4条线路均是双线岛式站台。如表1-1所示，从1956年到1989年，5条地铁线路相继通车，由于地下空间物理结构和线路走向的限制，形成了立面平行与交叉结合的三纵两横布局，是一座大型地铁换乘枢纽车站。该站两两线路间的换乘标准时间为步行2~6分钟。

表 1-1   大手町站换乘标准时间与换乘方式

换乘线路	换乘线路	高差（m）	线路条件	站台形式	换乘类型	换乘方式	步行换乘标准时间（分钟）
丸之内线（1956 年）	东西线（1966 年）	8.2	立面相交	侧—岛换乘	"L"形	非付费区通道换乘	4
丸之内线	千代田线（1971 年）	3.9	平面平行	侧—岛换乘	"L"形	付费区站厅换乘	4
丸之内线	半藏门线（1989 年）	16.9	立面相交	侧—岛换乘	"L"形	付费区节点换乘	2
丸之内线	都营三田线（1972 年）	2.7	平面平行	侧—岛换乘	"N"形	非付费区站厅换乘	6
东西线	千代田线	5.7	立面相交	岛—岛换乘	"L"形	付费区节点换乘	3
东西线	半藏门线	18.7	平面平行	岛—岛换乘	"H"形	非付费区通道换乘	6
东西线	都营三田线	4.5	立面相交	岛—岛换乘	"L"形	非付费区站厅换乘	3
千代田线	半藏门线	13	立面相交	岛—岛换乘	"L"形	付费区节点换乘	2
千代田线	都营三田线	1.2	平面平行	岛—岛换乘	"I"形	非付费区站厅换乘	2
半藏门线	都营三田线	14.2	立面相交	岛—岛换乘	"L"形	非付费区站厅换乘	6

  其中，"I"形平行站厅换乘布局的线路是千代田线与都营三田线，两条线路纵断面平行，车站呈"I"形平面平行，深度不同，由岛式站台端部的楼扶梯连通上层的换乘站厅。这种"I"形平行站厅换乘的布局方式，有高差损失小、换乘时间短、换乘距离短、路径易于辨识的优势，因此换乘效率很高。

  "N"形平行站厅换乘布局的线路有丸之内线与千代田线，需步行 4 分钟；丸之内线与都营三田线，需步行 6 分钟。"N"形平行布局是"H"形平行布局的补充，解决了两站台范围内无法由垂线连通的问题，在站台的延长线上修建联络通道实现换乘。因此，在大手町站这种结构复杂的车站，存在距离较长、通道和楼扶梯系统复杂的换乘流线。这就需要在车站换乘指示系统上加以优化，避免乘客迷路。例如，乘客可以在乘坐丸之内线时选择在 2 号车厢处上车，减少在大手町站站台的无效走行距离，下车正对换乘扶梯，达到提高整个出行链上综合效率的效果。

"L"形相交节点换乘布局的线路有：丸之内线与半藏门线，需步行 2 分钟；东西线与千代田线，需步行 3 分钟；千代田线与半藏门线，需步行 2 分钟；换乘时间都控制在步行 3 分钟以内。节点换乘的布局方式是立面相交线路中，比站厅换乘和通道换乘便捷的换乘方式，由楼扶梯系统直接连接两线站台，有换乘路线简捷、距离短，换乘设施占用面积小的优势。

"L"形相交站厅换乘布局的线路有：东西线与都营三田线，需步行 3 分钟；半藏门线与都营三田线，需步行 6 分钟。站厅换乘是节点换乘方式的辅助方式，解决了站台物理距离较远，以及非付费区换乘条件下，需要二次通过进站闸机的问题。事实上，需要在半藏门线与都营三田线这两条线路间换乘的乘客，不必在大手町站花费 6 分钟换乘，可以选择在相邻的神保町站换乘。神保町站在设计上充分考虑了这两线换乘布局的便利性，采用"T"形相交站厅换乘方式，因此换乘时间只需要步行 2 分钟。可见，这样两线双站换乘衔接的规划模式，有效地克服了单一车站物理布局的限制，提高了网络范围内乘客的总换乘效率。

通道换乘布局的线路有："L"形立面相交的丸之内线与东西线，需步行 4 分钟；"H"形平面平行的东西线与半藏门线，需步行 6 分钟。大手町站，东西线与这两条线路的物理距离较长，且与半藏门线高差有 18.7 米之多，采用通道换乘，可以灵活地将两线直接连接，且换乘容量大。东西线、丸之内线与半藏门线这三条线路同属于东京地下铁公司所有，却采用非付费区换乘方式组织换乘，原因是为解决修建换乘通道追加征地和建设投资的问题。这条换乘联络通道是一条服务于地铁乘客的商业街，既满足了乘客的购物需求，又实现了地铁商业开发，提高了企业收益。乘客可使用换乘专用的橙色出站闸机，既享受 30 分钟内换乘可减免票价的优惠，又避免了经由千代田线站厅换乘所造成换乘距离和换乘时间过长的问题，可以说实现了乘客与运营企业的共赢。

3. 东京市郊铁路网络化运营

（1）东京市郊铁路直通建设的历史背景。

东京都市圈"环状据点城市群"是多圈多中心的分散型城市结构，市郊铁路是郊区新城通往中心城区的主要交通手段。早在 1957 年东京"都市计划高速铁道网"规划中，就明确提出了 5 条地铁线路与市郊铁路的直通建设规划，并在 1960 年实现了日本历史上第一例地铁线路与市郊铁路直通，即浅草线（当时称为都营 1 号线）与京成本线（私营铁路）的直通运输系统。

后来在新线建设和旧线改造的规划中，地铁与市郊铁路直通成为一种基本的铁路运输模式。例如，2008 年开始运营的东京地铁副都心线，在建成通车之初实现了与东武铁道和西武铁道这两家私铁公司的三线直通运输，采用快慢车混跑的运输组织模式。

（2）东京地铁与市郊铁路直通网络。

东京地铁全部的 13 条线路中，有 10 条线路采用了与市郊铁路直通的运输模式（见表 1-2），参与的铁路公司共有 13 家，已经形成了直通的地铁线总长 220 公里、市郊铁路总长 666 公里这样规模的复杂网络（见图 1-4）。参与直通的市郊铁路占到了东京都市圈私铁营业总里程的 33%，线路覆盖东京中心区外围的千叶县、埼玉县、茨城县、神奈川县以及多摩地区等各个东京都市圈新城区。

表 1-2　　　　　　　　东京地铁与市郊铁路的直通现状

地铁线路	直通市郊铁路	里程（公里）	开始直通年份
浅草线	京成本线	63.5	1960
	东成田线	7.1	1998
	京急本线	66.9	1968
	京急机场线	4.5	1993
	北总线	32.3	1991
	芝山线	2.2	2002
日比谷线	伊势崎线	34.0	1962
	东横线	16.6	1964
东西线	中央线	9.4	1966
	总武线	6.1	1969
	东叶高速线	16.2	1966

地铁线路	直通市郊铁路	里程（公里）	开始直通年份
都营三田线	目黑线（1 期）	9.1	2000
	目黑线（2 期）	2.1	2008
南北线	埼玉高速线	14.6	2001
	目黑线（1 期）	9.1	2000
	目黑线（2 期）	2.1	2008
有乐町线	东武东上线（1 期）	18.9	1987
	东武东上线（2 期）	22.1	2008
	西武有乐町线（1 期）、西武池袋线（1 期）	40.3	1983
千代田线	常磐线	29.7	1971
	小田园线、多摩线（1 期）	41.9	1978
	多摩线（2 期）	10.6	2002
新宿线	京王线	38.1	1980
半藏门线	伊势丹线（1 期）、日光线（1 期）	50.3	2003
	伊势丹线（1 期）、日光线（2 期）	6.7	2006
	东急田园都市线	31.5	1981
副都心线	东武东上线	40.1	2008
	西武有乐町线（2 期）、西武池袋线（2 期）	40.3	2008

（3）东京铁道网的直通效果评价。

通过地铁与市郊铁路直通，减少了乘客出行的换乘次数；通过开行普通列车（Local）和急行列车（Express），这种快慢车混跑的运输组织模式提高了列车运行速度，从而减少了乘客总出行时间。

对于运输企业来说，由于直通运输列车没有折返时间，可以减少用车数量；也可以缩小原来换乘站的用地和建筑规模；此外利用直通运输，提高了上座率，可增加固定通勤客流比例和客票总收入。

（4）东京浅草线直通运输系统分析。

东京浅草线直通运输系统是日本具有代表性的案例，不仅早在 1960 年就实现直通运输，是日本第一条地铁跨线直通的运输系统，也是目前日本市郊

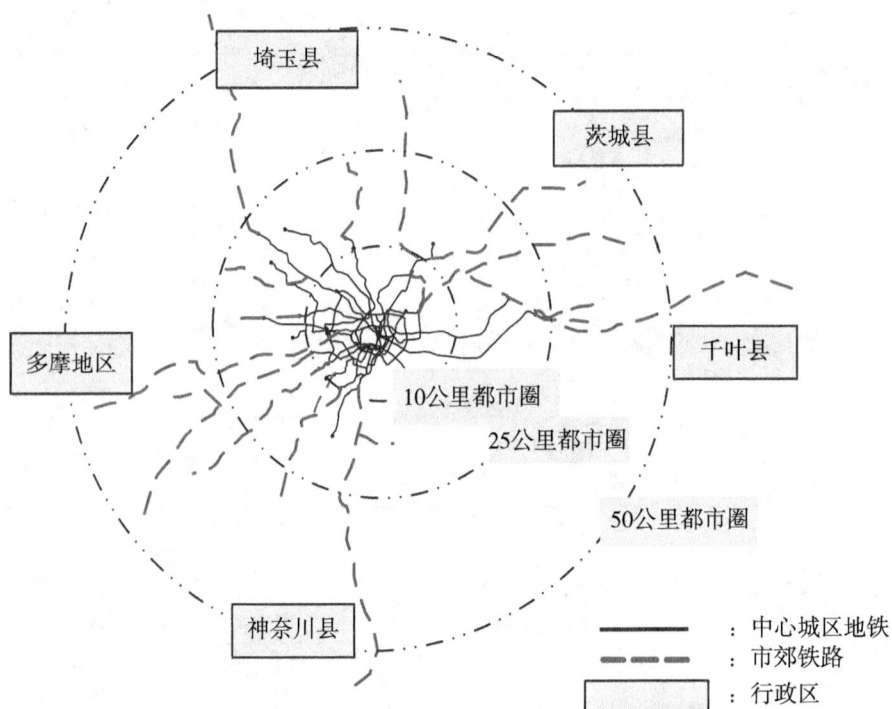

图1-4 东京都市圈地铁与市郊铁路直通网络

铁路与地铁直通运输系统中，参与的运输企业最多、开行直通线路最多、开行列车等级种类最多的复杂直通运输系统。此外，浅草线直通运输系统还发挥着联络成田机场（Narita Airport）与羽田机场（Haneda Airport）这两大国际机场与东京中心区铁路的衔接作用，是具有研究价值的运输系统。

现在的浅草线直通运输系统是由东京都交通局、京滨急行电铁、京成电铁、北总铁道、芝山铁道这5家公司共同运营，7线全长约195公里的铁路网（如图1-5所示）。该系统中的京急本线和京成本线在2010年的拥挤度①分别是153%和146%，是连接神奈川县和千叶县这两个东京都市圈新城的重要通勤线路。

在1959年实行直通运输之前，京成本线原本采用的是长度为1372毫米的窄轨，为了配合采用1435毫米标准轨距的浅草线，当时京成电铁进行了全线标准轨道线路改造。在日本的直通运输系统中，针对轨距和线路信号系统的改造工程较为普遍。

---

① 拥挤度＝实际乘客人数/列车定员×100%。

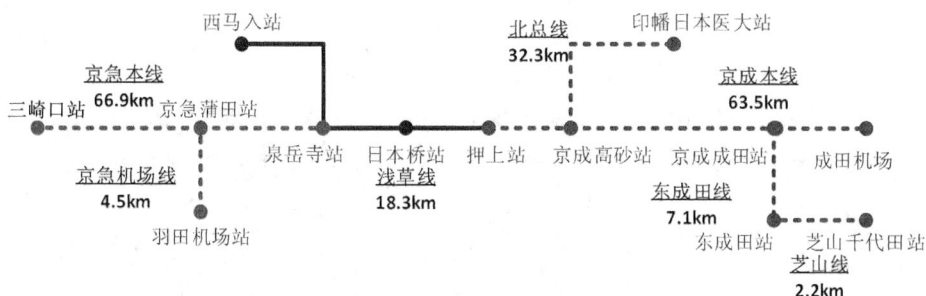

图 1 – 5　浅草线直通运输系统网络

浅草线目前实行的是与芝山线早晚通勤高峰期开行直通特快列车，与其他线路均是终日直通运输的跨线开行方案。

下面针对浅草线在白天非高峰期的直通开行方案进行具体分析。

由浅草线、京急本线和京成本线三线组成的，从京急本线的三崎口站始发，经由浅草线，开往京成本线的京成高砂站方向的干线直通运输分系统。这是浅草线直通网络中最重要的开行线路，途经神奈川县、东京市、千叶县三个地区。

该系统在非高峰期采用每 20 分钟发车一列，基于周期性运行图的开行方案。该方案列车在京成本线内的速度等级分为普通和急行，实行快慢车混跑；在浅草线内则全部是普通列车，实行站站停车；在京急本线内是特快列车（Limited Express），只在大站停车。

在京急本线区段内部，上述 20 分钟一列的直通列车，加上同样 20 分钟一列的京急本线管内的特快列车。该区段的列车开行密度实际是每 10 分钟一列。

羽田机场站始发的直通支线中，有一条通往京成本线的线路。它是从羽田机场经由浅草线开往京成佐仓站方向的线路。该系统每隔 40 分钟交替开行机场特快和普通两个速度等级的列车，从而形成了综合发车频率 20 分钟的运输系统。上述的机场特快在浅草线区段，将停站数量从原本的 15 站减少到了 8 站，区间运行时分与普通列车相比减少了 2 分钟。

另一条衔接羽田机场的直通支线是开往北总线印幡日本医大站方向的线路。该线路的开行方案是每隔 20 分钟发车一列，在京急本线是急行列车，在浅草线、京成本线、北总线都是普通列车。

该直通支线是由浅草线与京成本线等线路组成，从西马込站始发开往京成高砂站方向的线路。它的发车间隔也是 20 分钟一列。该支线列车在浅草线均是站站停的普通列车，而在京成本线采用的是上行方向普通和急行交替发车、下行方向仅有急行的运输组织模式。

在青砥站至京成高砂站这一四线化区段，在早高峰时段 1 小时接入列车 33 列，共有分属于 5 家运输企业的 22 种车型混跑。

上述是参与浅草线直通运输系统的工作日非高峰期开行方案中的主要直通线路。此外，在工作日早晚高峰和节假日，还有其他的临时列车。

由于浅草线直通运输系统是 7 线直通，所以在市郊线区段的运输组织方案也比较复杂。下面就以京成电铁管辖区段的运输组织方案为例，加以详细分析。

京成电铁的线路大多在千叶县境内，这里既有密集住宅区，又是成田机场的所在地。其客流的特征是通勤通学客流在早高峰时段主要是发往东京市区的上行方向，晚高峰则是下行方向；成田机场客流则是早晨为下行方向的机场出发客流，傍晚是上行方向的机场到达客流。

在早高峰时段，为满足以上行方向为主的通勤通学客流，从成田机场、芝山线方向发出的列车以特快为主，其发出频率为发往西马込站特快列车每小时 6 列，发往京成上野站特快列车每小时 3 列，普通列车每小时 9 列。基本满足快慢列车 1∶1 的比例。

机场联络线方面，在早高峰时段则以下行方向为主，每小时从京成上野站发送 3 列最高时速 160 公里的机场快线，以及 3 列一般特急列车。

白天的平峰期，机场快线平均每 40 分钟一列，从东京市区的京成上野站到成田机场需要 36 分钟，中途 10 次停站。与其有相同起讫点，经由京成本线的机场特快列车则是平均每 20 分钟发送一列，全程耗时 1 小时 40 分钟，中途 11 次停站。

需要强调的是从上野站始发的京成本线普通列车开行方案，采用的是在全线划分若干区段，实行小交路套跑，并不存在往京成本线的全线 40 余个站点全部停车的普通列车交路。

整体来说，平峰期京成本线始发的列车加上从浅草线和京急本线接入的直通列车合流之后，平均每小时京成本线的通过列车数量是特快（Limited Express）3 列、快速（Rapid）3 列、普通（Local）6 列，快慢列车比例为 1∶1。

京成本线的高峰期与平峰期的列车停站与发车数量的情况对比，如图 1-6 所示。

浅草线直通运输系统与其他平行线路的合作与竞争关系：在 20 世纪 60 年代规划浅草线直通运输系统的初衷就是为了缓解 JR 总武线的拥挤情况。JR 总武线和京成本线这两条线路在千叶县境内都是以服务去往东京的通勤客流为主的市郊铁路。

早高峰1小时开行方案

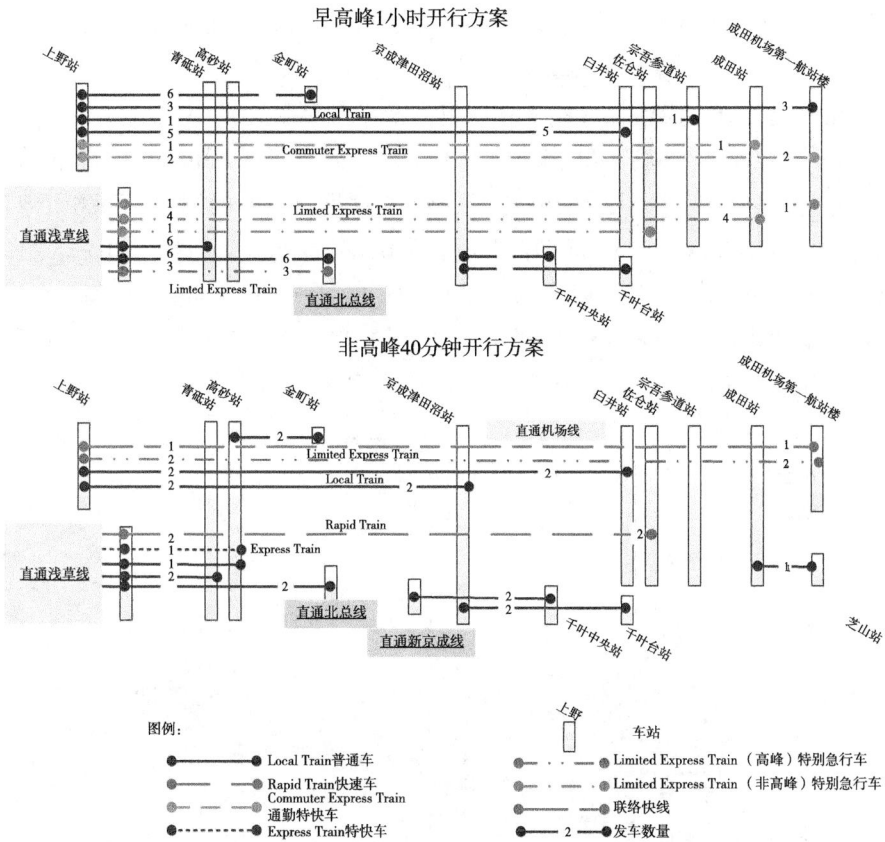

非高峰40分钟开行方案

图例：

● ——	Local Train普通车		□	车站

Local Train普通车
Rapid Train快速车
Commuter Express Train 通勤特快车
Express Train特快车

Limited Express Train（高峰）特别急行车
Limited Express Train（非高峰）特别急行车
联络快线
2 发车数量

图1-6　京成本线高峰期与平峰期的列车停站与发车数量对比

　　由于两线在千叶县境内的线路走向分别是向北部和向南部延伸，覆盖区域有所不同，因此不存在竞争关系。然而在即将进入东京地区的近14公里长的线路区域，两线属于临近的平行线路，尤其在JR总武线的船桥站和京成本线的京成船桥站的距离仅有200米，可以实现步行5分钟内的换乘。因此，JR总武线凭借JR在东京市区的线路网络发达的优势，吸引京成本线的客流在京成船桥站选择换乘JR总武线，造成了京成本线的市区段客流大量流失。由此可见，直通运输系统中市区区段线路的网络密度和效率直接影响着市郊线路的运营效益。

二、美国（纽约）城市轨道交通发展现状

　　美国纽约地铁也是世界上庞大的地铁系统之一，连接着曼哈顿（Manhattan）、布朗克斯区（The Bronx）、布鲁克林区（Brooklyn）及皇后区（Queens County），线路总长1056公里，是纽约人出行的首选交通工具。纽约中央车站

每天接发列车 500 班次，客流量超过 50 万人次，采用 24 小时运行模式，最小发车间隔是 2 分钟。线路采用的是四线（双复线）铁路，分快慢车运营。

纽约地铁时代广场－42 街车站快慢车同站台换乘

纽约地铁时代广场－42 街车站（Times Square－42nd Street）位于曼哈顿 42 街、第七大道与百老汇线的交会处（见图 1－7）。是纽约地铁 BMT 百老汇线（BMT Broadway Line）、IRT 百老汇线（IRT Broadway Line）、IRT 法拉盛线（IRT Flushing Line）、IRT 42 街接驳线（IRT 42nd Street Shuttle）共用的车站，途经的地铁线路有：纽约地铁 1 号线、2 号线、3 号线、7 号线、N 线、Q 线、R 线和 S 线。2011 年共运送旅客 60604822 人次。

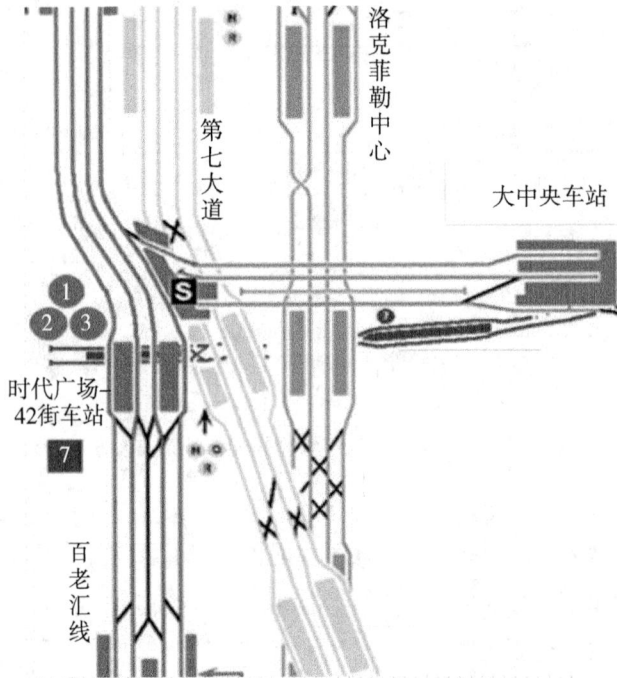

图 1－7　时代广场－42 街车站线路示意

BMT 百老汇线是双岛四线式站台，在站台北端可换乘其他线路，其中两站台外侧停靠的是共线开行的 N 线（24 小时运营）与 R 线（深夜停运），两站台内侧停靠的 Q 线（24 小时运营）为快车线，快慢线可实现同方向的对侧同站台换乘。IRT 法拉盛线是双线岛式站台，停靠共线运营的 7 号线慢车和 7 号线快车，高峰期为快慢车混跑模式，其中，快车的开行方案是在 6：00—10：00 时段加开皇后区方向始发的快车，在 15：00—21：30 时段加开时代广场方向始发的快车。S线是用来连接时代广场－42街车站和大中央车站（Grand Central Terminal）的联络线，S线长0.8公里，区间运行1分钟，可实现两站的付费区免费换乘。

IRT百老汇线是指在南曼哈顿区段属于平行线路的1号、2号、3号线，其中1号线是双线上下行站站停慢车，2号线和3号线是双线共线运输的大站停快车。与BMT百老汇线同样采用了双岛四线式站台，站台北端与BMT百老汇线、7号线等其他站台直接相通，两站台外侧停靠慢车1号线，内侧停靠共线运营的快车2号、3号线。该站台可实现1号与2号、3号线，即快慢线之间的同方向同站台对侧换乘。

快慢车混跑模式下，尽管车辆的区间运行时速相同，但快车通过减少停站的方式，大大提高了速度。在快慢车混跑的整个平行线路上，1号线要停靠19个车站，而快车2号、3号线只停靠其中的6站。以一个高峰期8：00的出行者为例，从50街车站（50th Street）到钱伯大街站（Chamber Street），如果选择1号线，经停站有12个，需要花费18分钟；如果选择在时代广场－42街车站换乘3号线，除去换乘花费的等待时间2分钟，经停站减少到5个，总时间仅为13分钟。可见，对于乘距较长的乘客来说，乘坐快车可以节约其时间。为了充分发挥快慢车混跑运营的优势，进一步提高乘客的出行效率，时代广场－42街车站这样的枢纽车站就针对同方向的快车和慢车，采用了同站台对侧换乘的方式。

通过计算结果可知（见表1－3和表1－4），如果乘客选择在时代广场－42街车站由慢车换乘快车，高峰期平均等待时间是1.1分钟，平峰期也不过2.2分钟。在时代广场－42街车站由快车换乘慢车，高峰期平均等待时间不足2分钟，平峰期也不过2~3分钟。由于2号线与3号线南向的"Y"形共线区段很长，因此换乘2号线或3号线的乘客只要选择这两线中先到达的列车即可，所以统计中不做区分。此外，这种快慢车同站台的运输模式，还能够实现真正的零换乘，即换乘的行走时间和等待时间均可忽略不计。

表1－3 纽约时代广场－42街车站早高峰南向换乘衔接时间统计表 单位：min

线路停站方案	1 慢车			2 快车			3 快车		
时刻	状态	下列1	换乘2或3	状态	下列2	换乘1	状态	下列3	换乘1
8：01				到站	5	1			
8：02	到站	5	2						

续　表

线路停站方案 时刻	1 慢车			2 快车			3 快车		
时刻	状态	下列1	换乘 2或3	状态	下列2	换乘1	状态	下列3	换乘1
8：04							到站	6	3
8：06				到站	7	1			
8：07	到站	5	3						
8：10							到站	5	2
8：12	到站	5	1						
8：13				到站	6	4			
8：15							到站	6	2
8：17	到站	5	2						
8：19				到站	4	3			
8：21							到站	6	1
8：22	到站	5	1						
8：23				到站	6	4			
8：27	到站	4	0				到站	6	0
8：29				到站	5	2			
8：31	到站	5	2						
8：33							到站	7	3
8：34				到站	4	2			
8：36	到站	4	2						
8：38				到站	4	2			
8：40	到站	3	0				到站	5	0
8：42				到站	5	1			
8：43	到站	4	2						
8：45							到站	7	2
8：47	到站	4	0	到站	4	0			
8：51	到站	3	0	到站	4	0			
8：52							到站	6	2
8：54	到站	4	1						

续　表

线路停站方案	1 慢车			2 快车			3 快车		
时刻	状态	下列1	换乘2或3	状态	下列2	换乘1	状态	下列3	换乘1
8：55				到站		3			
8：58	到站		0				到站		0
发车数量	共14列			共12列			共10列		
平均换乘时间			1.1			1.9			1.5

表1-4　纽约时代广场-42街车站平峰期南向换乘衔接时间统计表　单位：min

线路停站方案	1 慢车			2 快车			3 快车		
时刻	状态	下列1	换乘2或3	状态	下列2	换乘1	状态	下列3	换乘1
3：00							到站	8	2
3：02	到站	6	1						
3：03				到站	8	5			
3：08	到站	6	0				到站	10	0
3：11				到站	10	3			
3：14	到站	6	4						
3：18							到站	8	2
3：20	到站	6	1						
3：21				到站	9	5			
3：26	到站	6	4				到站	8	0
3：30				到站	10	2			
3：32	到站	6	2						
3：34							到站	8	4
3：38	到站	6	2						

续　表

线路 停站 方案	1 慢车			2 快车			3 快车		
时刻	状态	下列1	换乘2或3	状态	下列2	换乘1	状态	下列3	换乘1
3：40				到站	7	4			
3：42							到站	8	2
3：44	到站	5	3						
3：47				到站	6	2			
3：49	到站	5	1						
3：50							到站	8	4
3：53				到站		1			
3：54	到站	5	4						
3：58							到站		1
3：59	到站								
发车 数量	11列			7列			8列		
平均 换乘 时间		2.2			3.1			1.9	

三、法国（巴黎）城市轨道交通发展现状

　　法国巴黎拥有堪称世界上最完备的城市轨道交通体系，其中城市轨道交通方式包括地铁、市域快速轨道交通（RER）、市郊铁路、轻轨。发达的轨道交通系统服务于巴黎大区。巴黎大区由巴黎市及周围的 7 个省组成，面积 12012 平方千米，人口数量 1220 万人（2020 年数据）。轨道交通是巴黎大区居民主要的出行工具，日均客流量 600 万人次，重点线路高峰期的最短发车间隔在 1 分 30 秒左右。

　　巴黎大区内的轨道交通地铁所占的份额最大，约占 40%，RER 及市郊铁路约占 30%，所有轨道交通方式加起来所占的市场份额则达到城市公共交通

的70%左右。巴黎地铁共有14条线路（另有2条支线），线路总长213公里，车站300个（384个站厅）和62个换乘站，网络密度极高，大约每500米就有一个地铁站。

地铁网采用的是放射线加环线的布局方式。放射线可以直接疏散城市中心到郊区的客流及穿过城市中心的客流；环线可以加强中心区边缘各客流集散点的联系，外围区之间的客流可以通过环线进行疏解，减轻中心区的交通压力。这种放射加环线布局形式的优点是：换乘次数较少，节省旅客出行时间；运输效率较高，径向输送客流较多；有利于线路的运能平衡，缓解城市中心区的交通负荷；结合城市规划，在三角交叉区设置交通枢纽，形成较大的客流集散点，可使轨道交通与常规公交等交通方式配合良好，提高综合运输效率，也方便居民出行。

巴黎地铁共和国车站，位于巴黎共和国广场，在市中心偏东北方向，是5条地铁线交会的地铁枢纽，5条地铁路分别是地铁3号线、5号线、8号线、9号线与11号线。这些线路都由巴黎大众运输公司（RATP）负责营运管理。该站历史悠久，早在1904—1935年开通运营，是巴黎地区乘降乘客人数最多的地铁站，2017年度超过了1700万人次。如图1-8所示，5条线路在共和国站形成了两纵三横的路网，由于各线运营距离较长，为了缓解共和国站的换乘客流压力，各线路之间均有换乘节点，例如8号线与9号线就有连续5座车站可以换乘。此外，3号线与8号线、3号线与9号线、3号线与11号线、5号线与8号线、5号线与9号线这五组，也都各有两处可换乘节点。这样的线网换乘规划增加了该线网内部换乘可行路径的数量，提高了换乘的灵活性和便捷性。

四、英国（伦敦）城市轨道交通发展现状

英国伦敦是世界上第一个修建地铁的城市，从1863年1月10日第一条地铁投入运营并服务于城市内通勤客流以来，伦敦几乎每年都有新线开通。目前伦敦地铁共有运营线路12条，总长408公里，车站总数346个，其中换乘站56个，占到了车站总数的16%。伦敦地铁日平均客运量达500万人次，高峰时间城市中心行车间隔1.45~2分钟，郊区2~8分钟。

国王十字车站（King's Cross Railway Station）是6条地铁线路的换乘站，2017年度旅客乘降人数近8000万人次，同时在地上连接了国家铁路系统，既是地铁站，也是火车站。地铁站部分分为地下两层，共有8座站台，通过通

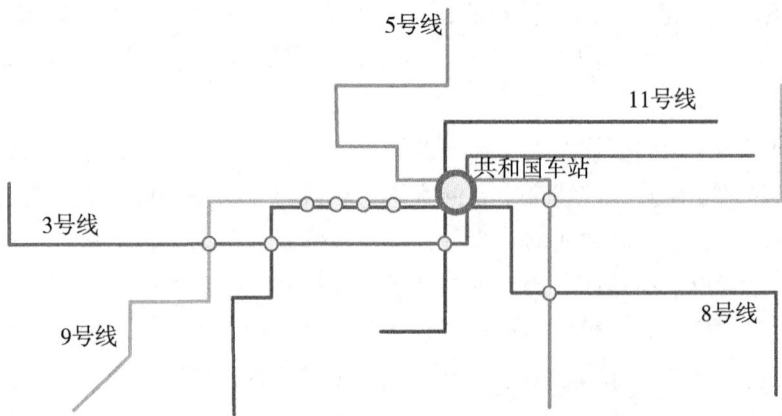

图 1 - 8　巴黎地铁共和国车站换乘网络节点分布

道和站厅相连接。其中位于浅层地下的汉默史密斯及城市线、环线、大都会线（Hammersmith & City/Circle/Metropolitan lines）的 1 号和 2 号站台，采用的是三条共线运输线路的同站台换乘，因此在这三条线路的上行与上行方向之间，或者下行与下行方向之间换乘的乘客只要下车后在站台原地等待换乘线路列车到达即可。这种多条线路同站台换乘的方式十分便捷。

伦敦国王十字车站同站台共线发车间隔统计如表 1 - 5 所示。以 1 号站台为例，高峰期最短发车间隔为 2 分钟，小时接发列数是 20 列，平均发车间隔为 3 分钟，任意两线的换乘衔接时间是 2 ~ 8 分钟。汉默史密斯及城市线（以下简称"汉线"）与环线均采用的是周期性运行图，本线发车间隔 10 分钟，两线换乘衔接时间 5 分钟，且时刻末尾数字都是 0 或 5，非常方便乘客记忆。大都会线（以下简称"大线"）采用的发车间隔 5 分钟与 10 分钟交替循环的周期性运行图，这样可提高发车列数，比另外两条线路多开两列。大线换乘其他两条线路平均需要 5.5 分钟，在 8：27—8：30，存在两列由大线换乘汉线的乘客同时在站台等待的情况，加上一列由环线换乘汉线的乘客，推测该时段有可能造成站台拥挤。由此可见，共线同站台换乘方式在大大减少了乘客的换乘行动阻抗、节省换乘时间、提高换乘效率的同时，由于受列车运行控制信号系统的最小发车间隔制约，还存在候车乘客滞留，站台人员密度较高的安全问题。因此，在换乘车站布局时，不仅应考虑线路条件等物理约束，还应充分考虑运输组织方案对换乘效率的影响。

表 1-5　　　　　　伦敦国王十字站同站台共线发车间隔统计表　　　　　　单位：min

线路时刻	汉默史密斯及城市线				环线				大都会线			
	状态	下列汉线	换乘环线	换乘大线	状态	下列环线	换乘汉线	换乘大线	状态	下列大线	换乘汉线	换乘环线
8：00	到站	10	5	7								
8：05					到站	10	5	2				
8：07									到站	5	3	8
8：10	到站	10	5	2								
8：12									到站	10	8	3
8：15					到站	10	5	7				
8：20	到站	10	5	2								
8：22									到站	5	8	3
8：25					到站	10	5	2				
8：27									到站	10	3	8
8：30	到站	10	5	7								
8：35					到站	10	5	2				
8：37									到站	5	3	8
8：40	到站	10	5	2								
8：42									到站	10	8	3
8：45					到站	10	5	7				
8：50	到站		5	2								
8：52									到站	5		3
8：55					到站	10		2				
8：57									到站			
发车数量	6列				6列				8列			
平均换乘时间			5	3.7			5	3.7			5.5	5.1

五、中国城市轨道交通发展现状

近 20 年，我国进入了城市轨道交通发展的高速建设期，这是因为城市轨道交通相对于其他城市公共交通工具而言，具有安全舒适、快速环保、运能大和能源消耗少的特点。按照同等运能比较，城市轨道交通的能耗只相当于小汽车的1/9、公交车的1/2。因此，城市轨道交通本身就具有重要的节能减排意义。

由于城市轨道交通系统是电力牵引，以耗电能为主，因此，可以在城市城区实现大气污染物的零排放，有利于城区大气环境质量的改善。虽然城市轨道交通在城区实现了零排放，但为城区轨道交通提供电力及发电燃料的相关地区却承受着为城市供电带来的环境污染和生态资源的破坏所产生的后果。由于上述地区一般位于郊区或边远地区，环境容量较大，自净能力较强，只要治理防护措施到位，可大大降低对自然生态环境的影响。因此，特大城市、大城市中，以城市轨道交通为骨干，提高其占公共交通的出行比例，符合国家宏观经济层面的能源政策，有利于建设资源节约型、环境友好型社会。

城市交通噪声是市区声环境的主要污染源。据调查，大城市交通高峰地带噪声明显超过70dB，有些地带甚至超过80dB。交通噪声已明显干扰了部分居民的工作与生活。由于城市轨道交通的特点（市中心区在地下、运行速度适中、车流密度低、昼间运行夜间停运等），该系统的运行噪声比公路交通干道噪声低5～10dB。城市轨道交通的高架区段通过噪声敏感区时一般均设声屏障。因此，城市轨道交通对城区声环境的影响明显低于城市道路。

1. 北京

北京是我国第一个开通地铁的城市，地铁1号线于1971年开通运营，目前共有24条运营线路，运营里程727公里，车站428座，2020年度日均客流量1241万人次，单日最高客流量超过1375万人次。

如表1-6所示，城市轨道交通占用土地资源远远低于道路交通，土地利用强度高。在交通出行供需矛盾突出，交通运输用地紧张的现实背景下，北京地铁多采用大运量、地下线路为主的规划。

表1-6　　　　　　　　　城市公交系统占用土地一览表

类型	地下段	地面段	高架段
轨道交通	仅出入口、车辆段占用少量土地	线路宽约12米	占地宽约10米
公路交通	平均占地宽为30～50米		

（1）国家图书馆站同站台换乘。

国家图书馆站是北京地铁4号线、9号线和16号线的换乘站，也是北京首座同站台换乘车站。此外，还有北京西站、朱辛庄站、郭公庄站和阁村东站等同站台换乘车站。国家图书馆站采用的同层平行布置、异线同站台换乘的双岛式站台设计。虽然两线开通时间不同，但车站在规划设计之初就预留了同站台换乘的站台布置，是北京地铁经典的车站设计案例。

（2）北京地铁1号线与八通线贯通运营。

北京地铁1号线与八通线目前采用的是双线双站换乘的模式，1号线终点站为四惠东站，八通线始发站为四惠站，乘客可在两站实现两线的换乘。由于八通线沿线是北京市东部的居住聚集区，每天都有大量的通勤乘客需要在1号线和八通线之间换乘，换乘量大，不仅造成换乘效率较低，也带来了诸多安全隐患，因此如图1-9所示的换乘流线不得不采取迂回和限流等措施。

为提高运输服务品质，2019年地铁八通线开始了信号系统改造，可实现1号线与八通线的贯通运营，两线采用"大小交路套跑"模式，大交路列车可由1号线西部始发站苹果园，无须在四惠站或者四惠东站换乘，直接开往八通线土桥站，可有效减少乘客的平均候车时间、降低站台滞留率，缓解两座换乘站的客流压力。

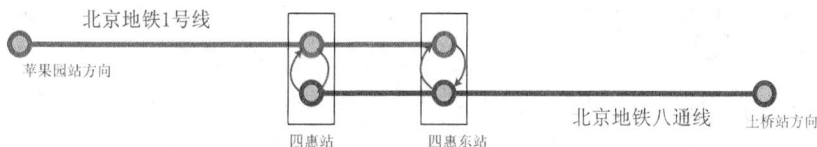

图1-9　北京地铁1号线与八通线双线双站换乘线路布局

（3）北京地铁昌平线与8号线联络线。

昌平区作为北京市北部的人口稠密区域，在2013年之前仅有昌平线一条轨道交通线路，每日的通勤客流承载压力巨大。西二旗站作为当时唯一一座昌平线的换乘站，站台拥挤不堪，乘客往往要多次候车才能顺利换乘13号线进入中心城区工作。2013年，北京地铁运营有限公司发布了昌平线与8号线联络线工程规划方案（见图1-10），联络线全长约6公里，共设3座车站（朱辛庄站、育知路站、平西府站）。其中，朱辛庄站是昌平线与8号线联络线的换乘站，采用同站台换乘模式，由此开启了昌平线双线双站换乘的模式，较好地分流了昌平区通勤客流，缓解了换乘站客流压力，提高了换乘效率。

2. 上海

上海轨道交通是继北京地铁、天津地铁建成通车后，中国内地投入运营的

昌平线

巩华城站

育知路站   平西府站

朱辛庄站   8号线联络线

生命科学园站

龙泽站   回龙观站

西二旗站   13号线

清河站

上地站

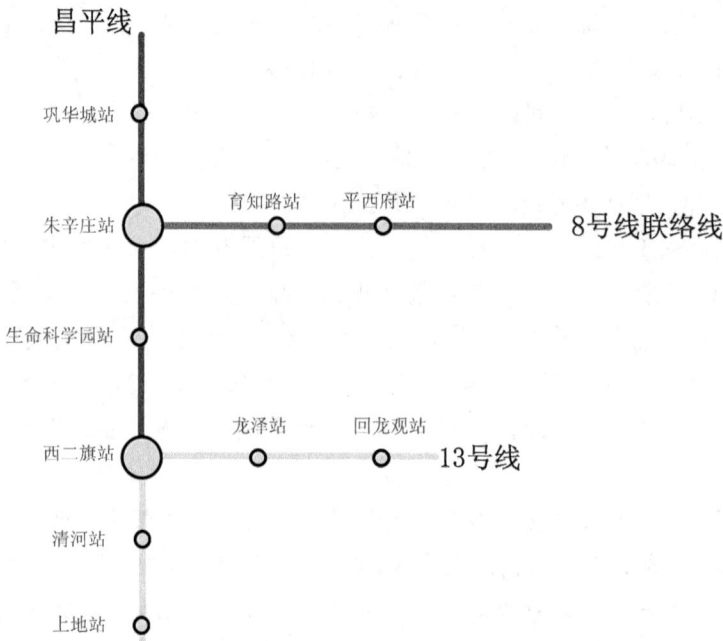

图 1 – 10　昌平线与 8 号线联络线工程规划方案

第三个城市轨道交通系统。截至 2020 年 12 月，上海轨道交通网络已开通运营 19 条线路、459 座车站，运营里程达 772 公里，日均客流量 774.5 万人次。其中，2000 年年底开通的 3 号线是上海第一条高架轨道交通线路，兼具"大小交路套跑"与"共线运营"两种运营模式。2005 年年底开通的 4 号线是环状线，并于 2007 年年底实施"共线加环"的运营管理模式。这种模式在国内尚属首例，在国外也并不多见。"大小交路 + 环线交路共线"运行模式如图 1 – 11 所示。

地铁 3 号线是一条南北走向的直径线，是我国第一条以高架为主的城市轨道交通线路。高架相对于地铁大大降低了建造成本并加快了建造速度，北延伸段的开通对缓解宝山地区居民的出行压力具有相当重要的作用。由于宝山区为市郊，客流量较小，3 号线沿线的客运量分布呈梭形。针对这种情况，3 号线采用大小交路套跑的运营方式，乘客可以通过车站广播、信息提示屏，以及车头 LED（发光二极管）显示屏上的车辆终点站，来区分到达车辆的行驶区间。

从上海南站到江杨北路站为大交路，由于客流量较小，发车间隔就比较大，在 15 分钟左右。从上海南站到长江南路站区段为小交路，虽然该段客流量大，但由于大部分线路与 4 号线共线运营，所以发车间隔相对较大，大致

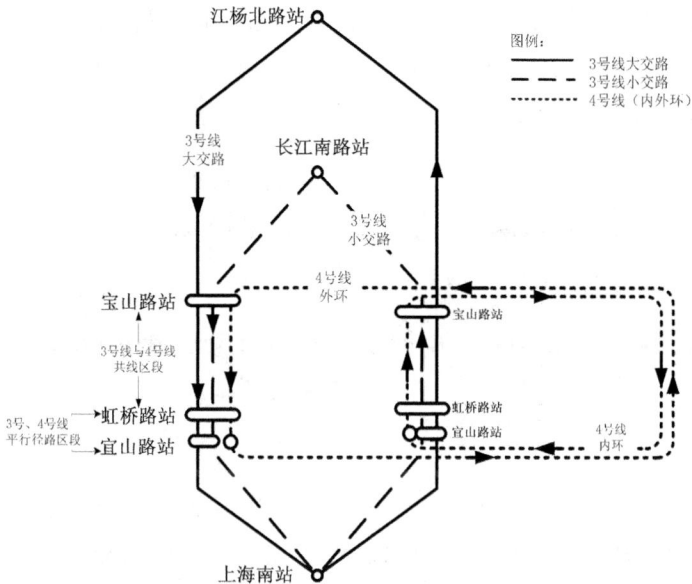

图1-11 上海轨道交通3号线、4号线"大小交路+环线交路共线"运行模式

在5.5分钟。由于3号线、4号线共线运营，实际上，共线运输区段上的各交路列车运行时间间隔在2~3分钟。行车间隔的安排需要成比例匹配，高峰期3号线大交路、3号线小交路、4号线的发车比例在1:3:3。按照3号线列车配属情况及客流情况，在环线开通时3号线采用5.5分钟的最小行车间隔，因此4号线的最小行车间隔只能是5.5分钟。可见，线路的通过能力受共线区段通过能力的制约。因此共线运输的不便之处就在于无法适应长远期客流的增长，在行车组织、客运组织方面的难度非常大。具体行车间隔时分如表1-7所示。

表1-7 上海轨道交通3号线、4号线行车间隔　　　　　　单位：min

时　段			3号线大交路	3号线小交路	4号线（内、外环）
工作日	高峰	7：30—9：30 16：30—19：30	15	5.5	5.5
	平峰	其他时段	15~19	7.5~12	7.5~12
周六日	高峰	7：30—20：30	14	7	7
	平峰	其他时段	15~19	7~10	7~14

长江南路站是 3 号线小交路的终点站，站台布局情况如图 1 - 12 所示。继续开往江杨北路方向大交路车辆可通过正线继续开行，小交路车辆则利用渡线在此站进行折返或整修。

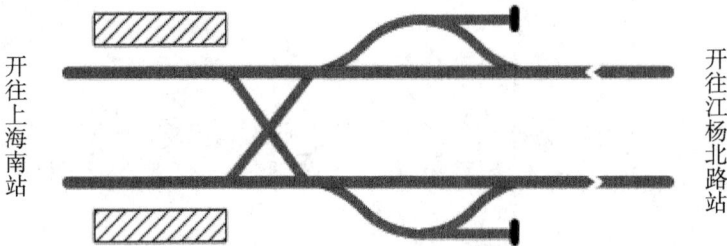

开往上海南站　　　　　　　　　　　　　　　　开往江杨北路站

图 1 - 12　长江南路站车站和线路示意

3 号线、4 号线在宝山路站至虹桥路站之间采用共线运营，不仅节约了建设成本，还方便了乘客，在两线之间实现同方向同站台换乘。该线路区段上，沿途的车站除中山广场站为高架岛式站台外，均设置成高架侧式站台。这种共线模式是在 3 号线的建设阶段，宝山路站北端和虹桥路站南端就预留了出岔连接 4 号线的条件，保障了 3 号线、4 号线可实现简单接轨的布置形式。

然而，从虹桥路站至临站宜山路站是四线区段，3 号线和 4 号线分线运营。因此宜山路车站采用的是长通道换乘的方式，将位于地面三层的 3 号线高架站台与位于地下二层的 4 号线站台相连。

因此，综合考虑各换乘客流的流向和共线区段车站的换乘便捷条件，如表 1 - 8 所示，3 号线与 4 号线的换乘客流大部分可实现同站台换乘或节点换乘，整体的换乘效率高。但值得注意的是，虽然有 9 个车站可实现同站台换乘，但是，客流规律显示一般会集中在两线开始共线的首个车站换乘。

表 1 - 8　　　　上海 3 号线与 4 号线换乘方向与换乘站的关系

3 号线	4 号线	换乘车站	换乘方式
上海南站方向	外环	宝山路站	同站台换乘
上海南站方向	内环	宝山路站	节点换乘
江杨北路方向	外环	宜山路站	长通道换乘
江杨北路方向	内环	虹桥站	同站台换乘

此外，世纪大道站与蓝村路站是一组双线双站换乘车站。其中，世纪大道站位于浦东新区，是上海轨道交通 2 号线、4 号线、6 号线、9 号线的四线换乘枢纽，是全国最大的四线三层换乘地下车站。地下一层为 2 号线、4 号线、9 号线共用的站厅层，地铁 6 号线从站厅中部穿过，拥有一对侧式站台。地下二层有两个岛式站台，分别供 2 号线和 9 号线使用，但没有互相连通，地下三层为 4 号线的岛式站台。四条线路之间的换乘均要通过站厅层实现。

蓝村路站位于世纪大道站南侧，是 4 号线、6 号线的换乘站（见图 1 - 13），地下一层为 4 号线，地下二层为 6 号线，两线均为岛式站台，两线之间通过付费区内的站厅与通道换乘。

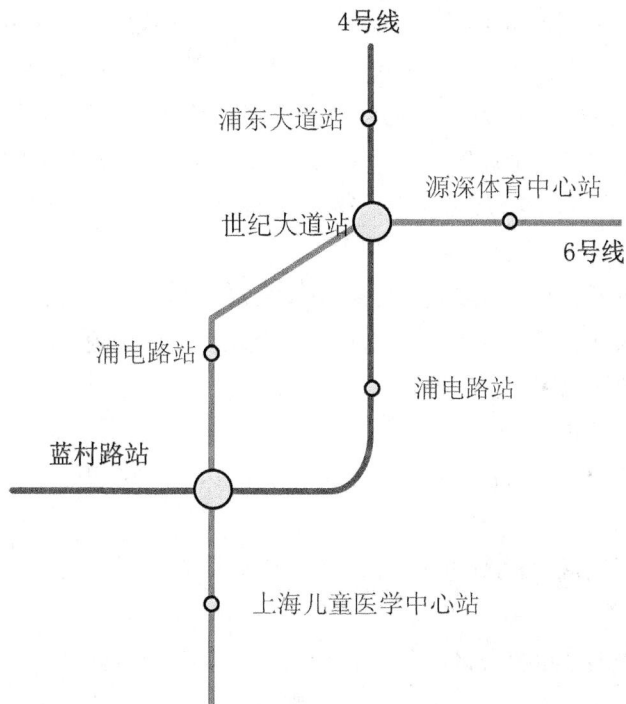

图 1 - 13 世纪大道站与蓝村路站线网位置示意

作为 4 条线路的换乘枢纽，世纪大道站在高峰期的客流量极大，且存在站厅的客流流线冲突问题。与之相邻近的蓝村路站，由于客流量相对较小，且该站在 4 号线与 6 号线之间换乘较为简单快捷，因此可以有效地帮助世纪大道站分散客流，可见这种双向双站换乘的线路布局模式，提高了乘客的出行效率。

从 2012 年 6 月 4 日起，世纪大道站实施了新的换乘方案。每天早上 7 点

30 分至晚上 8 点，2 号线与 6 号线之间的换乘通过 4 号线、9 号线的站厅绕行实现。新换乘方案实施后，6 号线换 4 号线路程比原来增加 40 多米，6 号线换 2 号线路程比原来增加 50 米左右。

该项措施的意图很明显，主要是将 4 号线、6 号线之间的换乘客流转移到蓝村路站，减小世纪大道站的换乘压力。

3. 中国香港

港铁是目前香港最大的铁路运输系统，由香港地铁和九广铁路于 2007 年 12 月合并组成。整个综合铁路系统全长 248.4 公里，由观塘线、荃湾线、港岛线、东涌线、将军澳线、东铁线、西铁线、马鞍山线、迪士尼线、机场快线及轻铁等共 47 条线路组成。港铁以其安全、可靠程度、卓越顾客服务及成本效率见称。港铁日平均客运量 481 万人次，东涌线单向最高客运量 66 万人次/小时，观塘线、荃湾线、港岛线及将军澳线单向最高客运量 8.5 万人次/小时，迪士尼线单向最高客运量 1.08 万人次/小时，东铁线单向最高客运量 1.01 万人次/小时，马鞍山线单向最高客运量 3.2 万人次/小时，西铁线单向最高客运量 6.4 万人次/小时。

高人口密度、高经济发达程度、高社会出行率、高土地利用率及利用成本，这是港铁在建设规划中面临的基本社会现状，也是地铁车站布局设计必须考虑的重要影响因素。

（1）人口密度。

香港九龙地区：面积约 47 平方公里，常住人口 202 万人，人口密度 4.3 万人/km^2。

北京市西城区：面积约 51 平方公里，常住人口 113.7 万人，人口密度 12.2 万人/km^2。

可见，香港城市核心区域的人口密度接近北京同类区域的 2 倍，人口密度因素直接影响了出行需求的强度，客观上对港铁的运输能力提出了极高的要求。因此港铁日运营 19 小时，部分线路在通勤高峰期的发车密度高达 34 列/小时，即平均每 105 秒就有一列列车进站，在车站规划设计中必须充分考虑实现客流的高集疏效率。

（2）高经济发达程度。

香港的人均 GDP（国内生产总值）是 3.68 万美元，而上海作为内地的经济中心，其人均 GDP 是 1.28 万美元，大致相当于香港的 1/3。值得注意的是与经济发达程度成正比的还有社会出行需求程度，以及普遍的高收入人群对地铁各项服务的高层次需求，例如车站的进出站时间效率、步行的便捷性、候车环境的舒适性等。

（3）高社会出行率。

港铁日平均每公里线路运送乘客 2.47 万人，而北京地铁日平均每公里线路运送乘客 2.32 万人。这一数据表明，香港与北京的地铁出行强度相当，运营线路均十分繁忙。

（4）高土地利用率及成本。

香港岛的平均容积率达到了 8～12，是上海中心城区的 4 倍，加之寸土寸金的地价，对于地铁车站的建设来说成本浩大。然而，港铁公司作为世界上少有的，甚至可以说仅有的不依靠地方财政补贴，直接实现运营盈利的地铁运营企业，2012 年在香港实现经营毛利率 54.4%（不含内地及附属公司）。这主要得益于港铁"轨道 + 物业"即运营与地产经营的综合运作模式。

港铁双站双方向同站台换乘方案十分有代表性。香港轨道交通系统共有换乘站 22 座，其中，同站台换乘就有 9 座。形成双站双方向同站台换乘的车站组有：荃湾线和观塘线的旺角—太子换乘站、将军澳线和观塘线的调景岭—油塘换乘站、将军澳线和港岛线的北角—鲷鱼涌换乘站、荃湾线和港岛线的中环—金钟换乘站，如图 1 - 14 所示。

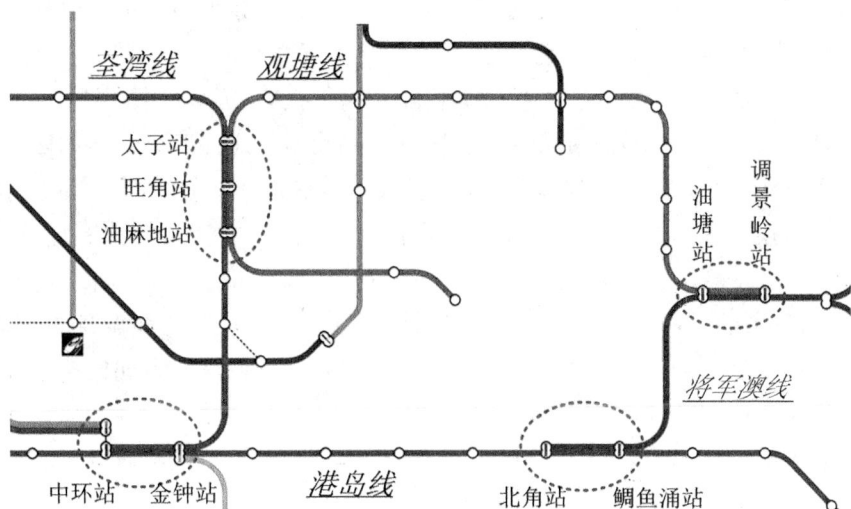

图 1 - 14　港铁双站双方向同站台换乘站分布示意

例如，单岛四线式同站台换乘布局的旺角—太子换乘站，就实现了荃湾线和观塘线两条交会线路中所有换乘方向的同台换乘。香港地铁旺角—太子换乘站线路布局如图 1-15 所示，旺角站承担中环和调景岭两个方向间的换乘，为同向换乘；太子站承担荃湾和调景岭方向的换乘，为异向换乘。采用这种单岛同站台换乘的优势在于保证每个站台上只有一个方向的换乘，避免了客流的冲突，缩短了换乘时间，提高了换乘效率。

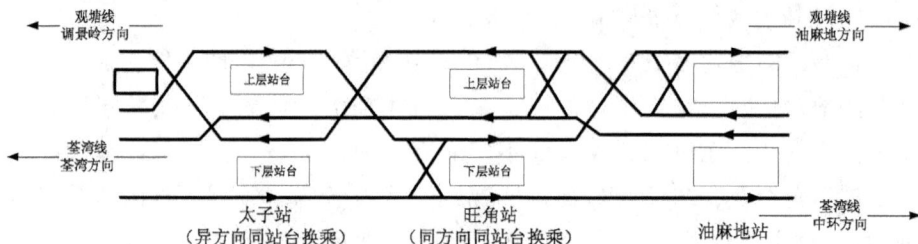

图 1-15　香港地铁旺角—太子换乘站线路示意

若乘客乘坐荃湾线荃湾方向列车在旺角站下车，换乘观塘线调景岭方向列车，只需步行至站台对侧，其走行时间不到 1 分钟，十分轻松便捷。在运营高峰期，两线图定列车的平均换乘衔接时间仅为 2 分钟，因此，乘客的换乘体力成本和时间成本都很低，综合换乘效率很高。

然而，在非高峰期，两线图定列车的换乘衔接时间则为 6 分钟，乘客的等待时间较长。另外，在两线列车开行密度不一致的条件下，可能出现多列列车的换乘乘客滞留站台的情况，对站台客流密度造成了一定影响。因此，同站台换乘模式下，要特别注意运输组织与客流方向、客流量的协调。

从旺角站和太子站横断面可以看出每个换乘站由通往四个方向的四条单线和上下两层两个岛式站台组成。旺角换乘站车站立面布局如图 1-16 所示。

旺角换乘站：上层岛式站台左侧通向中环方向，右侧通向油麻地方向。观塘线由调景岭出发的乘客只需在旺角站下车乘坐对面的列车，即可前往荃湾线中环方向；同理，下层站台左侧通往荃湾方向，右侧通往调景岭方向，通过下层站台，可以实现荃湾线由中环出发去观塘线调景岭方向的换乘，如黑色箭头所示。

香港站与中环站是一组付费区内部步行换乘的车站，两站通过地下换乘通道相连，可实现双站组合通道换乘。

其中，香港站地面层是机场预登机手续办理地点；地下一层（L1）是商店和餐饮服务设施；地下二层（L2）是机场快线的始发终点站，采用侧式站

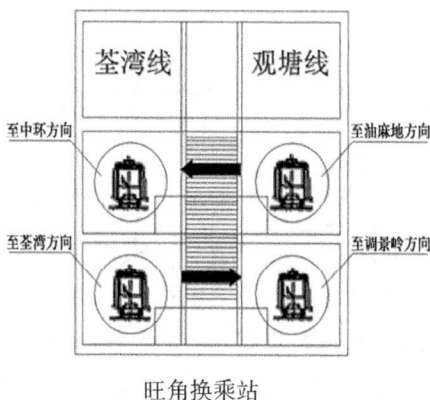

旺角换乘站

图1-16 旺角站车站立面布局示意

台布局；地下四层（L4）是东涌线和迪士尼线的始发终点站，采用岛式站台布局。该站内的线路采用垂直站厅换乘方式。

香港站地下三层（L3）是地铁付费区换乘大厅，换乘通道通往中环站的地下二层（L2）港岛线柴湾方向站台。中环站地下三层（L3）是荃湾线的始发重点站，采用岛式站台布局；地下四层（L4）是港岛线上环方向站台，采用侧式站台布局。

这与北京地铁的车站运营管理方式非常不同，例如，西直门站、国贸站等需要通过长距离通道和付费区换乘的车站，一般都采用统一的命名方式。这就导致了进出站乘客也经常占用换乘通道资源，各进出站口的分流功能不明显。而港铁的这种分别建设两座车站的方式，实现了位于商业中心区域，5条线路大客流量下，有效的独立空间布局。例如荃湾线与东涌线的进出站乘客分别使用中环站和香港站的设施，不会在有限的地下空间相互影响和冲突，每个车站内部的乘客流线都不复杂，楼梯等设施一般都由有同样移动目的的乘客群使用，有利于渠化客流行动方向，提高了客流集散效率。

港铁在尖沙咀—尖东站为了进一步发挥双站步行换乘的分流效果，采用非付费区换乘的方式，持单程票的乘客需要再次购票，且票价费用比其他乘车路径要高，利用价格杠杆调控，避免乘客在尖沙咀地区换乘而改选其他乘车路径。

港铁为了均衡荃湾线和东涌线的车内客流量，采用了车内广播诱导的方式，提示乘客更多地利用东涌线。例如，荃湾线列车由葵芳站开往荔景站途中，车长会播放预录广播提示下一班东涌线开往香港站列车的到站时间，方便乘客选择乘车路线。

六、同站台换乘与网络化运营的应用展望

1. 同站台换乘

国内车站实现同站台换乘的有北京地铁国家图书馆站、郭公庄站与通运门站等，普遍采用双岛式站台形式。可近似认为是三线三站换乘车站组合的有北京地铁西直门站、车公庄站与平安里站，但是由于车站布局结构受地下空间和线路位置的限制，没有实现单岛四线的布局形式和同站台换乘形式，因此为后期运营的列车接续协调以及站内客流组织都带来了一定的困难。

多站组合换乘的车站布局配置模式主要适用于各换乘方向客流量均较大的运输情形，可以最大限度地实现分流效果，是一种良好的从前期基础设施建设到后期运营管理的一体化设计方法。针对线路分期开通运营的情况，以最低的施工和改造成本，提高车站的物理换乘结构布局质量是车站建筑施工领域的热点课题，值得进一步深入研究。

2. 网络化运营

地铁与市郊铁路直通运输系统是城市轨道交通网络的重要组成部分。它非常适合解决都市圈多个功能核心区之间的长距离、大需求的城市交通问题。

在北京的城市轨道交通网络已经形成一定规模的背景下，适时地发展市郊铁路，规划直通线路，提高新城与中心城的交通可达性，是解决城市交通拥堵、提高通勤通学效率、促进新城发展的重要手段。

在城市轨道交通系统规划方面，可以借鉴东京的市郊铁路与城区地铁的直通规划与建设的经验。未来我国的城市轨道交通建设中，为了实现安全、准时、快速、舒适的地铁与市郊铁路直通运输系统，充分发挥市郊铁路大运量、高速度的优势，需要在借鉴国外经验的基础上，针对本地区的城市结构发展特点和旅客出行特点，在市郊线初期设计和后期运营的全过程，对网络化运营体系做进一步深入研究。

（1）北京地铁与市郊铁路直通可行性分析。

北京市现已建成了 727 公里的城市轨道交通线路，基本形成了中心城以天安门广场为圆心的半径 25 公里的铁路交通圈，公共交通出行比例提高到 60%。

从中心城与新城的交通衔接效率来看，公共交通仍欠发达，新城区居民通勤困难。北京市相关部门正在研究开通最长可达 1000 公里的市郊铁路，打

造"一小时都市服务圈",发挥市郊线路与地铁相比时速更快、运载能力更大等优势。

(2)北京发展市郊铁路直通运输系统有以下几方面的优势条件。

中心区地铁网络已经形成规模,为市郊铁路接入后的直通运输,奠定了线路设备条件。

郊区新城已经发展为成熟的人口密集区域,满足了大运量市郊铁路客流需求要素。

北京郊区现有大量半闲置状态的既有线路资源,大大降低了市郊铁路的基础建设成本。

地铁与铁路企业拥有丰富的运营管理经验,并且都有成熟的运营模式以及通信等设备保障方案,为今后的合作奠定了基础。

当然,为实现直通运输,还需要解决换乘站的改造,直通运输线路的规划,直通运行图的编写,车辆运用、乘务计划等具体问题。

(3)地铁与市郊铁路直通运输系统关键性问题分析。

地铁与市郊铁路直通运输系统有以下几方面关键性问题需要注意。

①运输需求预测。通过乘客出行调查和客流计算,推算出郊区乘客的起讫点分布以及出行时间分布,对于市郊铁路的选线、站点设置和编制直通运输系统中快慢车停站方案都十分重要。

②与区域发展相协调。市郊铁路的新建和改建,要特别注意与都市圈总体规划以及新城地区规划等城市发展规划相统一。从国外的发展经验来看,在以铁路为主要出行方式的城市,市郊铁路对于新城发展和多圈层多中心这类城市结构的形成发挥了重要促进作用。

③铁路基础设备设施保障。在铁路的基础设备保障上,要注意不同企业、不同线路种类以及不同车辆类型下的通信信号设备的协调统一。在车站基础设施保障上,要注意快慢车混跑、大小交路套跑带来的旅客错乘问题,以及不同编组长度、不同车体长度所造成的乘客上下车安全问题。这些车站运输组织方面的问题可以采用车厢颜色区分快慢车,站台地面画线、电子信息提示、车站广播等方式来解决。

④枢纽车站改造。在既有枢纽车站改造方面,可以参考日本京成本线日暮里站的车站立体化改造方式。为了缓解新开通的机场联络线带来的日暮里站换乘客流压力,将该站改造为立体化车站。车站一层是上行方向站台;二层是与 JR 等线路的综合换乘通道;三层是高架改造后的下行方向站台,并采

用一线两面式站台。这个两面式站台分别是机场联络线的专用站台和京成本线其他低等级列车使用的普通站台，如图 1-17 所示。

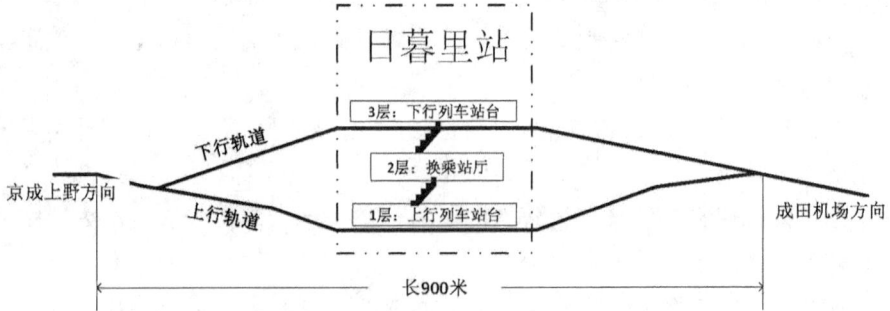

图 1-17　日暮里站立体化改造示意

　　⑤列车时刻表优化。可以实现满足乘客需求和企业效益的最大化。这需要根据客流特点有针对性地设计出工作日和节假日不同的开行方案，以及高峰期和平峰期不同的开行方案，同时在车辆编组形式、快慢车停站方案上进行细节设计。例如日本的地铁副都心线直通运输系统，在特快列车停站设计上，就根据其车站乘降人数在郊区比较少、在市内相对较多的特点，采取了特快列车在郊区线站站停、在市区线仅在 4 座枢纽站停站的开行方案。

第二章　城市轨道交通线路运输组织方案

本章从物理线网规划、网络化运营组织、快慢车结合运营与同站台换乘等方面，对城市轨道交通网络化运营组织理论和关键技术进行了深入研究。

运输组织系统作为站台客流承载能力三大影响因素之一，网络化运营组织对于城市轨道交通系统运营效率的影响是本章研究的重点。

第一节　物理线网规划

一、城市轨道交通线网基本形态

城市轨道交通线网的形态决定了乘客能否通过轨道交通线路完成出行以及是否需要换乘。随着城市轨道交通线网规模的扩大，线网内换乘总量相应提高，因此对乘客的出行时间效益及线网的服务水平造成的影响随之增大，尤其是长距离出行乘客，受换乘次数和换乘效率的影响更大。

城市轨道交通线网敷设于城市地下，一旦建成，线网形态难以发生改变，而且，不同线网形态的换乘能力差异性也很大。因此，在规划阶段充分考虑选择合理的线网形态，尽量减少乘客的换乘次数，提高线网的总体换乘能力和换乘效率有着重要的现实意义。

轨道交通线网结构的几何形态，是轨道交通系统在城市空间布局中的点、线、面的组合。按照图论的思想，将轨道交通线网的形态抽象化，可以得到最常见、最基本的线网体形态结构类型，即网格型（棋盘型）结构和放射型结构。在此基础上，考虑增加环线，则又可形成"环形＋网格型"和"环形＋放射型"两类形态。轨道交通线网基本类型如图 2-1 所示。

二、线网换乘便捷性

在线网规划阶段，由于难以通过预测换乘客流量对线路之间换乘能力进

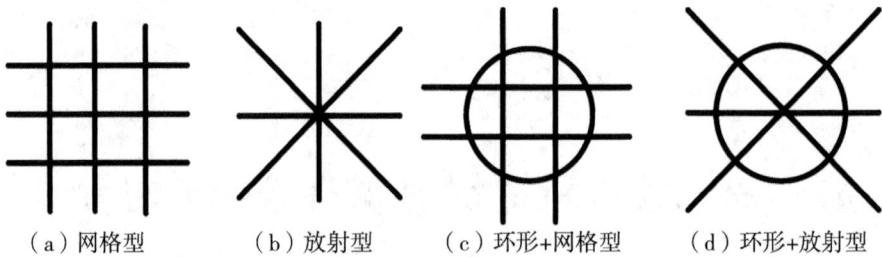

（a）网格型　　　　（b）放射型　　　（c）环形+网格型　　　（d）环形+放射型

图 2 - 1　轨道交通线网基本类型

行评价，因此，可以根据换乘节点数，利用"线网换乘便捷性"这一概念来探讨线网在网络拓扑图上的换乘能力。

以线网中两两线路间的换乘节点数可定义线网的换乘便捷性矩阵，如公式 2 - 1 和公式 2 - 2 所示。

$$\boldsymbol{D}_{m \times m} = (d_{ij}) \tag{2-1}$$

$$d_{ij} = \begin{cases} \lambda_{ij}, i \neq j \\ 0, i = j \end{cases} \quad i = 1, 2, \cdots, m; \, j = 1, 2, \cdots, m \tag{2-2}$$

式中：m——线路条数（单位：条）；

　　　　λ_{ij}——线路 i 可换乘到线路 j 的站点数（单位：个）；

　　　　d_{ij}——线路 i 和线路 j 之间的直接换乘节点数量（单位：个），当
　　　　　　　两条线路不存在直接换乘关系时，$d_{ij} = 0$。

将线网中两两线路之间的直接换乘节点数量 d_{ij} 与线路条数 m 的比值 d_{ij}/m 求和，可定义线网换乘便捷性指数 K，如公式 2 - 3 所示。

$$K = \sum_{i=1}^{m} \sum_{j=1}^{m} d_{ij}/m \tag{2-3}$$

显然，当线网的规模一定时，换乘便捷性指数 K 越大，乘客的平均换乘次数越少，即线网层面的换乘便捷性越好。

然而，对于具有相同线路数量和换乘节点数量的线网，该评价方法和指标就无法评判其换乘便捷性的优劣，存在一定的局限性。例如，如图 2 - 2 所示，（a）是放射型网，三条线路集中在同一个车站换乘；（b）是平行三角网，三线两两相交，分别在三个不同的车站换乘。按照公式 2 - 3 计算，两种线网布局的换乘便捷指数均为 2。仅通过该指标，无法评判实际换乘能力和换乘效率高低。

因此针对存在多线换乘或者两线多换乘节点的线网，应根据车站布局和客流组织情况，综合评价多线换乘站的换乘能力和换乘效率。

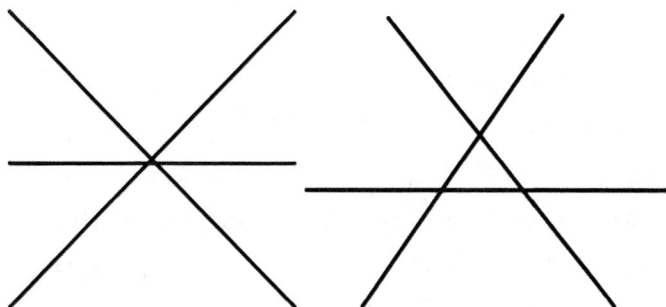

（a）放射型网，三线同站换乘网　　（b）平行三角网，三线两两异站换乘网

图 2-2　三线同站换乘网与三线两两异站换乘网

第二节　网络化运营组织与运营计划

一、网络化行车组织模式

1. 基本概念

网络化行车组织模式又称网络化运营、共线运营、跨线直通运营模式，主要区别于单一线路运营模式。单一线路运营是指线路各自独立进行布设，列车运营服务仅限于该线路，与其他线路没有重叠。这种线路运营组织比较简单，通常采用单一交路，所有车辆都全程运营。这对于全线客流分布不均的线路，部分区段客流输送能力利用率较低。

网络化运营是指多条在基础设施上游重叠或者贯通的运营线路，例如，含支线线路、多交路（大小交路套跑、快慢车运营）线路，以及跨线直通运营线路等。相比单一线路运营，网络化运营可根据客流量来设计列车运行交路，降低换乘率，提高直达率，并使线路客流输送能力利用更加均衡。

2. 网络化运营特点

（1）网络化行车组织复杂度高。

网络化运营易形成网络化延误，即原本一条线路的晚点传递到与其跨线直通的其他线路上，造成更大范围的列车晚点。由于网络化运营列车运行图的编制较为复杂，一旦出现晚点，运行图中预留的冗余可调范围较少，因此延误恢复较其他单一运行线路会慢许多。

（2）网络化运营减少乘客换乘。

网络化运营相当于给乘客提供了多样化的乘车方案，乘客们可以自由选择换乘少的路线、拥挤度低的路线或时间最短的路线。但是多交路叠加的情况下，某一交路的发车间隔会加大，因此乘客的换乘时间减少了，候车时间却有可能会增加，这就对网络化列车运行图的编制水平提出了更高的要求。城市轨道交通系统有别于城际铁路系统的地方是发车频率极高，某些热门线路的发车间隔已经接近信号系统极限，达到了 1~2 分钟就有一列列车到站，如何做到多交路的协调衔接，是一个热点课题。

从日常运营信息服务角度来看，地铁运营公司如果能提供明确的列车时刻表，使乘客清楚地知道各交路列车准确的到站时刻，乘客就可以提前规划好行程，减少不必要的候车等待，从而避免站台滞留大量乘客。

（3）网络化运营改造成本较低。

网络化运营一般在经过系列技术改造或运营协调后即可实现，相较于新建线路，投资成本大大降低，工期也较短。

（4）网络化运营充分挖掘线路能力。

网络化运营通过修建联络线或编制跨线开行方案，在节约建设投资的基础上，最大限度地挖掘线路的能力利用率，充分利用部分客流不足线路的能力。

（5）网络化运营提升客户服务水平。

网络化运营实现了多条线路、多家公司之间的运输产品合作，实现强强联合、优势互补，减少换乘、换票等烦琐的乘车过程和手续，从而有效提升了客户服务水平。例如，对于多运营公司合作的跨线直通线路，可以考虑推出联乘一票制打折票，这样不仅能减少换乘，还可以减少乘车费用。这类优惠十分受乘客欢迎。在中心城区地铁与市郊铁路的跨线开行线路上可以考虑推出地铁车票与景点门票的联合票种，在减少乘客多次购票麻烦的同时，给予一定价格折扣，从而实现"交通与商业"联合开发的目的，推动市郊新城的商业活力。

3. **实施难点**

网络化运营行车组织对于线路和车辆的基本要求包括轨道宽度一致、车型的车门位置一致、编组长度与站台长度匹配等。

轨道宽度包括标准轨 1435mm 以及常见的窄轨 1067mm、宽轨 1524mm，我国城市轨道交通系统大多采用的是标准轨，在日本的市郊铁路中窄轨铁路比较常见，而俄罗斯有不少的宽轨铁路。对于不同宽度的轨道如果要实施网络化运营的话，可采用日本地铁与市郊铁路的第三轨改造方案，即在原轨道上加修第三根铁轨，使不同轨距的列车能够通行。

跨线直通的车辆采用相同的车型，例如，日本银座线列车的车厢长度为16m，每节有 3 个车门；丸之内线和日比谷线列车的车厢长度为 18m，每节有 4 个车门；而东西线、千代田线、有乐町线、半藏门线、南北线和副都心线选用的列车车厢长度为 20m，每节有 4 个车门。不同车型的车门对应的站台位置不同，车门宽度也不同，难以设置站台安全门，存在较大的安全隐患。

不同线路的编组长度也不同，例如，北京地铁 6 号线为 8 节编组，而 1 号线、4 号线、5 号线等线路多采用的是 6 节编组。由于不是同期规划建设，站台没有预留长编组车辆的停站条件，这也制约了跨线直通方案的实施可行性。

此外，网络化运营的列车在信号系统的改造上，也须审慎对待，要统一或者实现信号系统的兼容，避免发生安全事故。

例如，日本东京地铁的有乐町线和副都心线在小竹向原站、千川站、要町站、池袋站这四站区间共线运营。有乐町线在 1983 年就率先开通运营了，而副都心线则是在 25 年后的 2008 年才开通运营。由于两线采用了统一的网络化运营规划设计，副都心线千川站和要町站的专用站台，早在该线开通前就与有乐町线同步施工，预留好了站台，从而实现了网络化运行模式下两线便捷的节点换乘，仅需上下楼扶梯就可实现换乘。

日本东京地铁最长的跨线开行方案是地铁半藏门线与市郊铁路东武伊势崎线、日光线、东急田园都市线三线组成全长 98.5 公里的网络化运营线路。该线不仅实现了东京都城市中心区与 50 公里交通圈的茨城县（东北方向）、多摩地区（西南方向）两处市郊区域的轨道交通直达运输，还实现了茨城县与多摩地区两处市郊新城之间的轨道交通直达运输。该跨线开行方案大幅提高了出行效率，消除了换乘带来的不便。

二、城市轨道交通运营计划编制

城市轨道交通运营计划的主要目的是实现对外向乘客提供运营服务，对内指导运营公司各部门的运输生产活动。运营计划的编制分为数据准备、计划编制和分析调整三个阶段。

（1）数据准备。

运营计划编制所需准备的数据包括运力资源配置、客流需求、服务水平和运营规范四大类数据。

其中，运力资源配置数据包括线路基础设施配置、车辆配置情况等；客流需求数据包括分时段客流量、客流空间分布、换乘客流分配等；服务水平数据包括发车间隔、列车运行速度、满载率、首末班车时间、换乘效率等服务水平标准；运营规范数据则是对运力使用、服务提供以及计划编制流程等运输生产技术提出的具体标准。

（2）计划编制。

运营计划包括列车开行计划、列车运行图和乘务计划三个主要技术文件。

其中，列车开行计划是运力资源的安排计划，规定了一定区段在一定时段内开行多少列、采用什么编组的列车，即规定了单位时段列车开行数量和发车间隔。

列车运行图是指按照坐标原理标识的列车、车站和时间信息集合，规定了列车的运行时间、到发时刻、折返时间等。

乘务计划是安排司机出乘的计划，规定了运行图中运行线和乘务员班次间的关系。

（3）分析调整。

运营计划分析调整是指在实际运输生产过程中，根据车辆走行公里、司机驾驶时间和列车满载率等运营数据，对列车的开行计划、列车运行图和乘务计划的优化调整。

三、列车开行计划编制

列车开行计划编制的两个主要目标是：一为乘客提供足够的运力，二为企业降低成本、满足最低发车频率的要求。

（1）断面客流和全日客流分布情况决定交路大小和发车数量。

断面客流是指一条线路在不同站间区段单位时间内通道的客流情况，由此可以确定列车运行交路和发车数量。如图 2－3 所示，横轴代表各站间区段，纵轴代表各区间的断面客流量。当左半段的断面客流量较小，右半段的断面客流量较大时，可考虑采取大小交路套跑：左半段采用较大的发车间隔，仅开行大交路列车；右半段采用较小的发车间隔，保障较密集的发车数量，同时开行大交路和小交路列车。

全日客流分布则是分别统计工作日和休息日一天运营时段内每个小时的客流量，由此识别客流高峰时段和非高峰时段，从而确定与客流需求匹配的发车数量。

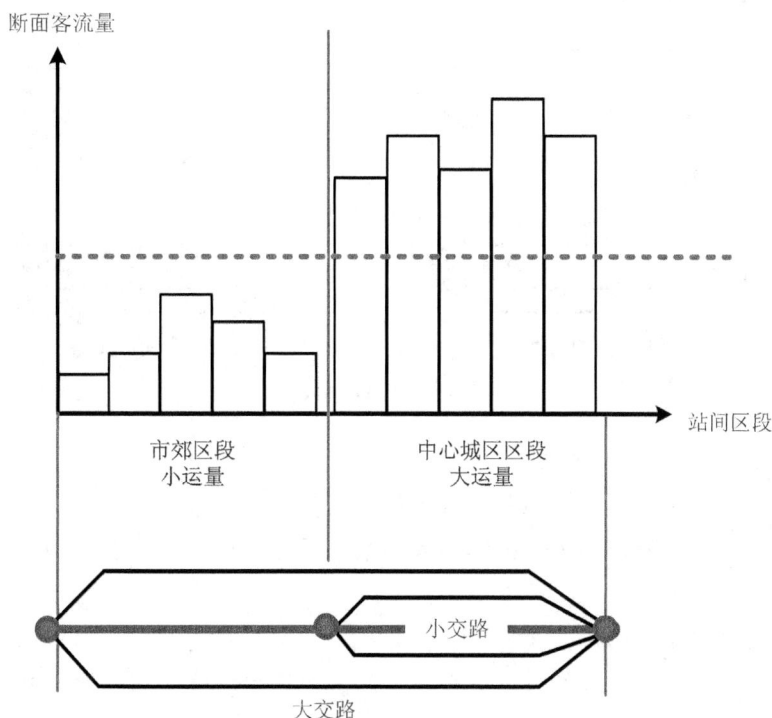

图 2 - 3　断面客流量与交路设置

（2）列车交路。

列车交路是指列车按照某个固定的回路循环运行，如图 2 - 4 所示的大交路就是从该线始发站至终点站全程循环运行的列车；小交路则是指在客流需求量大的例如中心城区运行的区间列车，并不需要跑完线路全程。

多交路的列车运行相较于单一交路，可以充分利用有限的运力资源，尤其是列车资源，可降低运输成本、提高车厢的平均满载率。

交路运行可分为四个基本类型：单一大交路、多小交路分段运行、嵌套型大小交路套跑和交错型交路。

其中，单一大交路是指列车在全线运行，列车在线路两端的始发站和终到站折返；多小交路分段运行是指列车在某一区段内运行，在指定车站折返，全线由多个交路组成；嵌套型大小交路套跑是指部分列车全线运行，部分列车在指定区段运行；交错型交路也是全线由多个交路组成，各交路覆盖区段有部分重合。

多交路运行要求线路各折返站具备列车折返条件，此外对客运组织水平也提出了相应更高的要求。

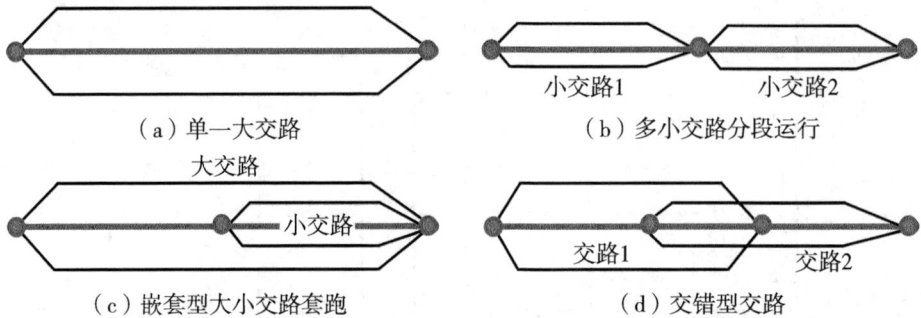

图 2－4　交路基本类型

（3）设计满载率的确定。

满载率是评价运营计划服务水平的重要指标，通过确定满载率，计算发车频率、发车间隔和列车编组等系列参数。设计满载率实质上就是在轨道交通产品的供给和需求之间寻找一个平衡点。

满载率设定的影响因素包括以下几个。

①从乘客乘车需求的舒适度角度来看，应设置较低的满载率，提供更舒适的车厢环境。

②从运营公司供给的运输成本角度来看，应设置较高的满载率，可提高客票收入。

③沿线断面客流分布较为均匀的时候，应设置较低的满载率；断面客流分布不均匀时，应设置较高的满载率，因为较为拥挤的情况仅出现在全线少量的区段。

④车厢中座位配置较站立区域比例较高的线路，应采用较低的满载率，例如机场线列车的窄通道车厢，座位配置比例高，通道无法容纳大量站立乘客，因此不宜采用高满载率。

⑤长站间距、乘客平均乘车距离较长的线路，应采用较低的满载率，给中长运距乘客提供优质舒适的乘车环境。

⑥中老年乘客比例高、旅游购物乘客集中的线路，应采用较低的满载率。

⑦因特殊事件如大型体育赛事等活动引起的短时大客流的线路，可采用较高的满载率，不宜过度投入车辆等基础设施设备。

四、列车运行图编制

列车运行图是运用坐标原理对列车运行时间、空间关系的二维图解表示。

横坐标代表时间，可读取列车到发时间和折返时间；纵坐标代表空间，可表示车站；带有车次编号的斜直线代表列车运行线，近似表示了列车的时空运行过程。

运行图的线路要素包括正线数目和区间闭塞方式、车站配线图、折返方式、车辆段和停车场衔接正线的方式。

运行图的时间要素包括列车区间运行时分、列车停站时间、列车最小折返时间标准、最小间隔时间标准等。

运行图编制原则：应以运行图评价（列车数量、列车走行公里数等）和质量指标（评价技术速度、机车周转时间、机车日公里数等）为导向，在保证安全的条件下，提高列车运行速度，压缩折返时间，减少出入库作业时间，提高系统运行效率。通过列车接续衔接方案减少乘客候车时间，为乘客提供便利的客运服务，同时在满足运量需求的前提下，减少运营车辆投入数量，降低车辆保有量，合理控制运营成本。

五、乘务计划

乘务计划可分为乘务排班计划和乘务轮班计划。乘务排班计划是以运行图和车辆周转计划为基础，以相关的劳动法律和规定为约束，以值乘任务的优化和人工成本最小化为目标，寻找列车车次与司机班次之间的最佳对应关系。

乘务轮班计划是指在一定周期按照一定的轮班模式来安排上述班次，其优化目标包括所需人员最少、轮班成本最小、轮班周期最小、工作时间和休息时间比例均衡等。

第三节 快慢车结合运营与同站台换乘

快慢车结合运营是一种典型的城市轨道交通网络化运营模式，其越行车站通常会使用同站台换乘的岛式站台布局，方便乘客在同一线路不同等级列车之间进行换乘，因此本书将以快慢车结合运营模式的列车运行图为约束条件，研究同站台换乘越行站站台的客流承载能力问题。

轨道交通快慢车线路是指在某一列车交路上开行两种及以上停站方案的列车，一般是在既有站站停列车（慢车）的基础上，添加非站站停列车（快车）。这种运营模式在纽约、芝加哥、首尔、东京、圣地亚哥等城市的轨道交通系统中已经十分成熟，例如巴黎的 RER 线、纽约的 IRT 百老汇—第七大道线（IRT Broadway – Seventh Avenue Line），以及东京的浅草线（Asakusa Line）过轨运营系统等。

位于日本东京都市圈的浅草线（Asakusa Line）过轨运营系统，是由 7 条隶属于 5 家运营公司的轨道交通线路过轨直通形成的全长 195 公里的轨道交通线网，综合使用了过轨运营、多交路运营、快慢车结合运营等多种网络化行车组织方案。

其中，京成铁路公司所辖区段的快慢车组织方案最为复杂，共有 6 个等级的快慢列车，按照等级由高至低的顺序依次是高级特快、干线特快、特快、通勤特快、快速和普通，相应的列车颜色符号为绿色、橙色、红色、蓝色、粉色和黑色。

高级特快列车作为等级最高的列车全程仅有 10 处停站，而等级最低的普通慢车则有 33 处停站，两者的全程平均旅行时间也相差近一倍，可见列车等级越高，停站越少，旅行时间也越短。需要强调的是该线路同方向运行的快慢列车在枢纽车站都可实现同站台换乘。

此外，针对该线路主要服务机场市域客流以及市郊通勤客流的需求特性，对京成本线上的各级列车的运行时段进行了细分：通勤特快列车仅在早晚通勤高峰期开行两列，普通列车则在首末班时段运营，高级特快与特快列车采用周期运行的模式，保证工作日日间主要时段的快车发车频率达到 3 列/小时，满足机场客流的快捷出行需求。可见快慢车换乘站台的换乘客流流向与客流量也存在明显的时段特性。

快慢车运营系统主要应用于交路长度超过 50 公里的长大线路，城市轨道交通长大线路是在城市规模扩张、旅客出行距离增长背景下，将线路由中心城区向郊区（或卫星城、城市副中心区）延伸而形成的。由于线路区段断面客流分布不均，郊区段列车满载率较低，造成运输资源浪费。

此外，长大线路的客流需求特性还表现为城市中心区交通需求与市郊长距离交通需求在出行时段上的明显差异。市郊长距离交通需求时段性更强，客流量几乎均集中在早晚通勤通学高峰时段，而中心区交通即使在平峰时段也具有较强的出行需求。

故而早晚通勤高峰时段，快慢车越行站站台往往需要承载快车与慢车同时停站时段短时聚集的大量客流，站台易出现进站、换乘和出站乘客的行动流线冲突，进站客流大量滞留站台等安全隐患。因此亟待深入研究同站台换乘模式的快慢车越行站站台客流承载能力和客流集散效率。

第三章 城市轨道交通换乘站
结构特征与换乘效率

本章从城市轨道交通中换乘方式的组织类型、客流流线和换乘节点的布局形式等方面综合介绍了城市轨道交通典型换乘形式，又尝试利用换乘节点重要度评价车站换乘效率，同时列举现实案例评价换乘车站限流措施的实施效果。

第一节 城市轨道交通典型换乘形式

一、车站内部换乘方式的组织类型

城市轨道交通换乘站是实现客流集散的重要场所。换乘的便捷性和有效性关系到整个线网的能力和总体服务水平，换乘站的合理设计直接决定了换乘通道的长度、乘客步行距离以及车站拥挤程度等。

1. 非付费区换乘

在非付费区换乘方式下，乘客换乘需要二次购票，再次办理一次进、出站手续，例如北京地铁 2 号线、13 号线与机场线的换乘组织，上海地铁的上海火车站 1 号线、3 号线和 4 号线的换乘组织。在日本，由于城轨线路分别隶属于不同的铁道公司，因此也多采用非付费区换乘的方式，例如换乘量世界第一的新宿站，2011 年度的日平均乘降人数达到了 326 万人，换乘站的线路由 5 家铁道公司的 11 条线路组成。

非付费区换乘没有专用的换乘设施，乘客步行距离长，并且换乘流线与其他人流交织。采用非付费区换乘，往往是规划不善造成的，反映出轨道交通系统的自身缺陷，应尽量避免。

2. 付费区换乘

乘客换乘时无须再次购票，包括同站台换乘、节点换乘、站厅换乘和通道换乘几种方式。

（1）同站台换乘：换乘乘客下车后直接步行到站台另一侧，等候对向列车；在线路共线运输模式下，也有在原站台原地等候、无须移动的同站台换乘类型。同站台换乘模式是伴随城市轨道交通网络化运营而出现的一种异线路或者同线路不同等级列车停靠同一站台的便捷换乘模式。

（2）节点换乘：换乘乘客下车后使用楼扶梯到达另一站台候车。

（3）站厅换乘：换乘乘客下车后首先到达换乘大厅，再去往另一站台候车。

（4）通道换乘：换乘乘客下车后使用换乘通道到达另一站台候车。

同站台换乘能极大简化换乘流线，是理想的换乘方式，但对线网规划、线路设计、列车运营组织的要求较高，且造价昂贵。目前采用同站台换乘的典型案例为香港地铁，线网中共设计有 5 个同站台换乘站。节点换乘、站厅换乘、通道换乘是目前中国内地城市轨道交通常用的换乘方式，便捷性由高到低排列为节点换乘、通道换乘、站厅换乘。城市轨道交通换乘站内可以采用多种换乘方式，各种换乘方式的优缺点和适用条件比较见表 3-1。

表 3-1　　　　　　　　付费区换乘方式比较

分类	优点	缺点	适用条件
同站台换乘	1. 换乘距离短，移动阻抗最小，不需要使用通道和楼扶梯 2. 平面化无障碍移动方式，高差损失小，迂回系数低 3. 单位时间断面换乘量大，疏散效率高	1. 对线网规划要求较高 2. 轨道线路设计复杂 3. 运营组织衔接复杂，对车站管理水平要求高	轨道线路平面平行和立面平行的优化形式
节点换乘	1. 采用楼扶梯的移动方式，较快捷，移动距离短 2. 高差损失小，迂回系数低 3. 换乘设施占地面积小，结构简单，易辨识路径	1. 换乘节点处存在客流疏散"瓶颈"区域，有安全隐患 2. 换乘楼扶梯宽度受站台宽度制约，设计受限制 3. 断面客流疏散速度和流量都较低	轨道交通线路"十"字形和"L"形相交的基本形式

续 表

分类	优点	缺点	适用条件
站厅换乘	1. 客流组织简单 2. 换乘速度快	1. 换乘距离较同站台换乘长 2. 导向标识设置较混乱	通过各线共用站厅换乘，乘客仅需上或下一次楼梯，较为便捷
通道换乘	通过专用通道，通道布置灵活	1. 换乘步行距离长 2. 换乘能力有限	两线或多线换乘，适用限制条件较少

二、车站客流流线

1. 车站站厅公共区

（1）站厅公共区是乘客集散的主要区域，其布置应根据站台形式、售检票方式和楼扶梯、无障碍电梯以及其他乘客服务设施的布局综合确定。

（2）车站站厅应按乘客流线进行布置。车站内检票口和楼梯口（自动扶梯）的总通过能力应相互协调平衡，并满足高峰时进出站客流对通过能力的需求，同时按客流路线（见图 3-1）进行合理布置。

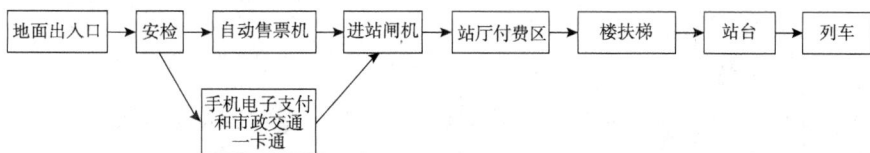

（a）进站客流路线

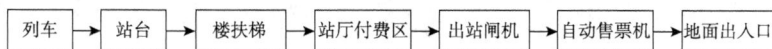

（b）出站客流路线

图 3-1 进出站客流路线

（3）站厅公共区作为为乘客服务的标准功能模块，其设计应尽量标准化，为乘客服务的各项设施位置应相对固定，便于识别和统一管理。

（4）站厅公共区应划分为非付费区和付费区，并用闸机和栅栏隔开。站厅公共区非付费区面积应大于付费区面积。在车站宽度一定的情况下，地下双层岛式车站两端非付费区长度应按下列要求控制。

①特级车站不得小于24m。

②甲级车站不得小于20m。

③乙级车站不得小于18m。

④丙级车站不得小于16m。

（5）站厅公共区连接两端非付费区的联络通道内设进站检票机时，检票机外侧的宽度应符合如下要求。

①特级车站不得小于5.5m。

②甲级车站不得小于5.0m。

③乙级车站不得小于4.5m。

④丙级车站不得小于4.0m。

（6）站厅自动售、检票机宜集中布置，并结合出入口通道、楼梯、自动扶梯、电梯、票务等服务设施统一考虑。售、检票机布置应符合如下规定。

①售、检票机的布置应符合乘客进出站的流线，避免客流交叉；进出站检票机前应留有一定聚集空间，便于客流疏解。

②车站售、检票机的数量和布局应根据近、远期客流统一设计，远期预留、分期设施。对远期预留的售、检票机，应预埋管线并留有足够的安装位置；售、检票方式应根据各线具体情况采用人工式、半自动式或自动式。

③同种售、检票终端设备宜相对集中布置，售票设施应考虑无障碍购票需求，检票设施应设有供轮椅通过的专用设备。

④每组自动检票机应不少于3个通道，通道净宽宜为500~600mm。

⑤自动售票机应结合设备检修要求进行布置，当设备检修采用后开门形式时，售票机离墙装饰面净距不应小于0.8m；对前开门的自动售票机宜采用嵌入式或靠墙安装布置方式。

⑥售票机前应留有购票乘客集聚空间，集聚空间不应侵入客流通行区。当购票乘客排队方向与客流行进方向平行时，售票机外侧距出入口边缘的净距不宜小于1.5m；当购票乘客排队方向与客流行进方向垂直时，售票机外侧2m范围不得侵入出入口通道投影线内且最近售票机边缘距出入口的净距不宜小于5.0m。

⑦自动检票机至车站各部位的最小净距宜满足表3-2所示的要求。

表 3 - 2　　　　　　　　自动检票机至车站各部位的最小净距

名称	最小距离（m）
进站自动检票机内侧距正对步行楼梯第一级踏步距离	4
进站自动检票机内侧距正对自动扶梯扶手带转向处距离	5
进站自动检票机内侧距站台边缘距离	5
出站自动检票机内侧距正对步行楼梯第一级踏步距离	4
出站自动检票机内侧距正对自动扶梯扶手带转向处距离	5
出站自动检票机内侧距站台边缘距离	6
相对布置的自动检票机之间的净距	10
出站自动检票机外侧距出入口通道边缘距离	5

⑧针对外来客流集中的 A 类、B 类、C 类、D 类车站，应增加双向检票机数量（见附录 D）。

⑨临近火车站、机场等对外交通设施的 A 类车站，宜增加人工售票处、半自动售票处及乘客服务设施数量。

（7）站厅内安检设施布置应符合下列规定。

①安检设施应根据乘客进站流线布置在站厅非付费区内，不得影响出站乘客和过街乘客通行。

②安检设施前应留有足够的排队等候空间，并满足表 3 - 3 的要求。

表 3 - 3　　　　　　　　安检设施前部排队空间净距要求

车站分类和等级	最小距离（m）
特级	5.5
甲级	5
乙级	4.5
丙级	4

③安检机与进站闸机布置间距，应满足闸机与其他设备布置间距要求。

④对不同运营时段进出站客流量差别较大以及有可能发生突发客流的 A 类、B 类、C 类车站，应增加低位安检设备。

（8）车站站厅内非乘客疏散通道和集聚区域内方便乘客的零售商铺、公用电话、乘客信息设施和自助售货机等服务设施，不应设置在影响乘客疏散的区域内。

2. 车站站台公共区

（1）站台是车站内乘客等候列车和乘降的平台，其计算长度和计算宽度请按本章车站设计标准中的相关要求计算并核准获得。

（2）具有清客功能的小交路折返站、车辆基地接轨站等车站，楼扶梯通过能力应满足一列下车乘客在站台清空时间小于行车间隔时间的要求。

（3）岛式站台中楼扶梯宽度不能满足客流控制期超高峰时段功能评价标准要求和紧急疏散要求时，应加大侧站台宽度，有利于楼扶梯外侧的侧站台通行。

（4）站台公共区计算长度内的楼梯和自动扶梯宜均衡布设，楼扶梯和电梯前应有足够的缓冲空间，避免拥堵。

①A 型车 6 节编组车站，楼扶梯不得少于 3 组。

②A 型车 8 节编组车站，楼扶梯不得少于 4 组。

③B 型车 6 节编组车站，楼扶梯一般按 3 组布置，困难时不得少于 2 组。

④B 型车 8 节编组车站，楼扶梯一般按 4 组布置，困难时不得少于 3 组。

（5）站台层两端用房区的布局应和站厅层的设备管理用房统一考虑，使整个车站的布局更加经济合理，以便控制车站长度和规模。设在站台层两端的设备和管理用房伸入站台的有效长度不应超过一节车厢长度，其侵入部分的侧站台宽度不得小于设计标准中规定的最小宽度，并满足距自动扶梯扶手带转向处、楼梯或通道口的距离不小于 8m。当伸入长度超过半节车厢时，宜在伸入范围增设连通两侧站台的横向通道，通道最小净宽不得小于 2.4m。

（6）结构立柱不宜设在站台边缘，确有需要时，应满足限界和站台门的设置要求及对站台门开闭的监控要求。

（7）站台至站厅的楼扶梯和通向其他安全区域的疏散通道通过能力，应满足远期或客流控制期超高峰小时最大客流量时，一列进站列车所载乘客及站台上的候车乘客能在 4 分钟内全部撤离站台、6 分钟内全部疏散至站厅或其他安全区域。

（8）换乘车站站台上的楼扶梯和疏散通道通过能力除应满足紧急疏散要求外，还应满足远期或客流控制期超高峰小时列车间隔时间内将出站乘客及换乘乘客从站台撤离。

（9）站台门端门外人行通道设计应满足下列要求。

①站台门端门外应设置净宽不小于 1.2m 的人行通道和净宽不小于 1.1m 的楼梯通向区间，栏杆正对司机室开门的部位应设向通道开启的水平栅栏门，门宽不小于 1.5m。

②通道应设栏杆，栏杆高度不应小于 1.05m，且不得侵入限界。

③当一侧设置人行通道有困难时，应设净宽不小于 1.2m 的横向通道和另

一侧走道连通。

三、换乘节点的布局形式

1. 换乘形式

（1）换乘车站应根据地铁线网规划、线路敷设方式、地上及地下周边环境、换乘量的大小等因素设定。可选取同车站平行换乘、同站台平面换乘、站台上下平行换乘，站台间的"十"字形、"T"形、"L"形、"H"形等换乘形式及通道换乘类型。

（2）换乘车站在全路径上的交通设施能力应相互匹配，交通设施的布置和组织应相互协调。对具有潮汐客流特征的线路终点站，宜采用岛式站台，其交通设施应能适应早晚高峰时段的方向不均衡性要求。

（3）高峰小时换乘量单线＞10000人、双线＞16000人的特大型、大型、中型换乘车站，当换乘比例≥50％时，一、二、三级岛式车站不宜采用同站台或"十"字形台—台换乘方式。

（4）对于以换乘客流为主导、换乘量大的车站宜将主导换乘方向设为同站台换乘。

（5）换乘设施的通行能力应不小于超高峰时段换乘量的1.15倍。

（6）"T"形节点换乘车站、接力换乘车站以及在两条线路中部相交的同站台换乘车站，其站台人员密度不应超过0.8人/m^2。

（7）同站台换乘时间不宜超过1min，非同站台节点换乘时间不宜超过3min；通道换乘的通道长度不宜超过100m。

2. 内部布置

（1）节点换乘车站的端部交通设施前应加大客流集散空间，并应符合下列要求。

①无障碍电梯应避开换乘节点人流集中处，并不宜采用台—台换乘。

②"T"形换乘车站站台宽度不得小于13m，台—台换乘楼梯总宽度不得小于6m，且楼梯下端距站台安全门端门的距离不宜小于6m。

③"十"字形岛—岛换乘车站的站台宽度不得小于14m，换乘楼梯休息平台宽度不得小于楼梯宽度1.5倍，并用栏杆分隔。

④换乘设施应预留台—厅—台单向换乘的能力和运营条件。

（2）台—台换乘的楼梯，单向通行时两侧的扶手中心线之间净宽度不应小于1.8m，双向通行时不应小于2.4m。

（3）当换乘车站等级高于二级，且采用端厅式车站时，暗挖部分站台不宜采用分离单洞的断面形式。

（4）换乘通道设计应满足下列要求。

①换乘通道的宽度应根据车站等级及标准计算获得，但装修后净宽度单向通行时不应小于6m，双向通行时不应小于10m。

②当单向换乘通道兼作车站出入口使用时，其通过能力应按双向通道计算。

③换乘通道内空间不应作为乘客集散等候使用。

④当换乘通道长度大于60m时，宜采取通风和夏季降温措施。

3. 相交线路的换乘节点布置特点

（1）平面布置。

一般有"十"字形、"T"形、"L"形三种布置方式，布置特点和选型原则如下。

"十"字形布置特点：换乘客流集中在车站中部，换乘路线较明确、简捷；可形成共用站厅；侧式和岛式站厅的组合方式灵活多样；客流吸引均匀；楼扶梯布置容易受限制。布局选型时，对于线路相交的车站尽可能选择"十"字形换乘，以满足地面道路交叉口四个象限的客流，如图3-2所示。

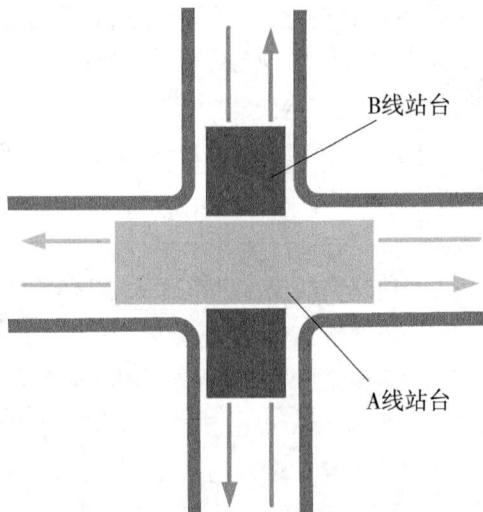

图3-2 "十"字形换乘节点

"T"形布置特点：站台之间直接换乘；换乘客流集中在车站的一段，换乘路线较长，总体换乘效率较低；地下车站一般采用岛—岛和侧—岛两种布局组合方式。布局选型时，当客流分布不均或是"十"字形换乘受限时，可采用"T"形布置，如图3－3所示。

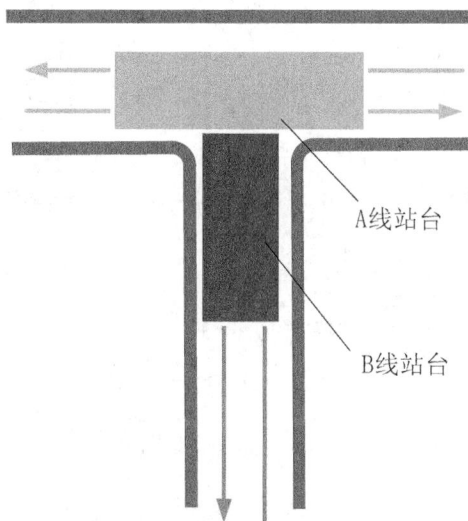

图3－3　"T"形换乘节点

"L"形布置特点：站台之间直接换乘；换乘客流集中在两个车站端部相交点，换乘路线较长，换乘效率进一步降低；地下车站一般采用岛—岛组合的形式。布局选型时，当客流分布不均或是"十"字形、"T"形换乘均受限时，可采用"L"形布置，如图3－4所示。

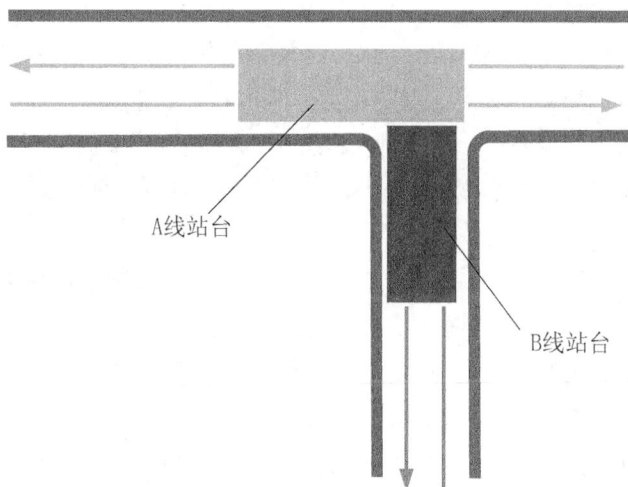

图3－4　"L"形换乘节点

此外，还有"L"形通道布置，其特点是：站台之间通过换乘通道换乘；换乘客流集中在两个车站端部相交点，换乘路线较长，适用于分期规划的换乘线路，可节省施工成本；地下车站一般采用岛—岛组合的形式。布局选型时，当客流分布不均或是直接换乘困难时，可采用"L"形通道布置，如图3-5所示。

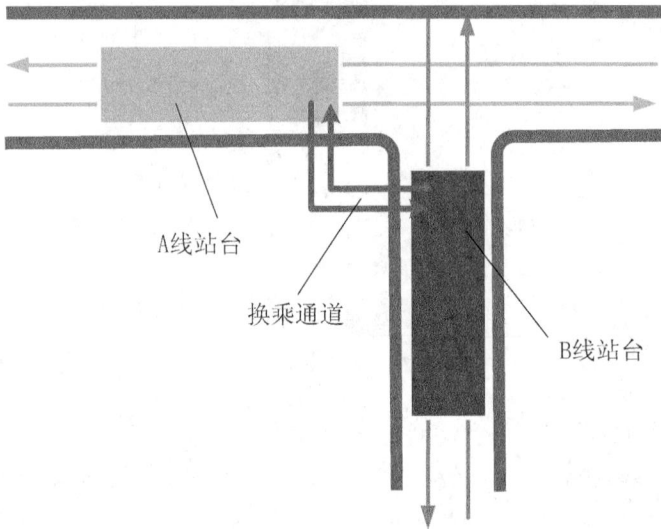

图3-5 "L"形通道换乘节点

（2）立面布置。

相交线路换乘节点的立面布置主要包括岛—岛换乘、岛—侧换乘、侧—岛换乘和侧—侧换乘四大类。各类布置形式的特点如下。

岛—岛换乘的特点是：一个换乘点，换乘位置集中；换乘楼梯受站台宽度的限制，布置电梯、扶梯比较困难；适用于换乘量小的车站，是常见的换乘形式，车站一般规划为三层。

岛—侧换乘的特点是：岛式站台在上层，有两个换乘点，换乘量适中，车站一般为三层，采用节点换乘时，楼扶梯布置比较困难。

侧—岛换乘的特点是：侧式站台在上层，换乘形式优于岛—侧换乘，有两个换乘点，换乘量较适中，车站一般为两层或三层。

侧—侧换乘的特点是：四个换乘点，换乘流线复杂，换乘量大，车站一般为两层或三层。

4. 平行线路的换乘节点布置特点

平行线路包括轨道线路的平面平行和纵断面平行两种。平行线路间的换乘适用同站台、节点、站厅、通道各种换乘组织类型，理想的换乘形式为同站台换乘。

平行线路上的单一换乘站可实现一个方向的同站台换乘，若要实现两线四个方向的同站台换乘，则需要在平行线路上连续设计两个以上的换乘站。

（1）平行线路换乘车站平面布置。

包括"一"字形、"工"字形两种形式。其中，"一"字形是指线路纵断面平行，两个车站平面重叠，深度不同，车站宽度小，埋置较深；"工"字形是指线路平面平行，两个车站水平排列，车站宽度大，埋置较浅，可分期建设。

（2）平行线路换乘车站立面布置。

换乘车站根据站厅层、站台层布置形式的不同，分为上下式、夹层式、同层平行式三种。

其中，上下式是指上部为共同站厅层，部分乘客同站台换乘，另一部分乘客通过站厅换乘，如图3-6所示；要求车站规划设置好换乘楼扶梯；车站宽度小，对线路设计要求较高；线路埋置较深。

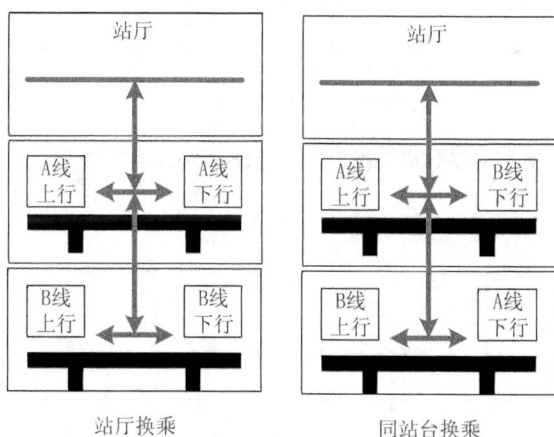

图3-6　上下式平行线路换乘车站布置

夹层式是指中间层为共同站厅，如图3-7所示，站台可以是岛—岛式、侧—侧式两种组合，其他组合形式会导致车站加宽，不建议采用。部分乘客可同站台换乘，全部为地下车站时，埋置较深，也可设计为地面或高架多种形式。

站厅换乘   同站台换乘

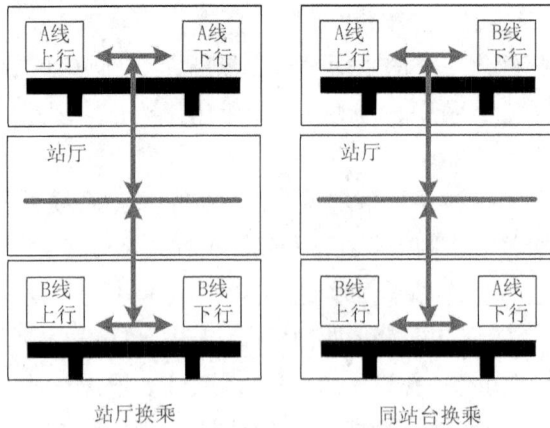

图3-7 夹层式平行线路换乘车站布置

同层平行式是指共同站厅层，如图3-8所示，车站高度小，宽度大，占地面积较大，对线路设计要求高，一般有岛—岛式和侧—岛式两种形式，部分换乘乘客通过同站台换乘，部分通过站厅换乘。

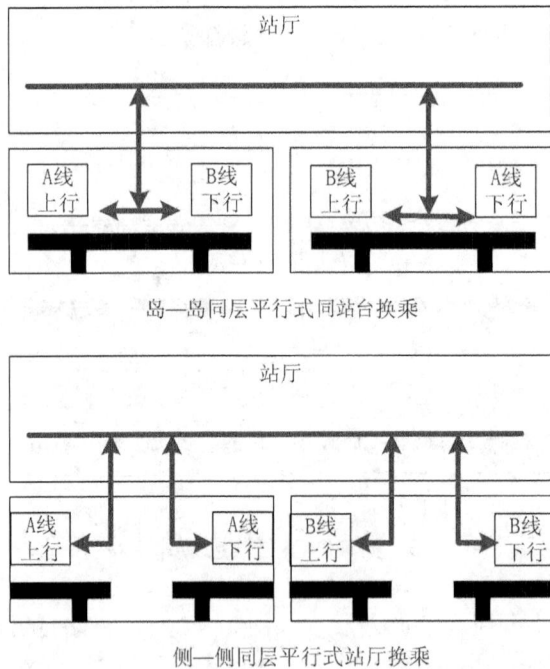

岛—岛同层平行式同站台换乘

侧—侧同层平行式站厅换乘

图3-8 同层平行式平行线路换乘车站布置

由此可知，同站台换乘指在不同线路间以最小的换乘损耗（时间、距离等方面）的方式进行衔接的一种理念，让通勤乘客从一个线路的列车站台下车后，直接步行到对面另一条线路的站台上车，不需要经过楼梯或电梯就能完成换乘。对比通道换乘后发现，通道换乘的换乘路线长、等待时间不可控、舒适度相对比较低；而同站台换乘的换乘路线短、等待时间短、舒适度比较高，同站台换乘的优点尤为突出，提高了通勤效率，方便乘客乘地铁出行。

同站台换乘有两种典型的设计方案：双岛四线方案和单岛四线方案。其中，双岛四线方案较为普遍，站台根据线路相交形式可布置为"十"字形相交或者上下式平行、同层平行等；单岛四线多为快慢车或者多线路共线运营模式时使用。

第二节　城市轨道交通换乘效率

一、换乘节点重要度评价

换乘节点，即换乘站所在地，是两条或多条轨道交通线路的交织点，也是城市轨道交通客流的集散地。换乘站利用专用或兼用设施，实现不同线路之间乘客换乘的目的。

从运营角度看，换乘站必须满足城市交通出行的要求，保证有足够的运输能力将乘客在最短的时间内便捷地运送到目的地。因此换乘站应具有客流变化的适应性，保证换乘的通畅性、连续性和安全舒适性。作为城市轨道交通的枢纽，换乘站肩负着列车衔接与客流交换的重大任务。

换乘节点重要度反映的是城市轨道交通路网中各换乘节点的功能强弱，是对换乘节点在整个网络中的重要程度进行量化的一个指标。

影响换乘节点重要度的因素有很多，本书从换乘节点在网络拓扑结构中的介数和换乘节点在实际路网中的交通需求两个方面进行分析，归纳如下。

1. 换乘节点在网络拓扑结构中的介数

介数（Betweenness）是由 Freeman（弗里曼）首先提出的。节点介数的定义为网络中所有最短路径中经过该节点的路径的数目占最短路径总数的比例，反映了相应的节点在整个网络中的作用和影响力。计算公式如下：

$$B_i = \sum_{s \neq i \neq t} \frac{\sigma_{st}(i)}{\sigma_{st}} \qquad (3-1)$$

式中：B_i——节点 i 的介数；

σ_{st}——从节点 s 到节点 t 最短路径的数目；

$\sigma_{st}(i)$——从节点 s 到节点 t 最短路径中经过节点 i 的数目。

规定两相连节点间长度为 1，即不考虑边的权值，则两个节点间的最短路径长度为连接两节点间的最少边数目。节点介数很好地描述了网络中某个节点可能需要承载的流量。一个节点的介数越大，流经它的数据分组就越多，意味着它越容易拥塞，称为网络的"瓶颈"。因此，换乘节点的介数可以表示该节点在整个路网中所居位置的重要性。

2. 换乘节点的交通需求

换乘节点的交通需求即其需要承载的客流量，包括进出站客流和换乘客流，具体见计算公式 3-2：

$$P_i = a \cdot P_i(in) + b \cdot P_i(out) + c \cdot P_i(tra) \qquad (3-2)$$

式中：P_i——换乘节点 i 的交通需求；

$P_i(in)$，$P_i(out)$，$P_i(tra)$——换乘节点 i 的进站客流量、出站客流量和换乘客流量（人/小时）；

a，b，c——各影响因素的权重。

综合考虑上述两种因素的作用，得到最终的换乘节点重要度。为消除数量级在计算中所造成的不便，首先进行标准化处理。

$$\alpha_i = \frac{B_i}{\overline{B}}，\text{其中} \overline{B} = \frac{\sum_{i=1}^{n} B_i}{n}，n \text{ 为换乘节点的个数。}$$

$$\beta_i = \frac{P_i}{\overline{P}}，\text{其中} \overline{P} = \frac{\sum_{i=1}^{n} P_i}{n}。$$

此时，网络中换乘节点 i 的重要度 γ_i 可表示为式 3-3：

$$\gamma_i = \alpha_i + \beta_i \qquad (3-3)$$

节点重要度不能区分经过该可换乘节点的客流究竟是通过流（无站台乘降和步行换乘行为），还是换乘流。因此，本节采用超级网络的思想，将可换乘节点用伪节点、站内换乘线路用虚拟边来表示。这样可以更清晰地表达各OD（交通起止点）的最短路集合中换乘节点的使用率。城市轨道交通线网与换乘站典型布局形式如图 3 - 9 所示。虚拟边法表示的线网典型布局形式如图 3 - 10 所示。

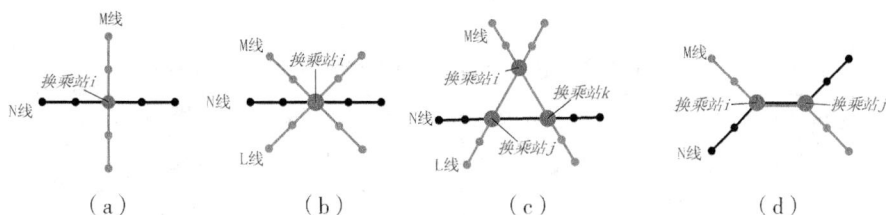

图 3 - 9　轨道交通线网与换乘站典型布局形式

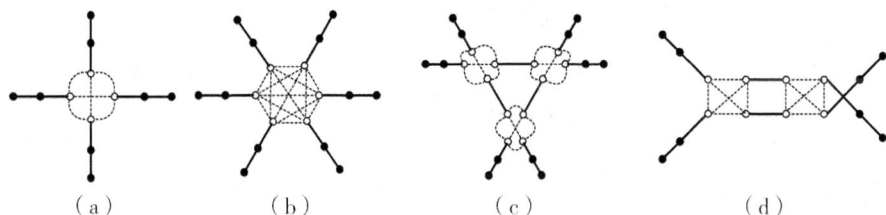

图 3 - 10　虚拟边法表示的线网典型布局形式

二、换乘车站的限流措施

换乘车站作为轨道交通网络系统的重要集散节点，承载着巨大的进出站客流量以及换乘客流量。

换乘站站台不仅受到自身物理容量的限制，还会受到客流需求与线路旅客输送能力之间运输供需矛盾的影响，从而在工作日早晚客流高峰时段出现站台客流大规模聚集、候车环境拥挤、排队时间长达多个发车间隔等情况。

不难发现，当城市轨道交通线路的旅客输送能力无法满足客流出行需求时，站台作为车站系统中直接与列车系统进行客流交互的功能区域，往往需要承载大量因列车拥挤而滞留站台继续候车的乘客。地铁早高峰时段某些换乘站站台异常拥挤，尽管乘客们都十分自觉有序地排队候车，但不仅站台区域站满了候车乘客，排队客流甚至延伸到了楼扶梯区域和换乘大厅，可见站台客流承载能力严重饱和。

针对这些长期存在的车站拥挤问题，北京市地铁运营有限公司为排除运营安全隐患，对所辖重点车站实行了常态化限流管理。以北京地铁 1 号线为例，该线作为东西向干线运输通道，全线 23 座车站中有 11 座车站实行了常态化限流，限流比例接近 50%，其 2015 年 1 月常态化限流车站及限流时刻表如表 3-4 所示。从车站类型来看，限流车站多是位于与其他线路交叉的换乘节点，或者位于居住人口、就业人口高度集中的区域，需要集散大量的进出站客流以及换乘客流。

表 3-4　　2015 年 1 月北京地铁 1 号线常态化限流车站及限流时刻表

限流车站	限流时间	车站类型
苹果园	6：30—9：00	终点站
古城	6：30—9：00	中间站
八角游乐园	6：30—9：00	中间站
八宝山	7：00—8：30	中间站
公主坟	7：00—9：00	换乘站（10 号线）
复兴门	17：00—19：00	换乘站（2 号线）
东单	7：00—9：00，17：00—19：00	换乘站（5 号线）
永安里	17：30—19：30	中间站
国贸	7：30—9：00	换乘站（10 号线）
四惠	7：00—9：30	换乘站（八通线）
四惠东	7：00—9：30	终点站、换乘站（八通线）

车站限流措施虽然能够将车站承载客流量控制在一定的安全范围内，保障整个城市轨道交通系统的安全运营，然而该措施还是存在一定的局限性。首先，车站采取进站限流措施会使一部分乘客的出行需求无法满足，客观上损害了这部分乘客自由选择出行交通方式的权利，影响其出行效率，同时过度地限流也会影响地铁运营企业的客票收益；其次，对于综合交通负荷巨大的城市交通路网，因轨道交通车站限流而转移到道路公共交通、私家车等其他交通方式的客流量，也会一定程度加剧交通路网的拥堵程度，降低城市综合交通网络的运行效率。

因此，城市轨道交通车站应该慎用限流措施，通过实时客流需求与流向特征以及列车旅客输送能力，核定计算符合安全集散要求的站台客流承载能力；根据实时计算的站台客流承载能力，选择符合客流、站台与列车三大系统实时特征的客流集散效率优化措施，并确定优化措施的介入时间和措施组合方式，达到提高站台系统客流承载能力和站台系统客流集散服务水平的目的。

第四章　站台客流承载能力理论

本章从承载能力的概念入手，研究站台客流承载能力的定义、抽象站台系统的物理拓扑结构、抽象车流与客流流线，深入剖析站台、车流、客流三大系统对站台客流承载能力的影响机理。

第一节　站台客流承载能力理论

站台是列车系统与车站系统直接进行乘客交互的服务平台，是实现点线能力协调和客流集疏控制的重要载体。如何正确地评估站台客流承载能力，保证站台客流集散始终保持在安全状态是轨道交通运营部门十分关心的一个现实问题。

首先，本节从承载能力的概念发展出发，研究结构力学、生态学、环境学等其他科学领域有关承载能力的理论，汲取其概念的精髓，根据同站台换乘系统基于轨道交通网络化运营方案，并结合站台客流的乘降量、同站台换乘量与客流分布随列车周期化停站而动态变化的特征，给出站台客流承载能力的定义；其次，分析站台客流承载能力的主要特征；最后，根据站台系统、列车系统与客流系统三大系统的影响关系，具体分析站台基础设施配置、轨道交通网络化运营组织方案以及乘客随机的乘车路径决策行为等因素对站台客流承载能力的影响。

一、承载能力的概念发展

承载能力（Carrying Capacity）最初是一个结构力学概念，指结构达到极限状态时所对应的瞬时应力、应变率、速度分布。这种用于预测结构的强度和安全度的极限载荷，被称为结构的承载能力。在力学结构承载能力概念出现之后，人口环境、生物环境、水资源环境、交通土地利用、交通运输系统等关系系统负荷的领域相继引入了承载能力的概念，用于描述系统可承载的极限负荷。

1921 年，美国学者首次明确提出将承载能力的概念用于定义生态承载能力，规定"在某一特定的生存空间，营养物质等生态环境条件下，某种生物个体存在数量最大的极限值就是该环境对这种生物的承载能力"。由此可以发现，承载能力首先要基于某种特定的生态环境条件，才能进行对承载对象数量的考察。此外，随着研究的深入，环境学者不再单纯追求可能对生态环境产生破坏的承载量极值，而是更加关注基于一种和谐可持续发展的环境利用模式，研究其生态承载能力。

随着工业化进程以及城市化进程的加快，面对来自人口、环境、资源的种种危机与挑战，各领域学者又将"承载能力"这一概念延伸到了资源承载能力、环境承载能力、社会承载能力、城市承载能力、区域承载能力等新领域。例如，水资源承载能力被定义为：在水资源得以合理开发利用的条件下，某地区水资源系统对人类社会生产生活能够持续供给的最大支撑能力与限度。国内首次明确提出环境承载能力是在一份某开发区规划综合研究报告中，定义环境承载能力为：某一时期，某种状态下，某一区域环境所能承受的人类社会经济活动阈值。

近年来，"承载能力"这一概念也逐步被交通运输学科所使用，学者们根据路网承载能力、车站承载能力以及关键设施承载能力的特点，给出了相应的定义以及计算方法。例如，定义物流枢纽承载能力是指在资源、环境等外部约束条件下，在特定空间域、时间域内利用自身资源，以满足一定物流服务水平和效率为前提，能够承担物流作业数量及内容的限度；定义路网客流承载能力为铁路客运专线网络所能够承载的最大客流量；定义线路系统的客流承载能力为线路系统单位时间能够完成的极限客运周转量；定义车站客流承载能力为车站进出站客流与换乘客流总量。

综上，本着研究系统极限负荷的目的，承载能力概念在多学科领域逐步发展成熟起来。万变不离其宗，无论在生态环境、社会环境，还是交通运输环境中，定义或评估承载能力时，都会强调一种和谐可持续、协调稳定理念，重视分析系统各组成要素的协同关系，这就是本书采用承载能力评估站台客流集散系统安全水平与集散效率的重要原因。

二、站台客流承载能力的定义

国内现行的地铁设计规范还没有直接给出站台客流承载能力的定义与计

算方法，但是地铁设计规范中有根据高峰小时列车可承载的最大断面客流量、高峰小时站台可承载的最大候车客流量，及自动扶梯、疏散步梯的客流通过能力，核定计算乘客在火灾等紧急情况下从站台层疏散至安全区域的逃生时间。具体的火灾逃生时间的计算如式 4-1 所示，地铁设计规范要求站台层全体乘客逃生到安全区域的时间不得超过 6 分钟。

$$T = 1 + \frac{Q_1 + Q_2}{0.9 \times [A_1(N-1) + A_2 B]} \leqslant 6\text{min} \qquad (4-1)$$

式中：T——乘客从站台层疏散至安全区域的时间（分钟）；

Q_1——高峰小时 1 列进站列车可承载的最大断面客流量（人）；

Q_2——高峰小时站台可承载的最大候车客流量（人）；

A_1——自动扶梯的客流通过能力（人/分钟）；

A_2——疏散步梯的客流通过能力（人/分钟）；

N——自动扶梯数量（个）；

B——疏散步梯的总宽度（米）。

该火灾逃生时间计算公式根据进站列车最大载客量与站台最大候车客流量完全通过站台出入口疏散设备的总时间，估计全体乘客的逃生时间，是一种静态计算方法，适合评估站台出入口设施客流通过能力能否满足安全逃生的时间要求。

然而，与紧急逃生时乘客向站台出口单向集中流动的逃生行为不同，在正常运营的轨道交通站台系统，站台客流密度往往随列车进站与离站事件的发生，呈现周期性的客流密度变化。如果我们仅统计一个较长时段的平均站台客流密度，往往会低估站台的拥挤程度，遗漏站台客流交互尖峰时刻的客流承载能力饱和情况。

由于上述计算站台最大候车客流量的评估方式，不能准确地反映站台客流动态集散变化情况，因此本书针对轨道交通网络化运营模式支持的同站台换乘系统，提出一种基于乘客随机乘车路径决策的站台客流承载能力计算方法。

参考其他学科对承载能力的定义，并结合轨道交通同站台换乘站台系统的环境容量与客流流动特性，定义基于轨道交通同站台换乘模式的站台客流承载能力如下。

在轨道交通列车时刻表、站台设施容量和列车载客量一定的条件下，基于乘客随机乘车选择行为，并且满足一定站台客流密度服务水平，单位时间内（1小时或一组衔接到站列车运行周期）站台设施可承载进出站与换乘客流总量的最大值（单位：人/小时）即为该站台系统的客流承载能力。

站台客流承载能力的定义中，首先对站台容量、列车容量与运输组织方案进行约束。这三项约束条件规定了客观环境背景：一是已知静态条件下的站台能够同时容纳的极限客流量；二是已知静态条件下的列车车厢能够同时容纳的极限客流量；三是含有同站台换乘时间衔接的网络化列车时刻表。运输组织方案具体规定了当前列车与站台对侧衔接列车的同站台换乘衔接时间或者是同站台换乘候车时间，构成了对站台系统乘车集散客流量的时间约束，体现了时间的动态性。

其次，站台客流承载能力的定义中充分考虑了乘客的实时路径选择特性，这对于预测存在多条乘车路径的同站台换乘系统的随机换乘客流量、站台两侧的候车客流量有着决定性作用。乘客乘车选择行为体现了站台客流承载能力定义中随机选择行为的动态性。

最后，定义兼顾了站台系统和谐可持续的客流密度服务特性，强调一种在安全舒适的客流密度下，满足乘客对站台客流密度服务水平需求的客流集散量。这种定义方式很好地继承了生态学、环境学中相关承载能力定义中对于资源和谐利用、可持续发展的系统评价方法。

另外，定义所指的"一组衔接到站列车运行周期"为含有一次同站台换乘衔接设置的异线列车或多等级列车停站过程的一个统计时间周期。

三、站台客流承载能力的主要特征

轨道交通站台客流承载能力的主要特征包括客观性、时效性、动态性、缓冲性、转化性、服务性。

（1）客观性：移动设备一定，行车组织方案一定，客观存在一个理想的极限能力。极限客流承载能力是基于理想客流需求分布，可以被有效利用的能力。

（2）时效性：在特定OD分布下，呈现出特定的有效客流承载能力。

（3）动态性：随着OD分布的动态变化，站台客流量和车内客流量会随之发生变化，因此有效承载能力的范围也呈现动态改变。

（4）缓冲性：站台系统可以容纳一定的二次候车客流，充足的站台客流承载能力对旅客输送能力不足的线路具有一定缓冲作用。

（5）转化性（转移性）：系统中不同的运输单元间的有效客流承载能力在需要时可以相互转化（转移）。这种转化（转移）是随着客流负荷的转化

（转移）向相反的方向进行。网络化运营中采用乘车路径诱导转移部分客流，均衡各线路列车与各等级列车的客流量，从而提高网络总体的有效客流承载能力。

（6）服务性：站台系统以满足一定客流密度服务水平为约束条件，研究一种和谐可持续客流集散效率下的极限站台客流承载能力。

第二节　站台客流承载能力影响因素分析

同站台换乘模式站台客流承载能力的影响因素包括基础设施配置、运输组织管理、乘客行为决策三个重要方面。其中，基础设施配置主要是指轨道交通网络化运营的线路形式、车辆类型、编组形式、信号系统以及站台布局形式；运输组织管理主要是指网络化运营列车运行计划编制与同站台换乘站台的客流流线组织规划；乘客行为决策则包括乘车选择决策、进出站行为、换乘行为与候车行为等。这些分别属于软硬件配置、主客观条件的因素都直接影响了承载能力的有效值。

按照站台、列车与乘客三大系统的交互作用关系，站台客流承载能力影响因素分类如图4-1所示。

一、基础设施配置

1. 轨道交通网络化运营线路形式

轨道交通网络化运营模式包括多交路运营、快慢车结合运营、共线运营和过轨运营等。这些网络化运营模式都可以采用同站台换乘模式的站台布局。同站台换乘布局分为同平面同站台换乘以及上下立面平行同站台换乘两种主要形式。同平面同站台换乘将两条线路的站台并列布置在同一平面上，具体分为双岛式同平面同站台、岛—侧式同平面同站台、尽头式同平面同站台；上下立面平行同站台换乘主要是立面双岛式同站台。

三种常见的同平面同站台换乘布局如图4-2所示。图中的A线与B线表示网络化运营条件下的两条不同线路，或者不同交路，又或者不同速度等级与停站方案的快慢车。

此外，轨道交通网络化运营线路形式可分为共轨运营、三轨运营与四轨运营三类，以同一线路开行不同等级列车的快慢车线路为例，如图4-3所示。三轨运营与四轨运营模式多用于施工空间充足的地面轨道交通线路，如

乘客行为决策
- 行为：进站、换乘、出站、候车、乘降等
- 决策：乘车路径、车次、进出站路径、候车位置等

乘客

三大系统交互

列车   站台

基础设施配置

·线路行驶　　　　　·站台布局形式
·车辆类型　　　　　包括双岛式、双侧
·编组形式　　　　　式、单岛式等
·信号系统

运输组织管理

·网络化运营列车运　·站台客流流线组
行计划编制包括发车　织包括出入口布局、
比例、频率、列车时　楼梯通行能力、站
刻表衔接方案　　　　台容纳率等

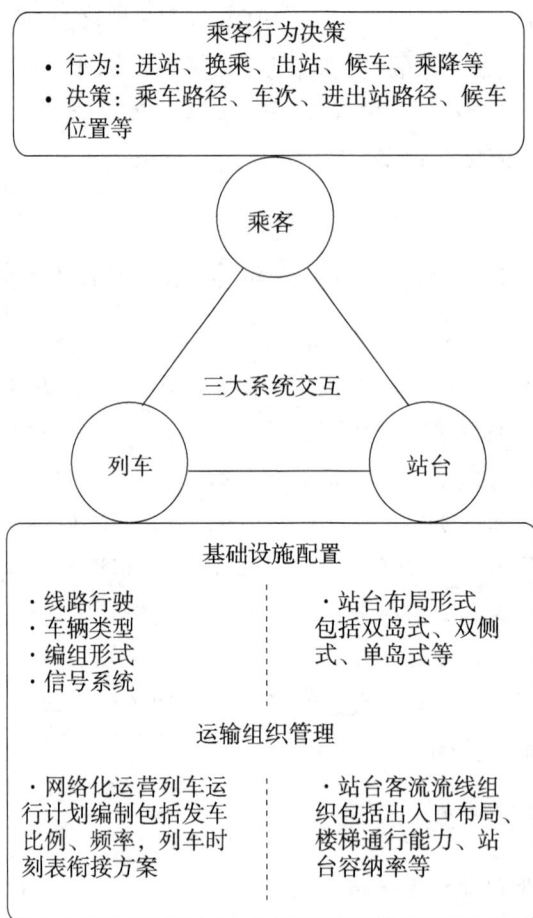

图 4 – 1　站台客流承载能力影响因素

纽约地铁的百老汇—第七大道线（IRT Broadway – Seventh Avenue Line）采用的就是四轨运营模式，快车与慢车双向均有专用轨道，四轨运营的线路不存在列车越行问题，因此可以最大限度地减小列车运行间隔，提高线路整体的列车通过能力，旅客输送能力也明显大于共轨运营模式。三轨运营模式是指上下行快车共用一条轨道，根据高峰期主要客流流向运行某一方向的快车，较适用于具有潮汐客流特性的通勤线路。

受到地下空间施工条件与成本的约束，地下轨道交通线路多采用的是快慢车共轨运营模式，由于快车与慢车在同一条轨道上运行，大大降低了基础设施建设成本。东京地铁副都心线、北京地铁 6 号线使用的都是区间共轨、车站侧线避让正线越行的快慢车运营模式。

（a）双岛式同平面同站台

（b）岛—侧式同平面同站台

（c）尽头式同平面同站台

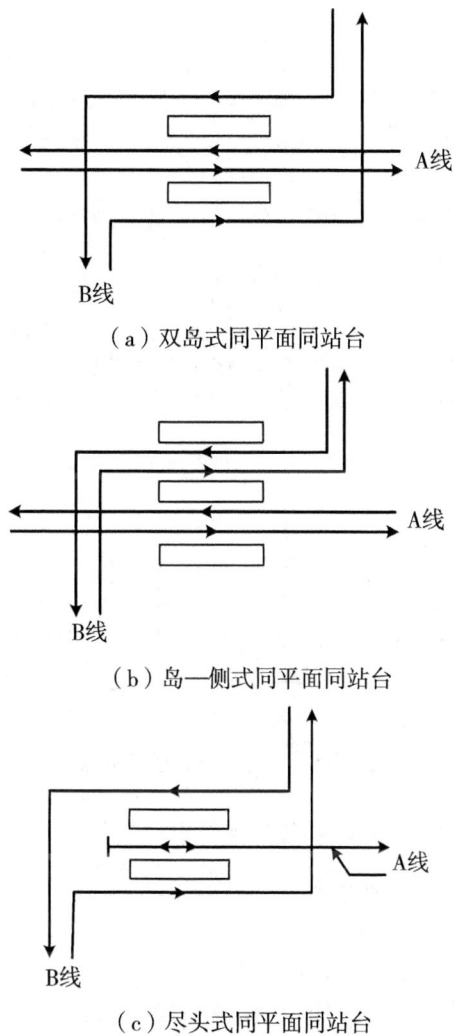

图 4－2　典型线路形式的同平面同站台换乘布局

2. 车辆类型与编组形式

轨道交通线路选用的车辆类型与编组形式决定了列车的核定载客量。我国轨道交通线路常选 4~8 节编组列车，有 A、B 两种类型的车厢，其中 A 型车的车厢宽度为 3m，通常定员 310 人；B 型车的车厢宽度为 2.8m，通常定员 245 人。

国外轨道交通快慢车线路还同时选用了多种编组列车，例如东京地铁副都心线的快车系统由于客流量较大，选用 10 节大编组车辆，慢车系统则基本

（a）快慢车四轨运营线路及站台形式

（b）快慢车三轨运营线路及站台形式

（c）快慢车共轨运营线路及站台形式

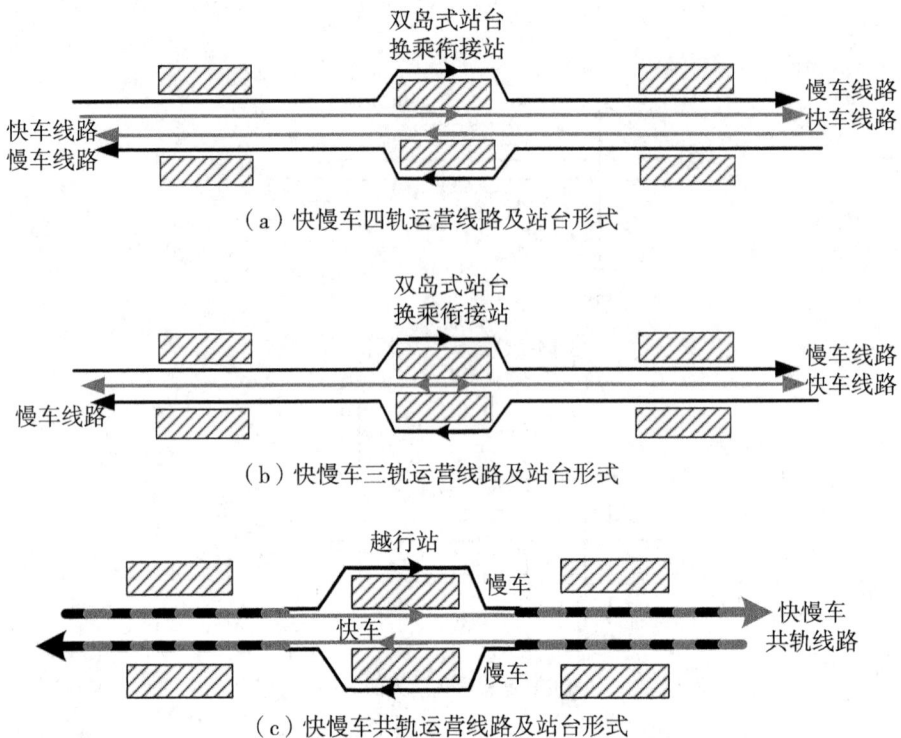

图 4-3　快慢车线路形式示意

选用 8 节编组车辆。灵活的多编组形式可以应对客流需求变化，但是对于换乘量较大的车站需要处理由于快车与慢车承载能力不等造成的乘客滞留站台等问题，研究站台客流承载能力。

3. 信号系统

信号系统是确保列车之间处于安全距离的专业设备，同时也是控制列车运行、决定列车运行间隔的关键。目前新建的轨道交通线路都采用 CBTC（基于无线通信的自动列车控制系统）信号技术，理论上可达到 90 秒的最小列车运行间隔，为提高客流承载能力提供坚实的技术基础。

4. 越行站的站台布局形式

轨道交通网络化共线系统的车站有三大类：一是共线列车均停站，低等级列车侧线待避，高等级列车正线越行的越行站；二是各线路各等级列车均停站，但不设置侧线的非越行站；三是仅部分线路列车或部分低等级列车需要停站，其他列车通过不停车的慢车站。

其中，越行站站台以两面四线的平面（或立面）双岛式站台布局形式为主，如图4-4所示，单向设有两条到发线，越行列车内部的乘客可以直接换乘到站台对侧的待避列车，实现时间与空间的"零换乘"。

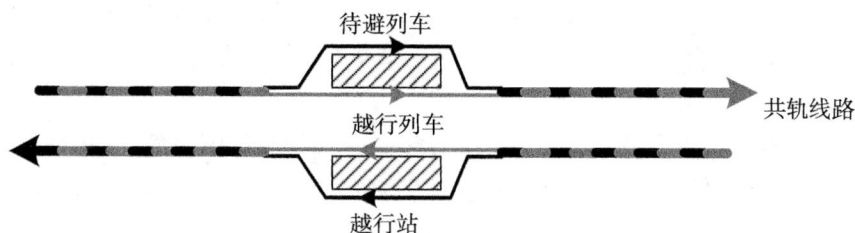

图4-4 越行站平面双岛式站台布局示意

非越行站站台布局形式以两面两线双侧式站台与一面两线单岛式站台为主，由于单向只设一条到发线，快车与慢车相继进站，因此，换乘乘客至少需要在站台原地等待一个列车运行间隔。

双岛式站台布局的同站台换乘模式已经较为成熟，香港地铁的太子站、旺角站以及北京地铁的国家图书馆站等换乘车站，都采用这种站台形式，实现了不同运营线路之间的同方向或异方向的同站台换乘。尤其是香港地铁的太子站与旺角站，两座相邻的立面同站台换乘布局模式的车站，实现的是荃湾线与观塘线四组上下行换乘方向的同站台换乘，如图4-5所示。

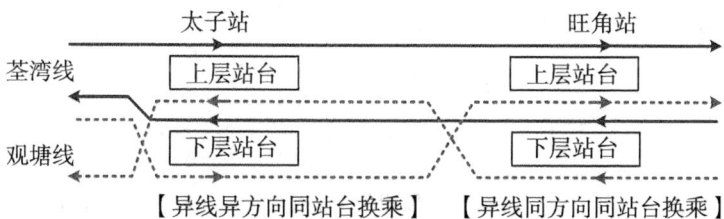

图4-5 双站组合同站台换乘

异线路同站台换乘模式的站台不仅可以减少不同线路之间换乘乘客的步行距离，还可以减少同一线路的快车与慢车之间换乘乘客的物理步行距离。该模式结合列车运行协调优化手段，可以最大限度地节约换乘候车时间。然而，换乘大客流可能造成站台客流密度过高的安全隐患也不容忽视，需要深入研究客流承载能力的变化规律。

二、运输组织管理

运输组织管理可分为网络化列车运行计划和车站客流组织管理两大类。

网络化列车运行计划对同站台换乘模式站台客流承载能力的影响主要体现在同站台两侧线路列车的发车比例、发车对数所确定的列车通过能力、重点换乘车站的列车时刻表衔接方案。这些因素直接决定了站台系统的平均进站候车时间、换乘候车时间以及站台接发乘客的集散能力。

1. 列车通过能力

以共轨模式的快慢车线路为例，快慢车非平行运行图的最大通过能力小于单一开行慢车的平行运行图，如图 4 - 6 所示。

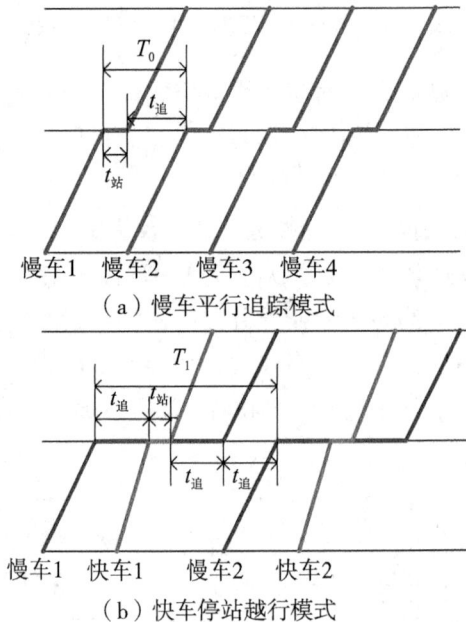

（a）慢车平行追踪模式

（b）快车停站越行模式

图 4 - 6　周期列车运行图示意

单一开行慢车的周期 T_0 等于一个停站时间 $t_{站}$ 与一个最小追踪列车间隔时间 $t_{追}$ 之和，因此慢车平行运行图的最大通过能力 N_0 为：

$$N_0 = 3600/T_0 = 3600/(t_{站} + t_{追}) \qquad (4-2)$$

发车比例 1∶1 条件下，一对快车与慢车组合的运行周期 T_1 则等于一个停站时间 $t_{站}$ 与三个最小追踪列车间隔时间 $t_{追}$ 之和，因此慢车平行运行图的最大通过能力 N_1 为：

$$N_1 = 2 \times 3600/T_1 = 2 \times 3600/(t_{站} + 3t_{追}) = 3600/(0.5t_{站} + 1.5t_{追})$$

$$(4-3)$$

故有，$N_0/N_1 = (0.5t_{站} + 1.5t_{追})/(t_{站} + t_{追}) = 1 + (0.5t_{追} - 0.5t_{站})/(t_{站} + t_{追})$

$$(4-4)$$

易得当 $t_{追} > t_{站}$ 时，慢车平行运行图的最大通过能力大于快慢车非平行运行图。实际上，目前的 CBTC 信号技术可支持的 $t_{追}$ 是 90 秒，若停站时间设为 30 秒，代入式 4-4 得 $N_0/N_1 = 5/4$，可见原有慢车平行运行图的通行能力超过快慢车非平行运行图有 25% 之多。

因此，需要足够重视列车越行方案对快慢车系统客流承载能力的影响。

2. 网络化列车运行协调优化方案

设计网络化列车运行协调优化方案可以减少乘客在换乘节点的候车时间，不仅可以提高乘客出行效率，还能加快站台客流集散速率，从而提高站台客流承载能力。

三轨运营和四轨运营模式的网络化运营线路可以实现不同线路或不同等级列车同时进站，实现同时停站的同站台换乘。然而对于共轨运营模式的网络化运营线路就至少需要间隔一个最小追踪列车间隔时间，两列车先后进站，因此前车乘客的换乘候车时间就一定大于列车间隔时间，对站台客流承载能力的影响较大，需要在建立仿真模型时重点考虑客流的动态变化规律。

此外，同站台换乘模式对两侧到站列车的发车频率也有较高的要求，只有在发车频率完全相同的情况下才能实现两侧列车完全一对一的换乘时间衔接，也只有在发车频率呈一定整数倍比例关系时才能实现部分列车的换乘时间衔接，此时发车频率较低的一侧站台就有可能出现候车客流量的累积上升，长时间占用站台空间。

3. 换乘枢纽站台客流组织管理

站台提供列车停靠、乘客候车以及上下车的空间，是列车系统与车站系统客流交换的关键节点，具有大客流集中性和短时冲击性等特点。站台客流集散优化的手段包括站台出入口布局优化、楼梯通行能力优化等。站台容纳率是定义站台客流组织安全等级的重要指标。

三、乘客行为决策

乘客行为决策具体包括进站、出站、换乘、候车、乘降行为，同站台乘车选择、乘车车次选择、进出站路径决策、具体候车位置决策等。这是与站台基础设施系统、列车组织管理系统交互下，既有乘客个体行为特性又含有群体行为特征的主观影响因素。

随着全日各时段的客流结构与客流量的不断变化，站台的局部拥挤区域和拥挤程度也相应发生变化：由于乘客需求与运输供给不匹配，会造成部分列车输送能力不足，同时部分列车输送能力过剩；由于乘客个性化候车行为和换乘行为，也会造成站台不同乘降区域、候车区域、走行区域的客流密度不均，导致站台系统很难达到理论计算的最大客流承载能力，而表现为一定客流需求和行为条件下的可以被真正利用的站台客流承载能力。本书第五章研究的是乘客乘车选择模型，为站台客流承载能力仿真建模提供理论基础。

第三节　基于系统动力学的因果关系分析

为明确由站台、列车与乘客三要素组成的站台客流集散系统的动态性复杂因果关系，本节采用系统动力学方法刻画站台客流集散系统的层次结构和作用关系，建立因果关系图模型。因果关系图可以明确系统的结构，分析构成站台子系统、列车子系统和乘客决策子系统要素的排列组合顺序及相互作用。

值得注意的是，列车子系统与乘客决策子系统存在一个负反馈环，即某一时刻，同站台两侧停站列车之中相对旅行速度较高、候车时间较短的列车，具有最佳运输服务效用，从而获得更高的进站乘客选择概率。然而随着系统状态的动态变化，原本最佳服务效用的列车受到候车队列长度和车厢拥挤的影响，服务效用迅速降低，乘客则会基于个人出行偏好，动态地调整乘车决策。正是通过这一乘客动态决策的负反馈关系，网络化运营线路才能合理协调分配客流，使得站台系统和列车系统处于相对平衡状态。

站台客流集散系统的因果关系如图4-7所示。

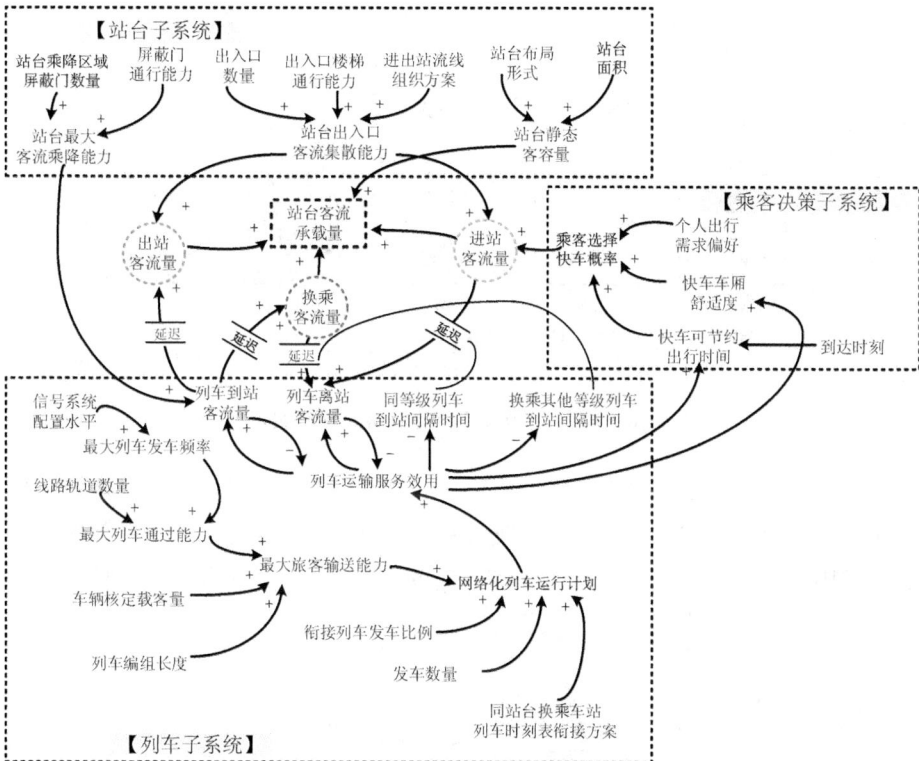

图 4-7　站台客流集散系统因果关系

第四节　站台客流承载能力评估标准

站台客流承载能力与站台客流集散效率二者关系紧密，站台客流承载能力不能单纯依靠统计计算一定周期内的站台客流承载量来评估，还需要综合考虑站台乘降区域平均客流密度这一重要的站台客流集散效率指标，作为站台客流服务水平的评估标准，辅助判断站台客流承载能力使用情况。

本书引用张兴强定义的站台客流密度服务水平等级（Level of Service，LOS）作为评价标准，将站台乘降区域客流密度服务水平设为 A ~ E 五个等级。其中，等级 A：[0，0.85]，等级 B：(0.85，1.41]，等级 C：(1.41，2.21]，等级 D：(2.21，3.80]，等级 E：(3.80，5.82]（单位：人/m²）。等级 A 的客流密度最低，服务水平最高；等级 E 的客流密度最高，服务水平最低。LOS 站台客流密度服务水平等级示意见图 4-8。

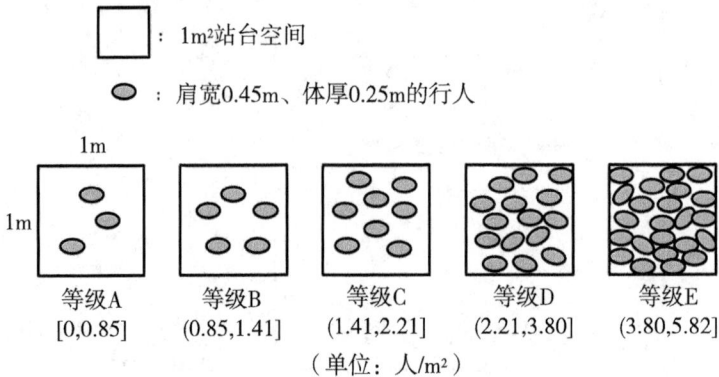

□：1m²站台空间

⬭：肩宽0.45m、体厚0.25m的行人

| 等级A
[0,0.85] | 等级B
(0.85,1.41] | 等级C
(1.41,2.21] | 等级D
(2.21,3.80] | 等级E
(3.80,5.82] |

（单位：人/m²）

图 4-8　LOS 站台客流密度服务水平等级示意

另外，本书规定当站台乘降区域客流密度超过 5.82 人/m²，就认为当前站台系统客流承载能力出现暂时性饱和，计算周期内的累计客流承载能力饱和时间则称为"站台客流承载能力饱和时间"。该指标是站台客流集散效率的重要指标，同时作为站台客流承载能力的评估标准。

第五节　本章小结

研究基于网络化运营组织模式的同站台换乘系统，在乘客根据同站台可换乘列车之间的衔接时间随机选择乘车路径的决策模式下，站台客流承载能力的动态变化规律，提出站台客流承载能力的概念，分析其主要特征，基于系统动力学的思想，分析站台、列车和客流三大系统的交互影响关系。本章的主要工作以及研究成果如下。

（1）在借鉴结构力学、生态学、环境学等其他学科关于承载能力的定义方法的基础上，研究轨道交通站台客流集散系统的极限载荷，强调一种和谐可持续、协调稳定理念，重视分析列车与站台系统各组成要素客流集散功能的协同关系。基于轨道交通同站台换乘模式、含有换乘时间衔接的网络化运营组织方案、乘客实时的路径选择行为，将站台客流承载能力定义为：在轨道交通列车时刻表、站台设施容量和列车载客量一定的条件下，基于乘客随机乘车选择行为，并且满足一定站台客流密度服务水平，单位时间内（1 小时或一组衔接到站列车运行周期）站台设施可承载进出站与换乘客流总量的最大值（单位：人/h）。

（2）站台客流承载能力影响因素分析，围绕站台系统、网络化列车运行系统以及客流系统三大系统，重点分析了基于网络化运营模式的常见同站台布局模式、线路形式、车辆编组等基础设施配置，列车通过能力、换乘衔接方案设计等运输组织管理以及乘客行为决策对站台客流集散供需平衡的影响规律。

（3）基于系统动力学因果关系图梳理、明确系统的结构，分析构成站台子系统、列车子系统和乘客决策子系统要素的排列组合顺序及相互作用，发现列车子系统与乘客决策子系统存在一个负反馈环，即乘客会根据站台某侧的候车队列长度、车厢拥挤程度，改变原本的乘车决策，选择可避免拥挤的列车出行。这种乘客动态调整乘车选择的决策行为是第五章的研究重点，为后续章节判断客流集散方向、计算站台客流集散效率、评估站台客流承载能力变化规律奠定了理论基础。

第五章　乘客换乘行为分析与仿真技术

本章选取同站台换乘系统的乘客乘车选择行为为研究对象，设计问卷调查通勤与休闲等不同出行目的乘客出行偏好，定量计算乘客对换乘候车和拥挤乘车环境的心理阻抗，建立基于随机效用理论的乘车选择模型，研究不同出行目的乘客对同站台系统可选择的节约时间优先乘车路径、减少换乘优先乘车路径与车厢不拥挤优先路径的需求特性。研究利用 Rank Logit 模型（排序评定模型）处理非量化 SP（意向）问卷，求解多项评定模型（Multinomial Logit Model，ML 模型，以下简称"多项 Logit 模型"）参数。乘客路径选择模型是仿真模型模拟乘客选择决策，实现精确客流分配的理论基础。

第一节　同站台换乘系统的乘车选择行为分析

城市轨道交通网络化运营条件下，乘客在同站台换乘系统可以结合个体感知的广义出行费用，根据时间快捷、少换乘、非拥挤车厢环境等出行效用，选择符合自身个性化出行需求的列车出行。因此，如何正确地用同站台换乘系统将进站客流精确地分配到具体的列车上，已经成为一个热点问题。

例如，快慢车结合运营这种典型的网络化运营模式中，快慢车越行站一般都采用快慢车同站台换乘布局的双岛式站台，同时配合使用含有快车与慢车换乘时间衔接的运输组织方案。因此，同站台换乘越行站的进站乘客可以便捷地在同一站台系统自由选择乘坐快车或者慢车出行。这类同站台换乘系统的乘客乘车选择行为的随机性较强，采用现有的客流分配模型难以直接计算快慢车选择概率。

这种同站台换乘客流造成的站台客流承载能力饱和情况，往往发生在站台两侧列车均到站的衔接时间，是一种暂时性饱和的客流承载量。尽管随列车离站换乘完成后，承载能力饱和的情况会得以缓解或者消失，可是运营部门最为担心的就是这种基于乘客个人出行效用最大化目的而造成的站台拥挤，导致突发站台客流承载能力饱和。

故而如何预测同站台换乘系统乘客的乘车选择行为，是评估和计算站台客流承载能力是否发生动态饱和的关键，也是进站乘客乘车选择概率仿真计算的理论基础。因此，本章是以同站台换乘系统的乘客乘车选择行为为研究目的，根据随机效用理论建立同站台换乘系统的乘客乘车选择多项 Logit 模型，并根据 RP 与 SP 联合调查数据计算参数估计值，从而计算同站台换乘系统的乘客乘车选择概率。

一、问卷设计与实施情况

伴随城市轨道交通成为人们常用的公共交通出行方式，出行者对轨道交通运输系统特性的了解也日趋深入，可以准确地判断出符合自身个性化出行需求的最短乘车路径，即满足 Wardrop（沃尔乔泊）提出的交通网络平衡第一原理：在道路的利用者都确切知道网络的交通状态并试图选择最短路径时，网络将会达到平衡状态。

乘车选择行为调查的目的就是了解出行者的需求结构，对随机效用模型中有关路径选择综合费用的相关变量，例如时间效用、换乘效用、车内舒适度效用等进行定量分析。

城市轨道交通系统内部的乘车选择问题与城际综合交通网络中长距离出行交通方式选择问题有一定不同。城际综合交通方式选择问题的调查对象主要是各种交通方式的旅行时间、运价费用、发车频率、安全性（伤亡率）、可靠性（停运率）等运输服务质量因素，出行者一旦选择某种交通方式出行，在出行过程中很难随机调整改变。而城市轨道交通系统内部的乘车选择问题就表现出较强的随机性。乘客可以根据自身个性化的时间价值、拥挤环境耐受力、步行体能特征，并结合实时轨道交通系统的运行情况，灵活地选择不同的乘车路径、不同的换乘车站。由此可见，研究城市轨道交通系统的乘车选择问题，一定要足够重视乘客的个性化乘车需求，综合计算包括时间、体能、心理的广义出行费用。

1. 问卷设计

调查问卷设计聚焦乘车选择特性这一核心问题，分别对时间效率的需求强度，对车厢拥挤、站台候车时间、进出站以及换乘步行距离和体力消耗的耐受程度等出行者个性化乘车需求设置了相应题目。问卷分为 RP 调查和 SP

调查两部分，具体调查内容如图 5-1 所示。

本章采用 RP 与 SP 联合调查的方法，首先可以根据 RP 调查中的实际出行信息评估出行者对城市轨道交通系统的了解程度、总体需求特性；然后再通过 SP 调查设计假想场景，研究出行者基于个体经验所形成的对时间、舒适度等要素的个性化需求特性，从而得到意向出行路径的选择结果。这种方法既收集了真实客观的既有出行信息，还可以有效地为新线客流预测提供数据支持。

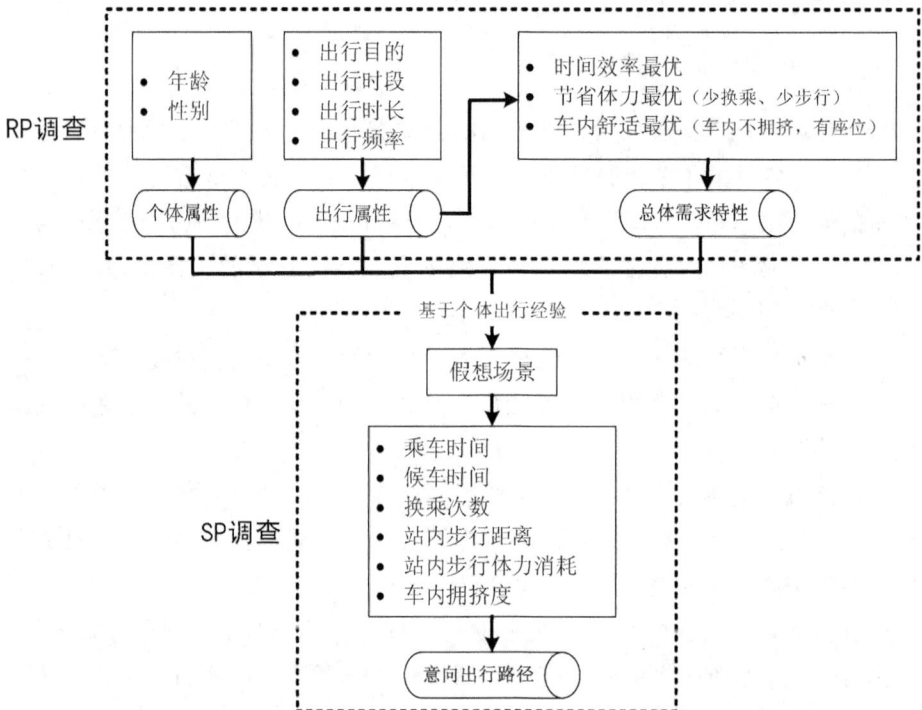

图 5-1　乘车选择行为 RP 与 SP 联合调查模块与内容

2. 实施情况

调查问卷在 2013 年 6 月进行，主要以具备城市轨道交通出行经验的人群为调查对象，结合使用北京地铁车内现场调查、地铁周边居民小区现场调查以及网上调查问卷三种调查方法进行了乘车选择行为调查（详见附录 A），共计发放问卷 400 份，回收有效问卷 339 份（其中部分选项可多选）。

其中，地铁车内现场调查是在端午节法定节假日期间进行。2013 年 6 月 10 日下午 1 点至 4 点，在北京地铁 14 号线随机选取乘客进行调查问卷，共回收有效问卷 196 份。通过统计问卷结果发现，地铁车内现场调查的超过 70% 的被访者平均每周有 2 次以上的地铁出行频率，可见抽样对象对地铁系统具有相当的熟悉程度，满足问卷设计要求。

此外，地铁周边居民小区的现场调查和网上调查问卷作为补充调查方式，能够采集到很少坐地铁或者没有地铁出行经验的人群样本，保证分层抽样的公平性和完整性。

二、被访者出行需求分析

1. 乘客个体属性与出行情况

问卷统计了乘客的年龄、性别、出行目的、出行频率、出行时段和时长等个体属性与出行属性，结果发现以通勤和休闲为目的的乘客在出行时段上有明显差异。如图 5 – 2 所示，68% 的通勤乘客有早高峰时段（7：00—9：00）出行习惯，而 73% 的休闲乘客有白天的非高峰时段（9：00—17：00）出行习惯，这与轨道交通运营部门所掌握的客流结构特征基本一致。

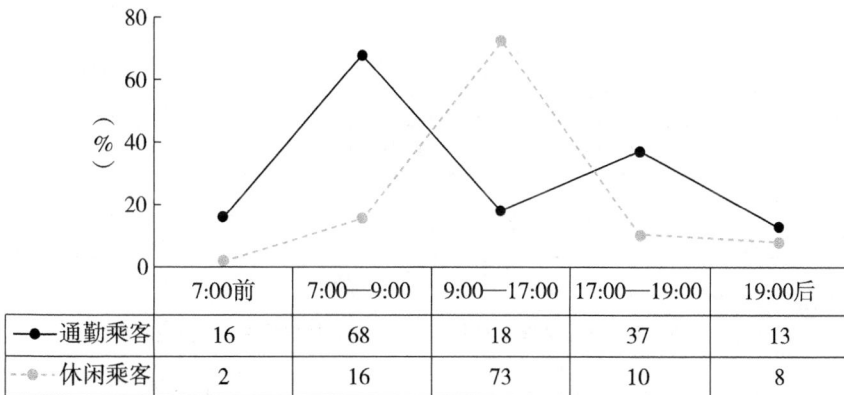

	7:00前	7:00—9:00	9:00—17:00	17:00—19:00	19:00后
通勤乘客	16	68	18	37	13
休闲乘客	2	16	73	10	8

图 5 – 2　通勤乘客与休闲乘客出行时段分布

结合其他统计结果（见图 5 – 3），通勤乘客的轨道交通出行特征可以概括为出行频率高，乘车时间较长，乘车时段集中在早、晚高峰呈现明显的双峰特征；与此相对的是休闲乘客的出行频率较低，乘车时间较短，乘车时段集中在日间非高峰时段呈现明显的单峰特征。

以下的出行需求特性分析中，选取通勤乘客为代表的高峰期出行客流，休闲乘客为代表的非高峰期出行客流这两类在时空分布上具有典型特征的客流，研究其乘车选择行为的影响因素。

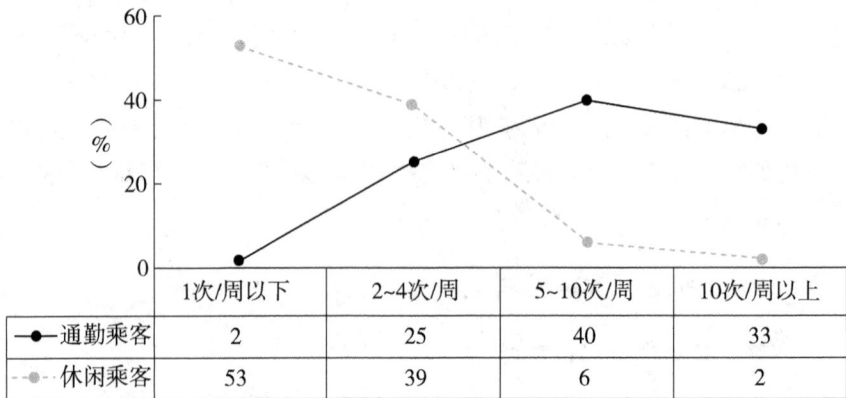

	1次/周以下	2~4次/周	5~10次/周	10次/周以上
━━ 通勤乘客	2	25	40	33
┅┅ 休闲乘客	53	39	6	2

（a）出行频率

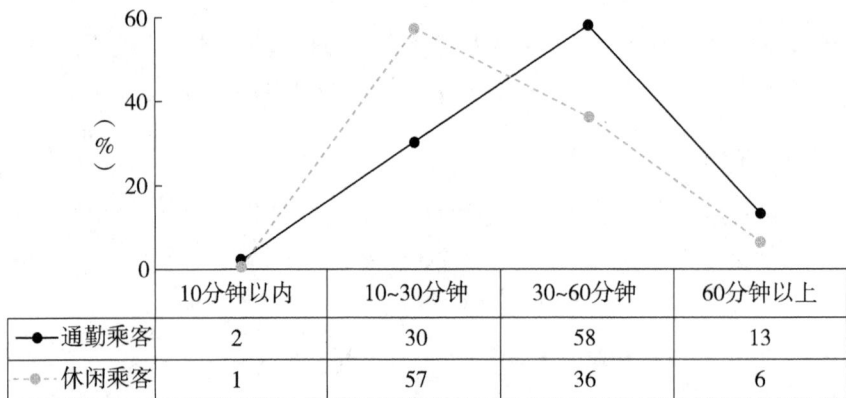

	10分钟以内	10~30分钟	30~60分钟	60分钟以上
━━ 通勤乘客	2	30	58	13
┅┅ 休闲乘客	1	57	36	6

（b）乘车时间

图 5 - 3　通勤乘客与休闲乘客出行频率与乘车时间分布

2. 乘车时间因素

通过调查问卷发现通勤乘客和休闲乘客都是依次选取时间优先、少换乘优先、少拥挤优先的路径（见图 5 - 4），可见出行者的总体需求特性是基本一致的。

乘车时间是被访者选择乘车路径的首要影响因素，选择时间优先路径的被访者比例在 60% 左右，通勤乘客对快捷性的需求强度略高于休闲乘客。

然而通过问卷 SP 调查发现，被访者在回答北京地铁乘车选择的案例题时，其乘车路径意向并不满足上述首选时间优先路径的结果（见图 5 - 5），这是由于时间优先路径（路径 A）与少拥挤优先路径（路径 C）的时间仅差 2

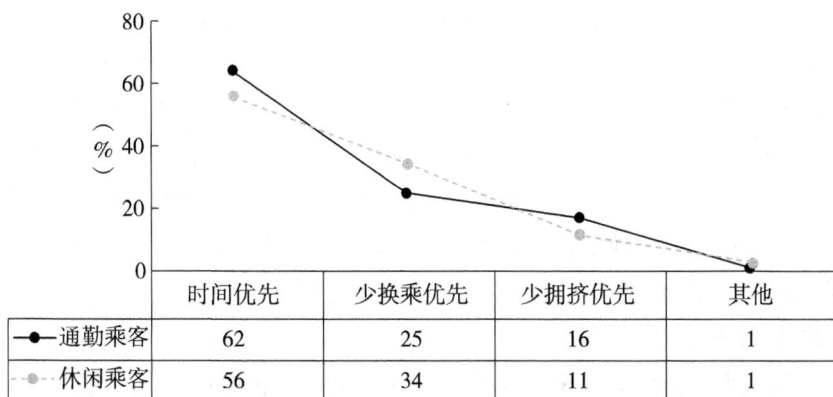

	时间优先	少换乘优先	少拥挤优先	其他
通勤乘客	62	25	16	1
休闲乘客	56	34	11	1

图 5-4　通勤乘客与休闲乘客整体需求特性

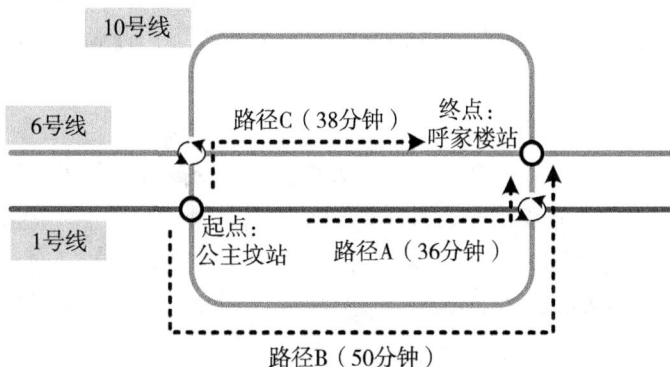

（a）公主坟站去往呼家楼站的三条乘车路径

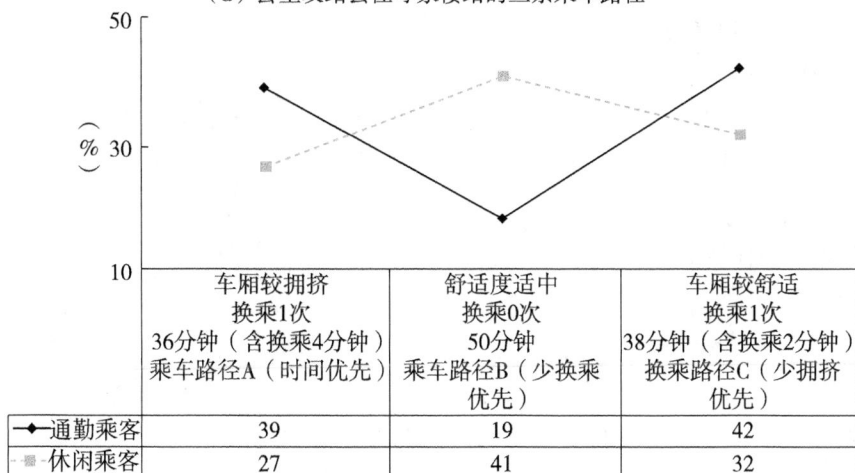

	车厢较拥挤 换乘1次 36分钟（含换乘4分钟） 乘车路径A（时间优先）	舒适度适中 换乘0次 50分钟 乘车路径B（少换乘优先）	车厢较舒适 换乘1次 38分钟（含换乘2分钟） 换乘路径C（少拥挤优先）
通勤乘客	39	19	42
休闲乘客	27	41	32

（b）通勤乘客与休闲乘客的乘车选择

图 5-5　通勤乘客与休闲乘客的乘车路径意向选择案例分析

分钟，对于出行经验丰富的通勤乘客来说，选择次短路径规避车内拥挤，可以有效提高总体出行效用，因此各有约40%的通勤乘客分别选择了这两条路径。

41%的休闲乘客都选择了乘车时间长达50分钟的直达路径（路径B），成为休闲乘客首选乘车路径。这一结果又一次证明了时间因素和换乘因素对不同群体的出行效用影响差异之大。可见在实际出行决策中，出行者是基于个体需求特性，加之对时间、换乘、舒适度等因素的综合评价选择最符合自身感知出行效用的乘车路径。

3. 换乘步行疲劳因素

针对换乘步行疲劳因素，调查问卷设置了有关乘客在疲劳心理作用下的楼梯步行等价时间的题目。统计结果显示，被访者总体认为水平通道步行3分钟与向上爬楼梯1.9分钟所产生的步行疲劳程度相当，不同属性群体的换乘步行疲劳表现也不同，中老年群体的步行疲劳感更强，通勤乘客比休闲乘客对步行疲劳的耐受力强。

4. 换乘候车时间因素

调查问卷结果如图5-6所示，被访者总体可接受的最佳候车时间上限是3.2分钟（P_1点），可接受的最长候车时间是5.9分钟（P_3点）。根据价格敏感度测定法（Price Sensitivity Measurement，PSM）进行数据分析，可以得到乘客对候车时间感到满意曲线与不满意曲线的交点，即图5-7的P_2点可以作为列车衔接方案设计的参考候车时间标准。

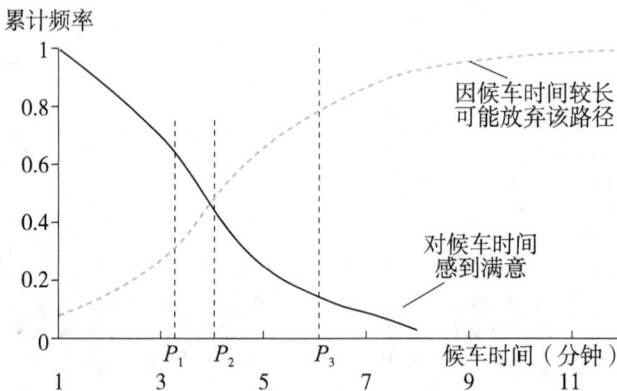

图5-6 基于PSM的候车时间等价分析

候车时间在0~P_1点范围时，被访者认为候车时间很短，没有心理负担；在P_1~P_2点范围时，被访者认为候车时间较为合理，心理可以接受；在P_2~

P_3点范围时，被访者认为候车时间较长，因焦急等待列车产生了一定不满情绪；当候车时间超过 P_3 点时，被访者会因为候车时间过长产生很大的不满情绪，以后有可能放弃该条换乘出行路径。

5. 车内舒适度因素

车内舒适度是指乘客基于自身耐受力对车内舒适度的主观评价，在拥挤环境下，乘客会认为乘车时间十分难熬。因此问卷设计有关于拥挤乘车环境下等价时间的题目，从而量化车内舒适度因素在乘车选择中的效用。结果超过 50% 的被访者愿意选择花费时间为最短路径 1.5 倍的非拥挤乘车路径。如图 5-7 所示，进一步对不同属性群体的对比分析发现：女性对拥挤的耐受力较弱，比男性更倾向于选择舒适的乘车环境；高时间价值的中青年群体选择乘车时间最短路径的比例最高，对拥挤环境的耐受力较强。

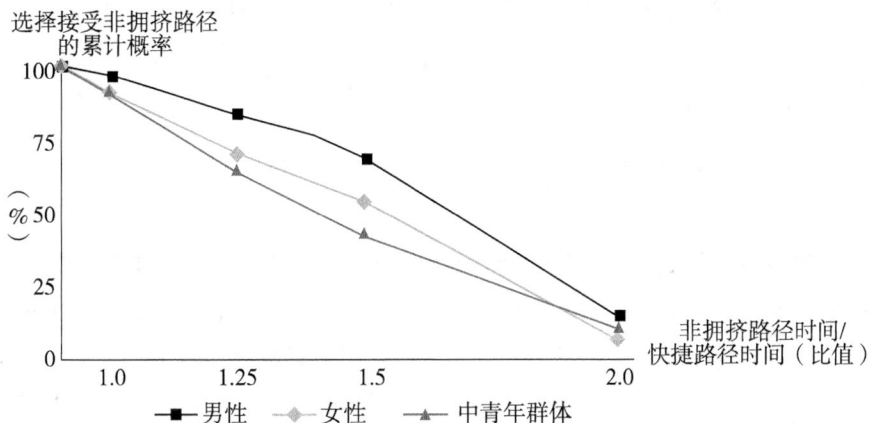

图 5-7　选择非拥挤路径的累计概率分布

第二节　同站台换乘系统的乘车选择多项 Logit 模型

综合上述乘客的出行需求分析得到的主要影响因素，本书提出同站台换乘系统的乘车综合效用函数，精确描述乘客在城市轨道交通出行过程中对车内拥挤度变化、车站换乘步行设施、列车时刻表时间效率等要素的满足程度，在此基础上建立乘车选择多项 Logit 模型，并利用 Rank Logit 模型处理非量化 SP 问卷，从而标定模型参数。

一、基本假设与建模流程

效用是指满足主体或目标的功效和作用。城市轨道交通乘客的出行效用表现为基于一定年龄、性别、出行目的、步行能力和乘车行为偏好的知觉效用，对运输服务的满足程度。非集计模型可直接对出行个体调查数据进行分析，避免数据集计而产生的信息丢失，而且模型结构较为简单，建模方便，是一种更加科学的预测乘客选择行为的研究方法。

本书基于两个基本假设建立非集计模型，第 1 个假设乘客是乘车决策行为决定的基本单位，即乘客是决定出行时间和乘车路径的个体单元，具有个体性选择特征。第 2 个假设是根据随机效用理论，乘客在起点车站或中途任意节点特定的客流、车流条件下，动态选择符合个体认知的、出行效用最大的乘车路径。

多项 Logit 模型形式如式 5 - 1 所示，设出行者 n 选择第 i 条乘车路径的概率为 P_{in}，V_{in} 是效用函数的固定项，假设概率项 ε_{in} 的方差服从相同的二重指数分布，并假设出行者 n 共有 I 条乘车路径可选。

$$P_{in} = \frac{\exp(V_{in})}{\sum_{l=1}^{I} \exp(V_{ln})} \ (1 \leqslant i \leqslant \mathrm{I}) \qquad (5-1)$$

多项 Logit 模型是一种求解多路径选择问题的常用模型，其乘车路径选择效用函数可以包括基于乘客个性化偏好的时间效用、乘车舒适效用、主观心理效用等多项效用指标，建模的主要工作量集中在前期的选择特性变量、标定参数等环节。该模型计算较为便捷，适于在 Petri 网仿真模型使用，实现乘车选择概率的快速计算。

具体的多项 Logit 模型标定与检验流程如图 5 - 8 所示。

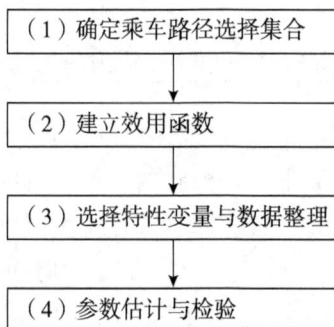

```
┌─────────────────────┐
│（1）确定乘车路径选择集合 │
└─────────────────────┘
          │
          ▼
┌─────────────────────┐
│（2）建立效用函数        │
└─────────────────────┘
          │
          ▼
┌─────────────────────┐
│（3）选择特性变量与数据整理 │
└─────────────────────┘
          │
          ▼
┌─────────────────────┐
│（4）参数估计与检验       │
└─────────────────────┘
```

图 5 - 8　多项 Logit 模型的参数估计与检验步骤

二、确定乘车选择方案集合

出行者根据自己个性化出行需求，所决定的乘车方案不尽相同，假设第 n 个出行者选择第 i 条乘车路径的乘车方案为 A_{in}。

附录 A 的调查问卷 SP 首选乘车路径的案例题中，给出了满足时间最优、少换乘最优以及少拥挤最优的三个选项，将这三条路径编号为 $i = 1,2,3$，具体列车与车站如下：

$A_{1n} =$ ［（1 号线上行列车，10 号线外环列车），（公主坟站，国贸站，呼家楼站）］；

$A_{2n} =$ ［（10 号线外环列车），（公主坟站，呼家楼站）］；

$A_{3n} =$ ［（10 号线内环列车，6 号线上行列车），（公主坟站，慈寿寺站，呼家楼站）］。

乘车方案集合 A_I 还包括由以下列车和车站构成的其他可选路径，例如：

$A_{4n} =$ ［（10 号线内环列车），（公主坟站，呼家楼站）］；

$A_{5n} =$ ［（1 号线上行列车，5 号线上行列车，6 号线上行列车），（公主坟站，东单站，东四站，呼家楼站）］；

$A_{6n} =$ ［（1 号线上行列车，4 号线上行列车，6 号线上行列车），（公主坟站，西单站，平安里站，呼家楼站）］；

$A_{7n} =$ ［（1 号线上行列车，2 号线内环列车，6 号线上行列车），（公主坟站，复兴门站，车公庄站，呼家楼站）］；

$A_{8n} =$ ［（1 号线上行列车，2 号线外环列车，6 号线上行列车），（公主坟站，建国门站，朝阳门站，呼家楼站）］。

A_{4n} 至 A_{8n} 这些乘车路径由于换乘次数较多或者乘车时间较长，不符合时间效率最优、少换乘最优、少拥挤最优条件，没有列为问卷调查的选项。因此仅采用前三条最短路构成的方案集 $A_3 = \{A_{1n}, A_{2n}, A_{3n}\}$ 进行数据整理和模型参数估计。

三、建立效用函数

根据问卷调查的反馈信息发现乘客的时间需求强度、对车厢拥挤的耐受力、对换乘环境的疲劳感知、对候车时间的期望均有显著不同，应作为重要知觉效用变量代入效用函数。

首先将效用函数 U 分为乘车路段效用 R 与车站节点效用 S 两部分分别计

算。乘车路段效用是指乘车疲劳时间价值；车站节点效用则包括步行疲劳时间价值与候车时间价值。

对于出行者 n 选择第 i 条乘车路径的总效用函数 U_{in}，如式 5-2 所示。

$$U_{in} = V_{in} + \varepsilon_{in} = R_{in} + S_{in} + \varepsilon_{in} \tag{5-2}$$

式中：R_{in} ——出行者 n 选择第 i 条乘车路径的乘车路段效用固定项；

　　　S_{in} ——出行者 n 选择第 i 条乘车路径的车站节点效用固定项；

　　　ε_{in} ——出行者 n 选择第 i 条乘车路径的效用函数概率项。

这里定义出行者 n 选择的第 i 条乘车路径上被选中的列车与车站的关联矩阵 A，用于表示选择列车 j、车站 k 的路径顺序，其元素 a_{in}^{jk} 的取值含义如式 5-3 所示。

$$a_{in}^{jk} = \begin{cases} 1 & \text{当出行者乘坐列车} j \text{在车站} k \text{上车时；} \\ -1 & \text{当出行者乘坐列车} j \text{在车站} k \text{下车时；} \\ 0 & \text{其他情形。} \end{cases} \tag{5-3}$$

乘车路径的关联矩阵举例，如图 5-9 所示。

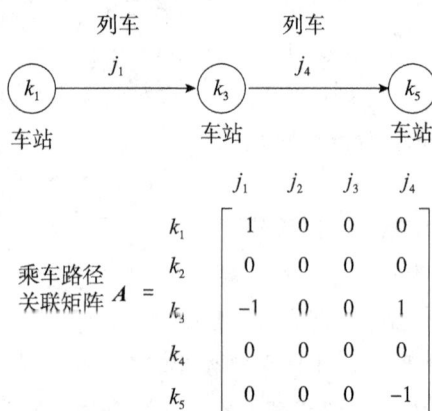

图 5-9　乘车路径关联矩阵举例

效用函数的固定项 R_{in} 与 S_{in} 采用线性函数形式，如式 5-4 与式 5-5 所示。

$$R_{in} = \sum_{j=1}^{J} \boldsymbol{\alpha} X_{in}^{j} = \sum_{j=1}^{J} \sum_{p=1}^{P} \boldsymbol{\alpha}_p X_{in}^{jp} (\text{列车} j \in J) \tag{5-4}$$

$$S_{in} = \sum_{k=1}^{K} \boldsymbol{\beta} Y_{in}^{k} = \sum_{k=1}^{K} \sum_{q=1}^{Q} \boldsymbol{\beta}_q Y_{in}^{kq} (\text{车站} k \in K) \tag{5-5}$$

式 5-4 中，$\boldsymbol{\alpha} = (\alpha_1, \alpha_2, \cdots, \alpha_P)^{\mathrm{T}}$ 是未知的参数向量，$\boldsymbol{X}_{in}^{j} = (X_{in}^{j1}, X_{in}^{j2}, \cdots,$ $X_{in}^{jP})$ 是出行者 n 在选择的第 i 条乘车路径上乘坐列车 j 过程的影响因素向量，J

代表车次编号的最大值。P 是出行乘客在进行第 i 条乘车路径是否乘坐列车 j 的决策中共有 P 种影响因素。

式 5 - 5 中，$\boldsymbol{\beta} = (\beta_1, \beta_2, \cdots, \beta_Q)^T$ 是未知的参数向量，$\boldsymbol{Y}_{in}^k = (Y_{in}^{k1}, Y_{in}^{k2}, \cdots, Y_{in}^{kQ})$ 是出行者 n 选择的第 i 条乘车路径途经车站 k（限定为起点站或换乘站）的影响因素向量，K 代表各车站的集合，Q 是出行乘客在进行第 i 条乘车路径是否途经车站 k 的决策中共有 Q 种影响因素。

由于效用函数固定项均被假设为线性函数，因此乘车选择概率 P_{in} 可以转化为式 5 - 6 形式。

$$
\begin{aligned}
P_{in} &= \frac{\exp\left(\sum_{j=1}^{J} \boldsymbol{\alpha} X_{in}^{j} + \sum_{k=1}^{K} \boldsymbol{\beta} Y_{in}^{k}\right)}{\sum_{l=1}^{I} \exp\left(\sum_{j=1}^{J} \boldsymbol{\alpha} X_{ln}^{j} + \sum_{k=1}^{K} \boldsymbol{\beta} Y_{ln}^{k}\right)} \\
&= \frac{1}{\sum_{l=1}^{I} \exp\left[\sum_{j=1}^{J} \left(\boldsymbol{\alpha} X_{ln}^{j} - \boldsymbol{\alpha} X_{in}^{j}\right) + \sum_{k=1}^{K} \left(\boldsymbol{\beta} Y_{ln}^{k} - \boldsymbol{\beta} Y_{in}^{k}\right)\right]} (1 \leqslant i \leqslant I) \quad (5 - 6)
\end{aligned}
$$

四、选择特性变量与整理问卷数据

选择特性变量除表示选择乘车路径方案的固有哑元变量 W_{in}^i 外，还包括列车特性变量 X_{in}^{jp} 与车站特性变量 Y_{in}^{kq}，具体如表 5 - 1 所示。固有哑元变量的数量等于可选乘车路径的总数乘 I 减 1。

表 5 - 1　　乘车路径效用模型的特性变量

备选路径方案 A_{in}	固有哑元变量		列车 j 路段特性变量		车站 k 节点特性变量	
	W_{in}^1	W_{in}^2	乘车时间 X_{in}^{j1}	车厢拥挤时间 X_{in}^{j2}	站内步行时间 Y_{in}^{k1}	候车时间 Y_{in}^{k2}
时间最优 A_{1n}	1	0	X_{1n}^{j1}	X_{1n}^{j2}	Y_{1n}^{k1}	Y_{1n}^{k2}
少换乘最优 A_{2n}	0	1	X_{2n}^{j1}	X_{2n}^{j2}	Y_{2n}^{k1}	Y_{2n}^{k2}
少拥挤最优 A_{3n}	0	0	X_{3n}^{j1}	X_{3n}^{j2}	Y_{3n}^{k1}	Y_{3n}^{k2}
待定参数	γ_1	γ_2	α_1	α_2	β_1	β_2

由于问卷中乘车路径意向选择题的已知条件中已经给出了乘车时间 T_{j1}、车厢拥挤时间 T_{j2}，站内换乘步行标准时间 T_{k1} 以及列车时刻表换乘衔接时间 T_{k2} 等列车信息，考虑到问卷中其他问题可以得到个体出行者 n 的城市轨道交通出行偏好，因此采用出行者 n 基于本人出行目的的时间价值系数 a_{n1} 得到对

应的乘车时间变量 X_{in}^{j1} 取值，即 $X_{in}^{j1} = a_{n1} \times T_{j1}$；同理，通过计算出行者 n 的车厢拥挤耐受力系数 a_{n2}、站内步行难度系数 b_{n1}、候车心理系数 b_{n2}，可以得到其他特性变量的取值分别为 $X_{in}^{j2} = a_{n2} \times T_{j2}$，$Y_{in}^{k1} = b_{n1} \times T_{k1}$，$Y_{in}^{k2} = b_{n2} \times T_{k2}$。

各乘车路径方案 $\{A_{1n}, A_{2n}, A_{3n}\}$ 的列车运行时间、标准发车间隔以及各车站的标准换乘步行时间、列车时刻表衔接时间取值详见附录 B，模型所使用调查问卷数据的整理情况如表 5 - 2 所示。

表 5 - 2　　　　　　　　模型使用调查问卷数据的整理情况

出行者编号	路径方案	选择结果	固有哑元变量		行为偏好系数				特性变量			
			W_{in}^1	W_{in}^2	a_{n1}	a_{n2}	b_{n1}	b_{n2}	$\sum\limits_{j=1}^{J} X_{in}^{j1}$	$\sum\limits_{j=1}^{J} X_{in}^{j2}$	$\sum\limits_{k=1}^{K} Y_{in}^{k1}$	$\sum\limits_{k=1}^{K} Y_{in}^{k2}$
1	A_1	0	1	0	1.1	1.25	3.5	1.2	39.6	7.5	14.0	9.6
	A_2	0	0	1								
	A_3	1	0	0								
2	A_1	1	1	0	0.9	1.5	1.7	1.4	28.8	33.0	10.2	11.2
	A_2	0	0	1								
	A_3	0	0	0								
...	...	...	...	...	...	...	...	...	...	...	...	...
n	A_1	δ_{1n}	1	0	a_{n1}	a_{n2}	b_{n1}	b_{n2}	$\sum\limits_{j=1}^{J} X_{1n}^{j1}$	$\sum\limits_{j=1}^{J} X_{1n}^{j2}$	$\sum\limits_{k=1}^{K} Y_{1n}^{k1}$	$\sum\limits_{k=1}^{K} Y_{1n}^{k2}$
	A_2	δ_{2n}	0	1					$\sum\limits_{j=1}^{J} X_{2n}^{j1}$	$\sum\limits_{j=1}^{J} X_{2n}^{j2}$	$\sum\limits_{k=1}^{K} Y_{2n}^{k1}$	$\sum\limits_{k=1}^{K} Y_{2n}^{k2}$
	A_3	δ_{3n}	0	0					$\sum\limits_{j=1}^{J} X_{3n}^{j1}$	$\sum\limits_{j=1}^{J} X_{3n}^{j2}$	$\sum\limits_{k=1}^{K} Y_{3n}^{k1}$	$\sum\limits_{k=1}^{K} Y_{3n}^{k2}$
...	...	...	...	...	...	...	...	...	...	...	...	...
$N =$ 196	A_1	0	1	0	0.8	2.0	1.6	1.0	40.0	32.0	3.2	4.0
	A_2	0	0	1								
	A_3	1	0	0								
待定参数			γ_1	γ_2	—	—	—	—	α_1	α_2	β_1	β_2

通过对出行者出行效用值的数据预处理，既可以直观地表达基于出行者偏好特性对乘车时间、车厢环境、换乘体力支出、候车时间等运输服务要素的效用值，又可以将效用函数合理简化为线性形式，降低参数估计的难度。

此外，按照年龄与性别用加权平均法计算的长短途通勤乘客以及长短途休闲乘客的行为偏好数据，给出如表 5 - 3 所示的行为偏好系数参考值，供本章案例以及第六章仿真模型计算时使用。

表 5 - 3　　　　　　　　　典型乘客行为偏好系数参考值

乘客类型		时间价值系数	车厢拥挤耐受力系数	站内步行难度系数	候车心理系数
		a_{n1}	a_{n2}	b_{n1}	b_{n2}
通勤乘客	长途	1.21	1.51	1.55	1.54
	短途	1.16	1.19	1.28	1.36
休闲乘客	长途	1.05	1.83	2.63	1.48
	短途	0.84	1.57	1.96	1.15

五、利用 SP 排序数据的参数估计

调查问卷要求所有被访者对 3 个备选乘车路径方案给出排序，因此采用 Rank Logit 模型对这类非量化 SP 数据进行处理。首先设被访者 n 的乘车路径意向排序概率 $P_n(A_{1n}, A_{2n}, \cdots, A_{In})$，其含义表示被访者 n 排序第 1 的选择方案是 A_{1n}，排序第 2 的选择方案是 A_{2n}……排序第 I 的选择方案是 A_{In}，如式 5 - 7 所示。

$$
\begin{aligned}
P_n(A_{1n}, A_{2n}, \cdots, A_{In}) &= P_n\{A_{1n} \mid (A_{1n}, A_{2n}, \cdots, A_{In})\} P_n\{A_{2n} \mid \\
& (A_{2n}, A_{3n}, \cdots, A_{In})\} \cdots P_n\{A_{(I-1)n} \mid \\
& [A_{(I-1)n}, A_{In}]\} = \prod_{d=1}^{I-1} P_n\{A_{In} \mid (A_{1n}, \cdots, A_{In})\}
\end{aligned}
\tag{5-7}
$$

此外根据 Logit 模型的基本概念，可知排序第 i 的选择方案的条件概率 $P_n\{A_{in} \mid (A_{in}, \cdots, A_{In})\}$ 的表达式，如式 5 - 8 所示。根据特性变量的选择情况（见表 5 - 2），设参数向量 $\boldsymbol{\theta} = (\gamma_1, \gamma_2, \alpha_1, \alpha_2, \beta_1, \beta_2)$，特性变量 $Z_{in} = (W_{in}^1, W_{in}^2, \sum_{j=1}^{J} X_{in}^{j1}, \sum_{j=1}^{J} X_{in}^{j2}, \sum_{k=1}^{K} Y_{in}^{k1}, \sum_{k=1}^{K} Y_{in}^{k2})$。

$$
P_n\{A_{in} \mid (A_{in}, \cdots, A_{In})\} = \frac{\exp(V_{in})}{\sum_{l=i}^{I} \exp(V_{ln})} = \frac{\exp(\boldsymbol{\theta} Z_{in})}{\sum_{l=i}^{I} \exp(\boldsymbol{\theta} Z_{ln})}
\tag{5-8}
$$

再将式 5 - 8 代入式 5 - 7 可以得到排序概率为：

$$P_n(A_{1n}, A_{2n}, \cdots, A_{In}) = \prod_{i=1}^{I-1} \frac{\exp(V_{in})}{\sum\limits_{l=i}^{I} \exp(V_{ln})} = \prod_{i=1}^{I-1} \frac{\exp(\boldsymbol{\theta} Z_{in})}{\sum\limits_{l=i}^{I} \exp(\boldsymbol{\theta} Z_{ln})} \quad (5-9)$$

套用多项 Logit 模型得到极大似然函数 L^*，如式 5-10 所示，表示 SP 问卷 N 个被访者的全部排序方案同时实现的概率。由于问卷设有 I 个选项方案，因此共有等于方案数的阶乘值 $I!$ 个排序方案。

$$L^* = \prod_{n=1}^{N} \prod_{i=1}^{I!} P_n(A_n, \cdots, A_{in}, \cdots) \quad (5-10)$$

极大似然函数 L^* 所对应的对数似然函数式 $L(\boldsymbol{\theta})$ 如式 5-11 所示。

$$L(\boldsymbol{\theta}) = \ln L^* = \sum_{n=1}^{N} \sum_{i=1}^{I-1} \left[\boldsymbol{\theta} Z_{in} - \ln \sum_{l=i}^{I} \exp(\boldsymbol{\theta} Z_{ln}) \right] \quad (5-11)$$

此时对参数向量 $\boldsymbol{\theta}$ 的各元素 $\gamma_1, \gamma_2, \alpha_1, \alpha_2, \beta_1, \beta_2$ 分别求导，可得到梯度向量 ∇L，如式 5-12 所示，再通过 Hessian 矩阵进行参数检验，如式 5-13 所示。

$$\nabla L = \begin{pmatrix} \partial L / \partial \gamma_1 \\ \partial L / \partial \gamma_2 \\ \partial L / \partial \alpha_1 \\ \partial L / \partial \alpha_2 \\ \partial L / \partial \beta_1 \\ \partial L / \partial \beta_2 \end{pmatrix} = \begin{pmatrix} \sum\limits_{n=1}^{N} \sum\limits_{i=1}^{I-1} \left[(1 - P_{in}) W_{in}^1 \right] \\ \sum\limits_{n=1}^{N} \sum\limits_{i=1}^{I-1} \left[(1 - P_{in}) W_{in}^2 \right] \\ \sum\limits_{n=1}^{N} \sum\limits_{i=1}^{I-1} \left[(1 - P_{in}) \sum\limits_{j=1}^{J} X_{in}^{j1} \right] \\ \sum\limits_{n=1}^{N} \sum\limits_{i=1}^{I-1} \left[(1 - P_{in}) \sum\limits_{j=1}^{J} X_{in}^{j2} \right] \\ \sum\limits_{n=1}^{N} \sum\limits_{i=1}^{I-1} \left[(1 - P_{in}) \sum\limits_{k=1}^{K} Y_{in}^{k1} \right] \\ \sum\limits_{n=1}^{N} \sum\limits_{i=1}^{I-1} \left[(1 - P_{in}) \sum\limits_{k=1}^{K} Y_{in}^{k2} \right] \end{pmatrix} \quad (5-12)$$

$$\nabla^2 L = \begin{pmatrix} \partial^2 L / \partial \gamma_1^2 & \partial^2 L / \partial \gamma_1 \partial \gamma_2 & \cdots & \partial^2 L / \partial \gamma_1 \partial \beta_2 \\ \partial^2 L / \partial \gamma_2 \partial \gamma_1 & \partial^2 L / \partial \gamma_2^2 & \cdots & \partial^2 L / \partial \gamma_2 \partial \beta_2 \\ \vdots & \vdots & \ddots & \vdots \\ \partial^2 L / \partial \beta_2 \partial \gamma_1 & \partial^2 L / \partial \beta_2 \partial \gamma_2 & \cdots & \partial^2 L / \partial \beta_2^2 \end{pmatrix} \quad (5-13)$$

本书利用 BIOGEME 软件对模型进行参数估计。该软件包是一款针对非集计模型开发而成的，适用于多项 Logit 模型、多项巢式评定模型（Multinomial Nested Logit Model，MNL 模型）、巢式评定模型（Nested Logit Model，NL 模型）、混合评定模型（Mixture Logit）等各类常用 Logit 模型的专业求解工具。通过 BIOGEME 计算得到的参数估计结果如表 5 - 4 所示，模型的拟合优度 ρ^2 在 0.3 ~ 0.4，证明精度较高；T 检验值的绝对值基本都大于 1.96，表明在 95% 的可靠性水平上，各变量对选择概率均产生显著影响；连续变量乘车时间、车厢拥挤时间、站内步行时间、候车时间的参数值均为负，与综合效用最大要求一致。

表 5 - 4 　　　　　　　　模型参数估计结果

待定参数	γ_1	γ_2	α_1	α_2	β_1	β_2
对应变量	固有哑元 W_{in}^1	固有哑元 W_{in}^2	乘车时间 $\sum_{j=1}^{J} X_{in}^{j1}$	车厢拥挤时间 $\sum_{j=1}^{J} X_{in}^{j2}$	站内步行时间 $\sum_{k=1}^{K} Y_{in}^{k1}$	候车时间 $\sum_{k=1}^{K} Y_{in}^{k2}$
参数估计值	0.69	0.46	- 0.076	- 0.028	- 0.065	- 0.082
T 检验值	1.87	3.86	- 4.52	- 3.18	- 4.19	- 2.31
拟合优度	$\rho^2 = 0.371$					

六、乘车选择模型在同站台换乘线路的应用

本节以一条快慢车结合模式的网络化运营线路为例，验证同站台换乘系统乘车选择模型的实用性。

设有一条快慢车共轨模式的城市轨道交通线路，市郊区段的车站分为三类。

（1）快车快速通过，只有慢车停站办理乘客乘降作业的慢车专用车站，以下简称"A 类"车站。

（2）快车与慢车均停站办理乘客乘降作业，由于车站没有侧线，不能办理越行作业的普通车站，以下简称"B 类"车站。

（3）快车与慢车均停站办理乘客乘降作业，车站设有侧线可以办理越行作业的越行车站，以下简称"C 类"车站。此外，案例中的两座越行站均为同站台换乘模式的双岛式站台，可以实现同方向运行列车之间的同站台换乘。

案例中全线 27 座车站，停站方案与早高峰列车时刻表如图 5 - 10 所示，快慢车发车比例 1:1，平均发车间隔时间 3 分钟。L1 次慢车在 C1 越行站侧线待避停车 210 秒，E1 次快车在正线停车 30 秒办理乘客乘降作业，然后越行 L1 次列车。除 C1、C2 两座越行站外，其他车站的停站时间统一设为 30 秒。

案例设计了三种典型的快慢车运行图（见图 5 - 11），分别是平均发车间

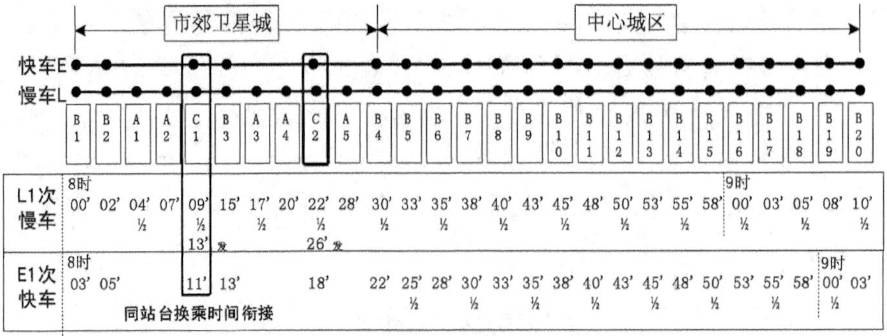

市郊卫星城　　　　　中心城区

快车E
慢车L

| B1 | B2 | A1 | A2 | C1 | B3 | A3 | A4 | C2 | A5 | B4 | B5 | B6 | B7 | B8 | B9 | B10 | B11 | B12 | B13 | B14 | B15 | B16 | B17 | B18 | B19 | B20 |

L1次慢车：8时 00' 02' 04' 07' 09'½ 13'½ 15' 17' 20' 22'½ 26'½ 28' 30' 33' 35' 38' 40' 43' 45' 48' 50' 53' 55' 58' 9时 00' 03' 05' 08' 10'½

E1次快车：8时 03' 05' 11' 13' 18' 22' 25' 28' 30' 33' 35' 38' 40' 43' 45'½ 48' 50'½ 53' 55'½ 58' 9时 00' 03'½

同站台换乘时间衔接

早高峰列车到站时刻表

图 5 - 10　快慢车线路停站方案及列车时刻表示意

隔时间 3 分钟的（a）早高峰时段快慢车比例 1∶1 模式运行图、（b）早高峰时段快慢车比例 1∶2 模式运行图以及平均发车间隔时间 6 分钟的（c）非高峰时段快慢车比例 1∶2 模式运行图。

　　高峰期的两种列车运行图中，快慢车比例 1∶1 模式的慢车需要待避两次，时间损失较大，慢车全程 70 分钟，快车全程 60 分钟；而快慢车比例 1∶2 模式的慢车仅待避一次，全程可缩短为 67 分钟。非高峰期快慢车比例 1∶2 模式的半数慢车待避一次，半数慢车没有待避作业，其主要问题是各站平均候车时间较长，尤其是两列快车的到达时间间隔长达 18 分钟，因此通常情况下，随机到站乘客将不会执着于选择快车，而会根据出行起讫点车站灵活选择最近到达列车。

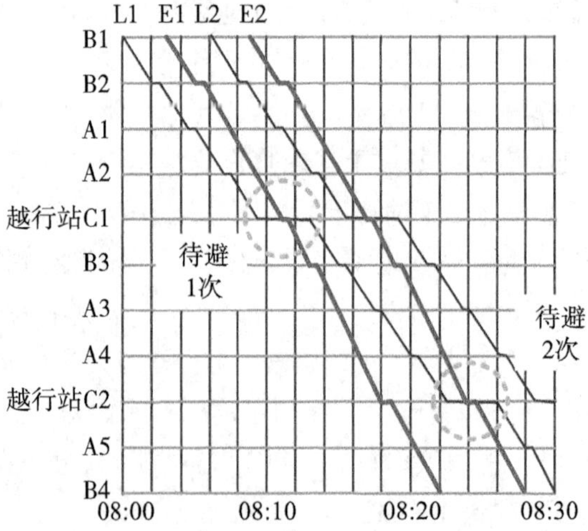

L1　E1 L2　E2

B1
B2
A1
A2
越行站 C1
B3　待避1次
A3
A4　待避2次
越行站 C2
A5
B4
08:00　　08:10　　08:20　　08:30

（a）早高峰时段快慢车比例 1∶1 模式

图 5 - 11　快慢车运行图

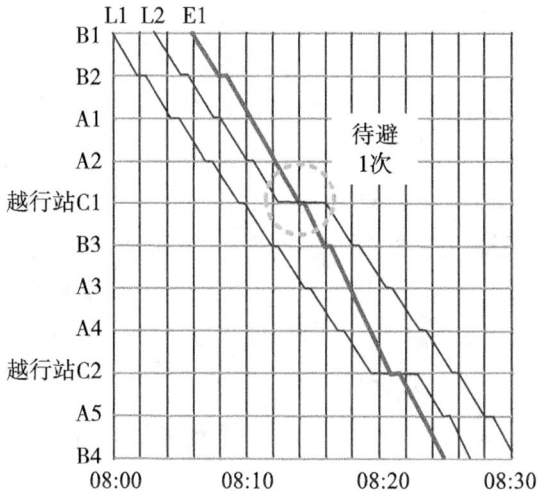

（b）早高峰时段快慢车比例1:2模式

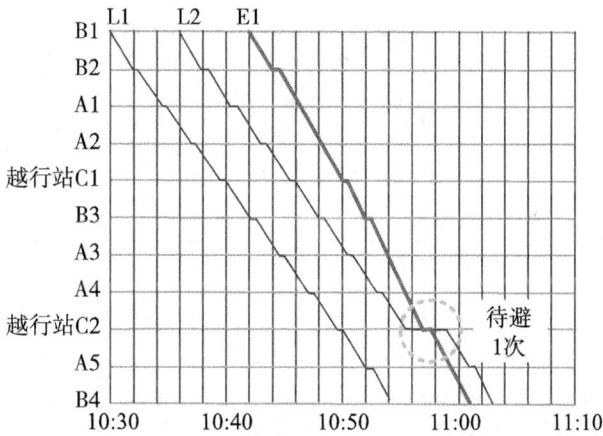

（c）非高峰时段快慢车比例1:2模式

图5-11 快慢车运行图（续）

基于上述三类典型列车运行图，分别设定高峰期车厢满载率是列车定员的90%，非高峰期车厢满载率是列车定员的50%，并对照不同运营时段的客流结构特点，分别代入表5-3的通勤乘客行为偏好系数、休闲乘客行为偏好系数。

为能够同时对比长途通勤客流、短途通勤客流、长途休闲客流、短途休闲客流的快慢车选择情况，案例计算中选择了短途OD"越行站C1至慢车站A5"，短途OD"越行站C1至普通站B4"，长途OD"越行站C1至普通站

B13",及长途OD"慢车站A1至普通站B13"四条具有代表性的、可以自由选择快车或者慢车出行的OD对,分别计算了高峰期通勤客流以及非高峰期休闲客流的路径选择概率,各OD详细的乘车时间、候车时间以及概率计算结果如表5-5所示。

其中,"C1至A5"与"A1至B13"这两条OD对的快车需要在C2站或C1站与慢车进行换乘,因此快车路径的总乘车时间是快车与慢车路段乘车时间之和,平均候车时间也等于进站候车时间和换乘候车时间之和。

此外,由于快慢车全线同站台候车,因此快车路径与慢车路径的进出站步行流线相同;在快慢车联合乘车路径的换乘节点车站C1和C2,同站台对侧换乘的步行距离也可忽略不计,所以案例计算中不再考虑站内步行时间因素。

表5-5　　　　　　　　快慢车乘车选择案例的概率计算结果

OD 类型	乘车区间	计算项目 (时间: min)	高峰期 8:00—9:00 快车:慢车=1:1 满载率90%		高峰期 8:00—9:00 快车:慢车=1:2 满载率90%		非高峰期 10:30—11:30 快车:慢车=1:2 满载率50%	
			快车E	慢车L	快车E	慢车L	快车E	慢车L
短途换乘	C1至A5 (C2换乘)	乘车时间	8.5	15.0	8.5	13.8	8.5	13.5
		平均候车时间	5.0	3.0	5.0	2.3	11.0	4.5
		路径选择概率	63.3%	36.7%	18.1%	81.9%	14.8%	85.2%
短途进站	C1至B4	乘车时间	10.5	17.5	10.5	16.3	10.5	16.0
		平均候车时间	3.0	3.0	4.5	2.3	9.0	4.5
		路径选择概率	69.6%	30.4%	30.8%	69.2%	30.5%	69.5%
长途进站	C1至B13	乘车时间	34.0	40.0	34.0	38.8	34.0	39.8
		平均候车时间	3.0	3.0	4.5	2.3	9.0	4.5
		路径选择概率	67.0%	33.0%	48.0%	52.0%	41.1%	58.9%
长途换乘	A1至B13 (C1换乘)	乘车时间	38.5	48.0	38.5	45.3	38.5	44.8
		平均候车时间	5.0	3.0	6.5	2.3	12.0	4.5
		路径选择概率	71.1%	28.9%	38.3%	61.7%	35.0%	65.0%

案例各OD的路径选择概率计算结果分析如下。

(1)工作日早高峰时段,基于快慢车1:1模式,总体上无论长途还是短途的通勤乘客都更倾向于选择快车，快车路径选择概率基本在 60% ~ 70%，该结果与通勤乘客高时间价值的自身特性基本一致。非高峰时段，休闲乘客总体上选择快车和慢车的概率基本都在 50% 左右，而如果快车路径需要一次换乘，休闲乘客更倾向于选择可以直达的慢车路径，这些概率计算结果也与休闲乘客时间效率需求较低且出行舒适度要求较高的特征较为一致。可见同站台换乘系统乘车选择多项 Logit 模型的计算结果比较符合现实情况，模型精度得到了验证。

（2）多项 Logit 模型是用于快慢车运行图方案比选时，快速预测计算各 OD 快慢车客流量的计算方法。通过案例计算，对三类不同发车频率、不同快慢车比例的列车运行图客流预测的结果可以发现：第 1 种高发车频率、快慢车比例 1∶1 的运输组织模式下，乘客选择快车的比例最高；而在第 3 种低发车频率、快慢车比例 1∶2 的运输组织模式下，乘客选择快车的比例最低。这一结果说明在平均候车时间较长的情况下，单纯保证快车的运行速度并不能很好地吸引客流，造成了一定优质运输资源的浪费。

地铁运营管理部门可以向乘客提供明确的工作日与休息日的快慢车线路列车时刻表信息服务，乘客可根据快车与慢车的到站时刻，精确地规划乘车路径，选择乘坐特定时刻、特定等级的列车出行。如果提供这样的运营信息服务，多项 Logit 模型使用的快车平均候车时间变量的取值就不再是相邻两列快车发车间隔时间的一半，而应通过现场调查实验，统计计算乘客基于特定发车时刻条件下的到站时刻分布规律，从而在获取列车时刻表信息服务模式下，取值较小的快车平均候车时间。

（3）高峰期快慢车比例 1∶1 与快慢车比例 1∶2 的这两种列车运行图虽然有相同的线路发车总数量和平均列车间隔时间，但是两种方案都有各自的优势。其中，第 1 种快慢车比例 1∶1 模式下，较好地保证了快车的发车数量，可以整体提高大站之间主要 OD 对的运行效率。而第 2 种快慢车比例 1∶2 模式的特点是每列慢车只需一次待避作业，时间损失少于第 1 种慢车需要两次待避作业的模式，如图 5 - 11 的（a）和（b）所示，可以兼顾快车和慢车的运输效率。因此，在实际的列车运行图比选时，还要全面调查和掌握全线客流结构和客流量情况，代入多项 Logit 模型分别计算，从而选出最适合该线客流需求特征的运输组织方案。

（4）案例计算使用的是全线静态的满载率确定多项 Logit 模型的车厢拥挤时间变量取值。这种取值方法的好处是可以简单快速地评估快慢车线路整体的拥挤程度，对比不同客流量条件下的乘车选择概率情况。如果想进一步计算车站系统、列车系统客流量实时变化条件下，乘客动态选择乘车路径的概率，就需要将同站台换乘系统乘车选择多项 Logit 模型与站台客流仿真模型相结合进行下一步的深入研究。

第三节　站台客流承载能力仿真模型

站台客流承载能力仿真模型是在站台客流承载能力定义以及乘客乘车选择模型的基础上，建立的着色随机 Petri 网仿真模型。仿真模型包括列车运行子系统和站台客流子系统两大部分，分别模拟快慢车进站事件与离站事件，模拟站台系统各流向乘客群体的动态集散过程。通过仿真再现站台客流集散的各过程，计算站台客流承载能力，并获取站台客流集散效率的各项评价指标值。

站台客流承载能力仿真模型是本书的核心研究内容。按照 Petri 网工作流的建模思路，通过抽象列车进站事件、列车离站事件，抽象表达同站台换乘系统的进站客流、换乘客流与出站客流，利用仿真技术实现对站台客流承载能力的评估与计算。

该仿真模型将使用本书建立的同站台换乘系统乘客乘车选择模型，模拟乘客根据站台拥挤状态的候车时间（候车次数）、候车线路车厢的平均拥挤度以及候车线路所需的乘车时间，选择搭乘个人出行效用最大的列车。

仿真模型除了要实现以上站台车流与客流系统的工作流建模以及动态乘车路径决策功能外，还具备对站台客流集散效率的评估功能。仿真模型可以统计车门区域、候车区域、站台出入口等处的客流量，并进一步计算得到列车到达间隔时段、站台两侧停站衔接时段，站台候车区域平均候车人数、平均客流密度、多次候车人数等体现站台客流集散效率的指标。通过动态地监控关键集散效率指标，可以掌握站台客流承载能力饱和情况发生的时刻，适用于城市轨道交通的日常运营安全管理。

一、Petri 网理论

1. 基本 Petri 网

基本 Petri 网是由库所（Place）、变迁（Transition）、有向弧（Connection）

组成的网状结构信息流模型，库所与变迁通过有向弧相连接，通过触发变迁实现系统状态的变化。

定义 5.1：基本 Petri 网是指满足式 5 – 14 至式 5 – 17 四项条件的三元组 $N = (P,T;F)$ 有向网。

$$P \cup T \neq \varnothing \qquad (5 – 14)$$

$$P \cap T = \varnothing \qquad (5 – 15)$$

$$F \subseteq (P \times T) \cup (T \times P) \qquad (5 – 16)$$

$$dom(F) \cup cod(F) = P \cup T \qquad (5 – 17)$$

其中，P 是库所集合，T 是变迁集合，式 5 – 14 要求有向网 N 至少包含一个元素，式 5 – 15 要求库所与变迁必须是两类不同的元素。

F 是由一个 P 元素和一个 T 元素组成的有序偶集合，表示有向弧连接元素的前后关系，式 5 – 16 定义有序偶的元素构成可以是 $P \rightarrow T$ 或 $T \rightarrow P$，但不可以是 $P \rightarrow P$，$T \rightarrow T$。

$dom(F)$ 与 $cod(F)$ 分别是有序偶 F 的第一个元素组成的集合以及第二个元素组成的集合，即 $dom(F) = \{x \mid \exists y: (x,y) \in F\}$，$cod(F) = \{x \mid \exists y: (y,x) \in F\}$。

式 5 – 17 要求有向网 N 不能有孤立元素，例如每个库所都至少通过一条有向弧与其他的变迁元素相连。

用图形表示基本 Petri 网时，圆圈 "○" 表示库所，矩形 "□" 表示变迁，单向箭头 "→" 表示有向弧。

定义 5.2：设映射 $M: P \rightarrow \{0,1,2,\cdots\}$ 为有向网 $N = (P,T;F)$ 的一个标识（Marking）。

用图形表示标识网时，对 $\forall p \in P$，若 $M(p) = k$，则在库所 p 的圆圈 "○" 内加上 k 个黑色圆点 "●"（当数值 k 较大时，可以直接标注数字 k），以此代表库所 p 中有 k 个令牌（Token）。令牌是库所中的动态对象，令牌所在的库所位置分布表示的是系统的当前状态。

定义 5.3：设 $x \in X$ 是有向网 $N = (P,T;F)$ 的任一元素，令 $\cdot x = \{y \mid (y,x) \in F\}$ 称为 x 的前集（Pre – set），令 $x\cdot = \{z \mid (x,z) \in F\}$ 称为 x 的后集（Post – set）。

定义 5.4：设四元组 $\Sigma = (P,T;F,M)$ 的变迁发生规则如下：

（1）若变迁 $t \in T$ 满足

$$\forall p \in P: p \in \cdot t \rightarrow M(p) \geqslant 1 \qquad (5 – 18)$$

则代表变迁 t 在标识 M 是使能（Enabled）状态，记为 $M[t>$ 。

（2）在标识 M 下，若满足 $M[t>$（变迁 t 使能），则表示变迁 t 可以被触发（Fire），从标识 M 触发变迁 t 得到下一个新标识 M'（记为 $M[t>M'$ ）。

$$\forall p \in P: M'(p) = \begin{cases} M(p) - 1, & 若 p \in {}^{\cdot}t - t^{\cdot} \\ M(p) + 1, & 若 p \in t^{\cdot} - {}^{\cdot}t \\ M(p), & 其他 \end{cases} \tag{5-19}$$

定义 5.5：设六元组 $\Sigma = (P, T; F, K, W, M)$ 为一个加权 Petri 网，其中

（1）$(P, T; F)$ 是一个基本 Petri 网，

$W: F \to \{1, 2, 3, \cdots\}$ 称为权函数（Weighted Function）

$K: P \to \{1, 2, 3, \cdots\}$ 称为容量函数（Capacity Function）

$M: P \to \{0, 1, 2, \cdots\}$ 是 Σ 的一个标识，满足条件

$$\forall p \in P: M(p) \leqslant K(p) \tag{5-20}$$

（2）加权 Petri 网的变迁发生规则如下。

若变迁 $t \in T$ 使能，即 $M[t>$ 发生的条件是

$$\left.\begin{array}{l} \forall p \in {}^{\cdot}t: M(p) \geqslant W(p, t) \\ \forall p \in t^{\cdot} - {}^{\cdot}t: M(p) + W(t, p) \leqslant K(p) \\ \forall p \in t^{\cdot} \cap {}^{\cdot}t: M(p) + W(t, p) - W(p, t) \leqslant K(p) \end{array}\right\} \tag{5-21}$$

若变迁 t 被触发后得到新标识 M'，即 $M[t>M'$ 成立，则有

$$\forall p \in P: M'(p) = \begin{cases} M(p) - W(p, t), & 若 p \in {}^{\cdot}t - t^{\cdot} \\ M(p) + W(t, p), & 若 p \in t^{\cdot} - {}^{\cdot}t \\ M(p) + W(t, p) - W(p, t), & 若 p \in t^{\cdot} \cap {}^{\cdot}t \\ M(p), & 其他 \end{cases}$$

$$\tag{5-22}$$

从定义 5.5 可知由于容量函数与权函数的作用，变迁 t 在标识 M 状态下是否使能，不仅取决于它的前集库所，还同后集的各库所容量有关。这种定义方式比较适合本书站台客流承载能力仿真模型中，对列车或站台等物理设施的客容量进行限制；权函数则可以用于定义站台客流在设施之间可转移的最大流量。

此外，Petri 网具有完善的系统状态迁移的逻辑关系表达能力，"与合并""或合并""与分支""或分支""循环关系"与"因果关系"六种基本逻辑关系如图 5-12 所示。

综上可知，Petri 网有严格的数学定义与直观的图形语言，是一种适用于

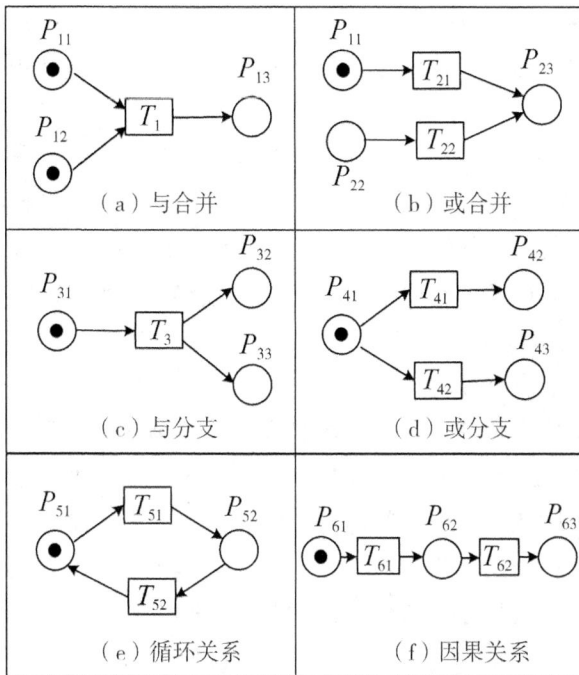

图 5 - 12　Petri 网六种基本逻辑关系的图形表示

复杂系统，强大的图形化、数学化建模工具；是一种严格区分活动使能与执行，表达能力丰富的状态建模方法；是一种针对不确定性、并发性和资源共享系统计算的技术手段。

基本 Petri 网还可以通过着色拓展、赋时拓展、层次拓展等方式，进一步抽象为适用于复杂系统的高级 Petri 网。高级 Petri 网通过对网系统中的令牌（Token）进行分类或解析，减少有向网系统中的基本元素数量，从而达到缩小有向网系统规模的目的。虽然高级 Petri 网并不比基本 Petri 网具备更强的模拟计算能力，但是从形式上可使 Petri 网模型显得更简单、清晰。

根据本书所建立的 Petri 网模型的主要特点，这里重点介绍着色 Petri 网、延时 Petri 网、随机 Petri 网和分层 Petri 网四种比较成熟的高级 Petri 网理论。

2. 着色 Petri 网

着色 Petri 网（Coloured Petri Net）是在基本 Petri 网的基础上引入颜色的概念，根据令牌的类型着以不同的颜色，通过对令牌进行分类，实现对网系统的折叠。例如，用 k 维向量 $M: P \rightarrow \{0, 1, 2, \cdots\}^k$ 表示库所含有各种颜色的标识个数，每一分量代表一种颜色，分量值代表该颜色标识个数。

着色 Petri 网在建模中可以有效地区分各种资源（如线路类型，通勤乘客、休闲乘客等乘客属性），其作用是使复杂系统模型表达更简单、结构更清晰。

3. 延时 Petri 网

延时 Petri 网（Timed Petri Net）最初是由 Ramchanani（拉姆查纳尼）提出的，适用于分析异步并发系统的性能。延时 Petri 网的定义中添加了新约束条件 $DI(t) = a$，即要求变迁 t 的触发需 a 个单位时间来完成，也就是说当一个标识 M 满足 $M[t >$ 时，变迁 t 虽然可以立即被触发，但还要经过 a 个单位时间才能结束触发过程。

这一定义实质上是在基本 Petri 网的基础上引入了全局时钟，有利于将网系统的运行轨迹投影到统一的时间坐标上，同时改变了变迁触发的瞬时性原理，实现了对令牌迁移过程时间的模拟。在本书建立的站台客流承载能力仿真模型中就需要利用延时 Petri 网理论，模拟乘客的上下车过程时间、换乘过程时间、列车停站时间等非瞬时性的系统变迁过程。

4. 随机 Petri 网

随机 Petri 网（Stochastic Petri Net）也是一类含有时间因素的高级 Petri 网。其主要特点是引入的变迁延时是一个随机变量，适用于不确定系统的建模与分析。引入的随机变量可以分为离散的和连续的两种。

以服从负指数分布的连续随机变量为例，假设五元组 $\Sigma = (P, T; F, M_0, \lambda)$ 为一个随机 Petri 网，设变迁集 $T = \{t_1, t_2, \cdots, t_n\}$，有变迁 $t_i \in T$ 的发生速率 $\lambda(t_i) = \lambda_i$ 是非负实数，t_i 发生的延时 d_i 满足负指数分布 $d_i(\tau) = e^{-\lambda_i \tau}$，其中参数 τ 是系统时间。因此变迁 t_i 的平均延时等于

$$\overline{d_i}(\tau) = \int_0^\infty e^{-\lambda_i \tau} \mathrm{d}\tau = \frac{1}{\lambda_i} \qquad (5-23)$$

由于负指数分布具有无记忆性质，可以应用到本书站台乘客随机乘降时间的仿真计算。

5. 分层 Petri 网

分层 Petri 网是针对复杂系统建模的分层构造，可以解决库所和变迁较多造成模型可读性变差的问题。引入构造块代表子系统过程的子网，其图形表示是双框方形"▢"。

分层 Petri 网的优点是可以将系统中具有重复性或者具有独立功能的子系统单独划分出来，通过建立子网，位于上层的总网不需要再展示下层子网的

详细结构和变迁触发过程，使得总网结构上更加简洁；此外，总网还可以任意地调用子网模块，达到重复执行某一子网封装过程的目的。

本书的仿真建模中多次使用了分层 Petri 网技术，将列车停站过程、列车区间运行过程、乘客站台乘降过程等需要多次调用且具有独立流程特征的仿真事件分别建立 Petri 子网，提高模型的可读性。

此外，高级 Petri 网还可以同时具有着色、延时、随机、分层等多种性质，例如针对产品维修过程分析的着色随机延时 Petri 网建模，针对互联网安全分析的广义随机着色 Petri 网建模等，均可以根据实验需要灵活建模。

二、CPN Tools 软件

CPN Tools 软件是由丹麦奥胡斯大学 Kurt Jensen（库尔特·詹森）教授和美国宇航局联合开发的 Petri 网离散事件仿真工具，为着色 Petri 网、延时 Petri 网等高级 Petri 网建模提供了可靠便捷的仿真平台，具备完善的模型编辑、检查纠错、仿真、状态空间分析以及性能分析功能。

CPN Tools 设计有 CPN ML 语言（Coloured Petri Net Marking Languages），方便用户编辑有关库所颜色集的类型、变迁运算函数、变迁延时函数等相关声明，同时还带有常用随机分布函数以及其他标准 ML 语言的数学函数库。

CPN Tools 支持建立分层 Petri 网，设计有"代替变迁"作为总网与子网的接入端口；还支持建立延时 Petri 网，设计有"时间戳"，每个令牌都可携带系统的全局时钟属性。

三、CSPN 模型的功能设计

本书使用 CPN Tools 建立着色随机 Petri 网模型（Coloured Stochastic Petri Net，CSPN）仿真计算基于网络化运营模式的同站台换乘系统站台客流承载能力。仿真建模的主要目的是模拟乘客在同站台随机选择乘车路径的动态决策过程，模拟站台系统各流向乘客的动态集散过程，模拟基于网络化列车运行图控制的列车停站事件。通过仿真再现站台系统客流集散过程，不仅可以计算得出站台客流承载能力，还可以将仿真模型设置的系统特性统计指标用于本书第六章的站台客流集散效率优化。

CSPN 由列车运行子系统与站台客流子系统两大部分组成，列车运行子系统的主要功能是基于网络化列车运行图的集中控制，模拟到站事件、停站事件、离站事件；站台客流子系统的主要功能是模拟乘客进出站以及乘降行为。

　　站台物理系统被抽象为 A 线列车站台乘降区域、站台缓冲区域和 B 线列车站台乘降区域三个功能区域，仿真模型特定的站台功能区域允许触发特定流向的客流事件。乘降区域的客流事件包括候车、下车与上车等；缓冲区域的客流事件包括进站、换乘、出站等。其中，A 线和 B 线分别代表可实现同站台换乘的两条不同的运营线路或者是同一线路不同停站方案的快慢车等。

　　CSPN 站台客流承载能力仿真模型的功能设计如图 5 - 13 所示。

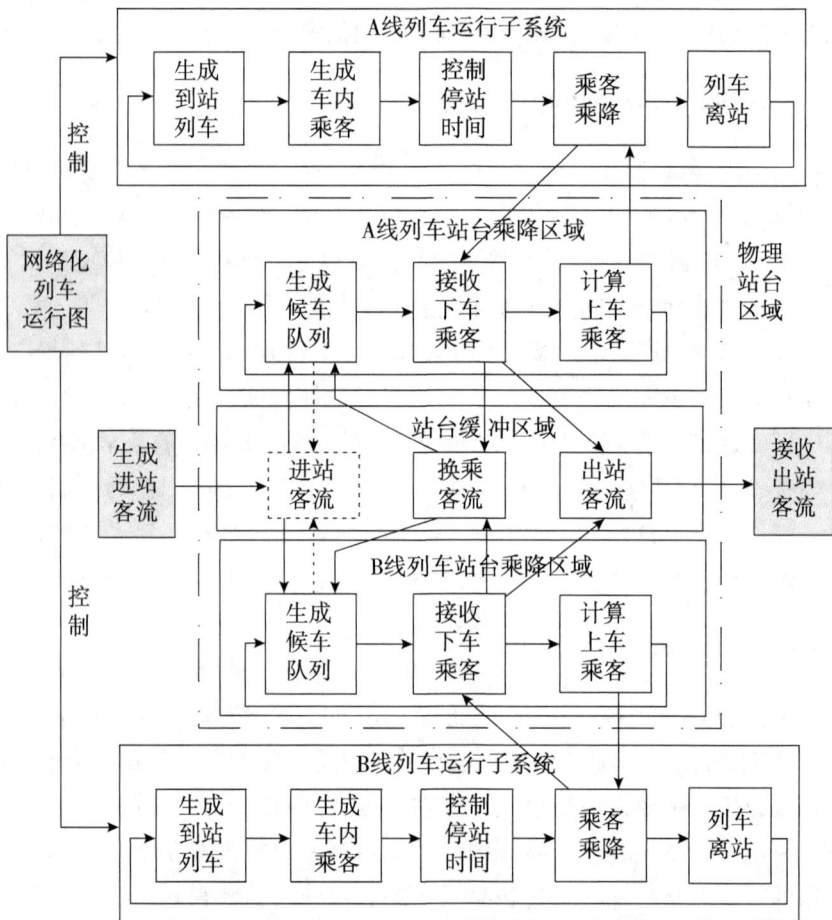

图 5 - 13　CSPN 仿真模型功能设计

　　下面简要介绍 CSPN 仿真模型的子系统设计理念与执行流程。

　　（1）网络化列车运行图功能模块输入的是各次列车的到站时刻与离站时刻，并调用 CPN Tools 内置的全局时钟，实现对 A 线列车运行子系统以及 B 线列车运行子系统的控制。网络化列车运行图编制有两项要求，一是符合区间线路接发列车作业规范且满足车站间隔时间条件；二是要根据客流结构确定衔接列车的发车比例，尤其是通过设计网络化换乘衔接方案，减少乘客在站台等待时间。

（2）进站客流发生器是一个控制进站客流数量的功能模块，进站乘客到达站台的间隔时间服从负指数分布，每位乘客作为一个独立的令牌，不仅有进入站台时刻的时间信息属性，还包括乘车 OD 属性，即根据目的地车站概率函数随机生成的一个目的地车站编号。

（3）A 线列车运行子系统与 B 线列车运行子系统，首先接收由网络化列车运行图模块发射的令牌后立即生成到站列车，然后生成一组满足线路客流 OD 量表的到站客流令牌，其中包括到站下车的出站客流量、换乘客流量以及继续乘车客流量。接着通过延时变迁实现模拟列车的停站时间，该延时变迁可以控制站台客流子系统输入端口的使能状态，最后将标识有最终列车客流量信息的令牌发射到离站列车库所，同时结束本次列车运行子系统的整个触发过程，子系统状态复原。

（4）站台客流子系统共有四个端口，分别连接进站客流发生器、A 线列车运行子系统、B 线列车运行子系统以及出站客流接收器。这四个端口在单位时间内合计的客流总量就是站台客流承载量。

其中，进站过程是令牌从进站客流发生器进入站台缓冲区的进站客流变迁，在进站客流变迁中，将站台两侧停站列车旅行时间、当前候车时间、候车队列长度代入乘车选择模型，并把计算结果分别发射到 A 线站台乘降区域的候车队列或者 B 线站台乘降区域的候车队列。

在满足列车子系统的乘客乘降变迁使能的同时，正式开始站台乘降区域的乘降过程。首先根据先下车后上车的基本乘降原则，站台乘降区域下车库所开始接收下车乘客令牌，待下车完毕后再根据列车剩余载客容量开始发送上车乘客令牌，每个令牌经过变迁的延时是一个与拥挤程度相关的随机变量，最后若还有未能上车的乘客则将其令牌返回候车队列库所。

完成下车的乘客令牌通过触发变迁实现分流，分别进入换乘过程与出站过程。换乘乘客令牌进入目标列车的候车队列与原候车队列实现合流。出站乘客则通过延时变迁被发射到出站客流接收器，完成出站过程。

虽然站台被划分为两个乘降区域和一个缓冲区域，但实际上站台是一个没有严格流线和区域限制的自由空间，因此站台功能区域并不受实际站台物理区域位置的约束，仅仅是为方便 Petri 网实现工作流建模，人为设置的虚拟功能区域。如图 5 - 14（a）所示，同向同站台换乘模式的岛式站台的功能区域基本可以与站台物理区域形成一一对应，并且在 CSPN 模型的三个站台功能区域的乘客容量（区域面积）可以动态调整。如图 5 - 14（b）所示，A 线列车乘降区域就存在一个作为仿真输入条件的极大线与极小线，当 A 线站台乘降区域的乘客总数较多时，该区域的边界就调整到极大线，相应的站台缓冲区域和 B 线列车乘降区域的容量就被缩小。这种功能区域容量根据客流分布情况动态调整的处理方法，不仅符合站台在实际运营中的使用情况，也符合同时控制站台总容量以及功能区域容量的实验要求。此外，实验后期分析站台客流集散效率时，也可便捷地对比站台各个功能区域的客流时空分布特征。

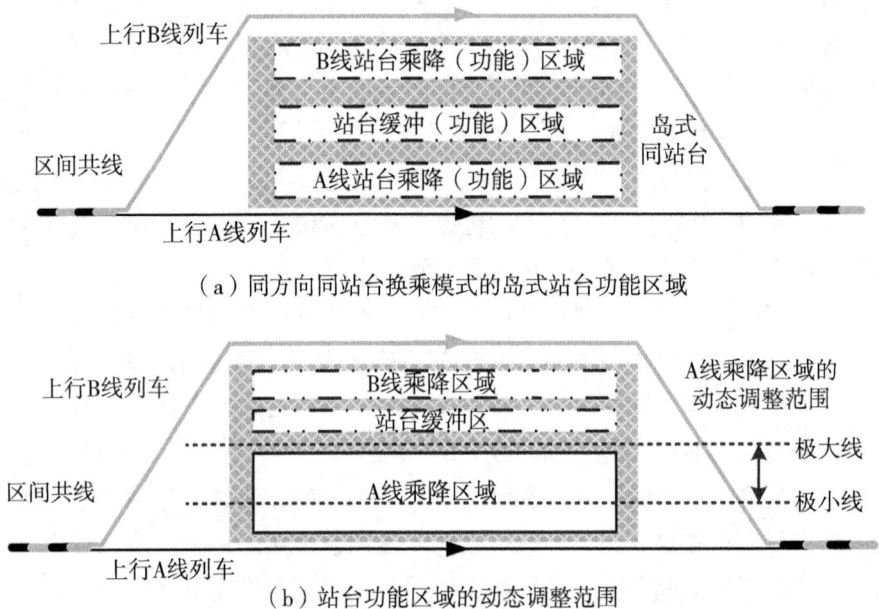

（a）同方向同站台换乘模式的岛式站台功能区域

（b）站台功能区域的动态调整范围

图 5 - 14　同方向同站台换乘模式的岛式站台功能区域及动态调整范围

然而，对于同方向同站台换乘模式的侧式站台（见图 5 - 15），同一站台物理区域对应有多个功能区域，即 A 线列车乘降区域与 B 线列车乘降区域这两个功能区域均位于列车车门附近的区域。一般情况下，侧式站台的乘客都是在车门处统一排队，并不严格区分不同乘车路径乘客的候车队列。基于统一排队乘客的选择特点，侧式同站台换乘的 CSPN 仿真模型将乘客路径选择模型设置在下车延时变迁之后，用来模拟乘客在当前列车到站后实时决定是否乘坐本趟列车的乘车选择行为。

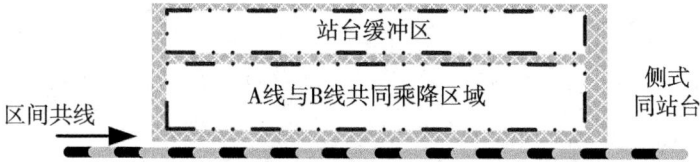

图 5 - 15　同站台换乘模式的侧式站台功能区域示意

四、CSPN 模型定义

定义站台客流承载能力仿真着色随机 Petri 网模型（CSPN 模型）为一个八元组

$$(P,T;F,M,C,W,K,\lambda) \tag{5-24}$$

其中：

（1）$(P,T;F)$ 是一个基本 Petri 网，$P = P_r \cup P_p$ 表示库所集合，$P_r = \{P_{r1}, P_{r2}, \cdots, P_{rn_1}\}$ 表示列车库所集合，对应列车运行状态，$P_p = \{P_{p1}, P_{p2}, \cdots, P_{pn_2}\}$ 表示站台库所集合，对应站台功能区域的客流集散状态，$P_r \cap P_p = \varnothing$，$n_1, n_2 \geqslant 1$ 表示库所集合的维数。

$T = T_l \cup T_t$ 表示变迁集合，$T_l = \{T_{l1}, T_{l2}, \cdots, P_{ln_3}\}$ 表示瞬时变迁集合，映射的是车流和客流的瞬时逻辑状态变化，$T_t = \{T_{t1}, T_{t2}, \cdots, P_{tn_4}\}$ 表示延时变迁集合，映射的是具有延时（含随机延时）的标识状态变化，$T_l \cap T_t = \varnothing$，$n_3$，$n_4 \geqslant 1$ 表示变迁集合的维数。

F 是有序偶集合，由一个 P 元素和一个 T 元素组成，表示有向弧连接元素的前后关系。设有序偶所在的有向弧集合是 $A = A_l \cup A_t$，根据 CPN Tools 工具可以在任意变迁或有向弧中设置延时函数的功能特性，瞬时有向弧集 A_l 满足式 5 - 25，延时有向弧集 A_t 满足式 5 - 26。

$$A_l = (P \times T_l) \cup (T_l \times P) \tag{5-25}$$

$$A_t = (P \times T_t) \cup (T_t \times P) \tag{5-26}$$

（2）设 C 是颜色的一个有限集合 $C = \{c_1, c_2, \cdots, c_k\}$，$L(C)$ 表示定义在颜色集 C 上的一个非负整数系数线性函数，$L(C)_+$ 表示系数不全为 0 的 $L(C)$，即

$$L(C) = a_1 c_1 + a_2 c_2 + \cdots + a_k c_k \tag{5-27}$$

$$L(C)_+ = b_1c_1 + b_2c_2 + \cdots + b_kc_k \tag{5-28}$$

$a_i, b_i(i = 1, 2, \cdots, k)$ 均为非负整数，且 $b_1 + b_2 + \cdots + b_k \neq 0$。

设映射 M 是 Σ 的一个标识，满足式 5-24 的条件。

$$M: P \to L(C) \tag{5-29}$$

此外，本模型为便于区分标识类型，又设 m_r 表示列车类标识，m_c 表示乘客类标识。

（3）设 Σ 在有向弧集合上有权函数 W，设 Σ 在库所集合上有容量函数 K，权函数 W 与容量函数 K 分别满足式 5-30 与式 5-31。

$$W: F \to L(C)_+ \tag{5-30}$$

$$K: F \to L(C)_+ \tag{5-31}$$

（4）设 λ_i 是随机延时变迁 T_t 与随机延时有向弧 A_t 的发射速率。

$$\lambda_i: T_t \to R_0 \text{ 或 } A_t \to R_0 \tag{5-32}$$

对 $t_i \in T$，有非负实数 $\lambda(t_i) = \lambda_i$ 表示延时变迁 t_i 在满足触发条件时的发射速率，t_i 发射的延时 d_i 是一个同时间 τ 相关的满足负指数分布的随机变量。

$$d_i(\tau) = e^{-\lambda_i \tau} \tag{5-33}$$

因此，随机延时变迁 t_i 的平均延时为：

$$\overline{d_i} = \int_0^\infty e^{-\lambda_i \tau} d\tau = \frac{1}{\lambda_i} \tag{5-34}$$

同理，随机延时有向弧 A_t 也有相同的定义。

由于负指数分布具有无记忆性质，对于有界的 Σ 的可达标识图 $RG(\Sigma)$ 等同于一个有限的马尔可夫链，因此 Σ 的可达标识集 $R(M_0)$ 与马尔可夫链状态空间相同。

（5）Σ 的标识概率转移规则如下。

设 $\lambda = [\lambda_1, \lambda_2, \cdots, \lambda_n](n = |T_t|)$，$|R(M_0)| = r$，$\Sigma$ 的概率转移矩阵是 r 阶矩阵 $\boldsymbol{Q}$：

$$\boldsymbol{Q} = [q_{ij}]_{r \times r} \tag{5-35}$$

q_{ij} 满足式 5-36。

$$q_{ij} = \begin{cases} \lambda_s, \text{若 } i \neq j, \text{且存在 } t_s \in T_t, \text{使得 } M_i[t_s > M_j \\ 0, \text{若 } i \neq j, \text{且不存在 } t_s \in T_t, \text{使得 } M_i[t_s > M_j \\ -\sum_{M_i[t_s >} \lambda_s, \text{若 } i = j \end{cases} \tag{5-36}$$

通过概率转移矩阵可以求出对应 Σ 的 r 个可达标识的，马尔可夫链 r 种状态的稳定状态概率，令 r 维向量 $\boldsymbol{\Pi} = [\pi_1, \pi_2, \cdots, \pi_r]$ 表示马尔可夫链的稳定状态概率，其中 π_i 表示标识 M_i 的稳定概率，r 维向量 $\boldsymbol{\Pi}$ 满足式 5－37。

$$\begin{cases} \boldsymbol{\Pi Q} = 0 \\ \sum_{i=1}^{r} \pi_i = 1 \end{cases} \tag{5-37}$$

（6）$\sum$ 满足变迁发生规则。

若变迁 $t \in T$ 使能，即 $M[t >$ 发生的条件是

$$\left. \begin{array}{l} \forall p \in {}^{\cdot}t: M(p) \geqslant W(p,t) \\ \forall p \in t^{\cdot} - {}^{\cdot}t: M(p) + W(t,p) \leqslant K(p) \\ \forall p \in t^{\cdot} \cap {}^{\cdot}t: M(p) + W(t,p) - W(p,t) \leqslant K(p) \end{array} \right\} \tag{5-38}$$

若变迁 t 被触发后得到新标识 M'，若 $M[t > M'$ 则有对

$$\forall p \in P: M'(p) = \begin{cases} M(p) - W(p,t), 若\ p \in {}^{\cdot}t - t^{\cdot} \\ M(p) + W(t,p), 若\ p \in t^{\cdot} - {}^{\cdot}t \\ M(p) + W(t,p) - W(p,t), 若\ p \in t^{\cdot} \cap {}^{\cdot}t \\ M(p), 其他 \end{cases} \tag{5-39}$$

五、CSPN 仿真模型的子系统工作流程

CSPN 仿真模型由列车运行子系统与站台客流子系统两大部分组成，本节将对这两大子系统的工作流程进行详细分析，为统一和规范本书 Petri 网的图形表示形式，以下本书将使用圆圈"○"表示列车库所与站台库所，用矩形"□"表示瞬时变迁，用黑色矩形"▬"表示随机延时变迁，用实心圆点表示"●"着色标识令牌。此外，使用"in""out""fusion"分别标注库所或变迁的输入、输出和融合类型，用双圆圈"◎"表示模型端口库所，用"▢"表示子系统替代变迁。

CPN Tools 内置有全局时钟函数 *time*（），因此每个令牌或令牌值都可能有一个"时间戳"。CSPN 仿真模型定义全局时间变量 *intTime*（）的类型是整型，时间值可以是无界的整数，CPN ML 语言的具体声明如下。

fun intTime（）＝*IntInf. toInt*（*time*（））;

本模型根据站台仿真时间对精度的要求，规定时间的单位是秒。

此外，为便于模型的理解，简要说明 CPN Tools 所支持的颜色集。简单颜色集包括：Unit 单元型、Bool 布尔型、Int 整型、String 字符型、Enumerated

枚举型、Index 索引型。本书使用的复合颜色集主要有积颜色集（Product Colour Sets）和记录颜色集（Record Colour Sets）。积颜色集是指由多个同类型颜色集组合而成的复合颜色集，例如三个整型简单颜色集构成的复合颜色集 *Ia* 在模型中的令牌符号是 *Ia* ＝（*Int*1，*Int*2，*Int*3）。记录颜色集是指由多个不同类型颜色集组合而成的复合颜色集，例如由一个字符型颜色集 *Str*1 和一个整型颜色集 *Int*1 构成的复合颜色集 *Ib* 在模型中的令牌符号是 *Ib* ＝｛*Str*1，*Int*1｝。多个复合颜色集可以再次组合成为高级积颜色集，例如 *Ic* ＝（*Ia*，*Ib*），可见令牌的组成形式比较灵活。

六、列车运行子系统

1. 车站接发车作业流程

列车运行子系统包括列车到站过程、停站过程与离站过程三部分，建模的重点是模拟列车占用车站到发线的时间和过程，因此每条到发线都被简化为一个库所。如图 5－16 所示，以采用区间共轨模式快慢车结合的网络化运营线路

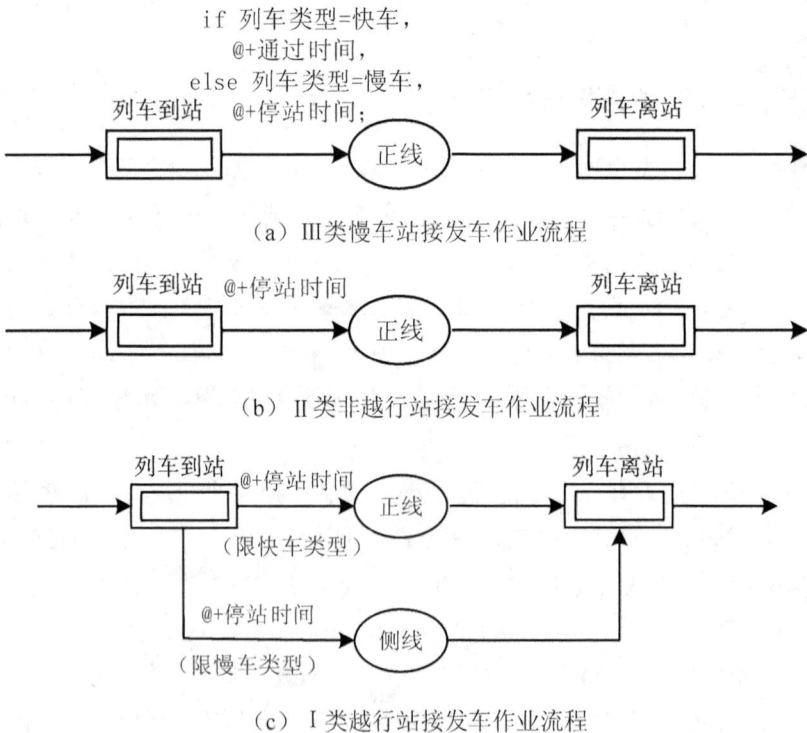

（a）Ⅲ类慢车站接发车作业流程

（b）Ⅱ类非越行站接发车作业流程

（c）Ⅰ类越行站接发车作业流程

图 5－16　典型车站的接发车作业流程

的三种主要车站的接发车作业流程为例，说明接发车作业流程，具体包括Ⅲ类慢车站、Ⅱ类普通车站（非越行站）和Ⅰ类越行站。列车到站过程与列车离站过程均用替代变迁"　□　"表示，对应有具体的子系统模型。根据三类车站停站方案和到发线配线的不同，Ⅲ类慢车站的接发车作业流程设有 if-else 格式的延时判断语句，实现对快车延时一个列车通过正线时间，对慢车则延时一个停站时间；Ⅱ类普通车站（非越行站）则直接加入"@ + 停站时间"的命令，对所有快慢列车均做停站的延时处理；由于Ⅰ类越行站设有侧线，因此根据令牌的列车类型，分别进入正线或侧线库所，并做相应的停站延时处理。

2. 声明颜色集

（1）定义记录颜色集 *Dwell* = ｛*trainID*，*trainType*，*arrTime*｝，表示车次、列车类型以及到站时刻，声明如图 5 - 17 所示。

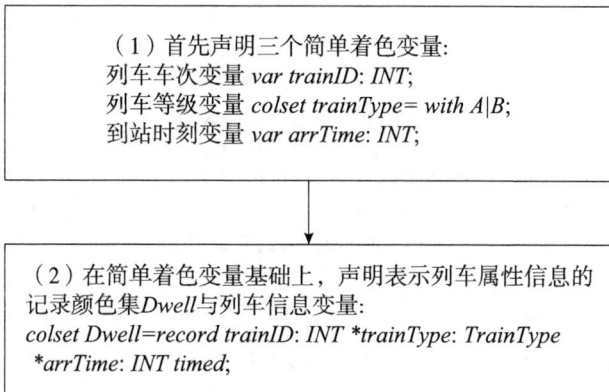

（1）首先声明三个简单着色变量:
列车车次变量 *var trainID: INT*;
列车等级变量 *colset trainType= with A|B*;
到站时刻变量 *var arrTime: INT*;

（2）在简单着色变量基础上，声明表示列车属性信息的记录颜色集*Dwell*与列车信息变量:
*colset Dwell=record trainID: INT *trainType: TrainType
 arrTime: INT timed;

图 5 - 17　声明列车信息

车次 *trainID* 与到站时刻 *arrTime* 都是携带时间戳的整型变量，列车类型 *trainType* 是字符型变量，其中 A 代表站台正线停站的 A 线列车，B 代表站台侧线停站的 B 线列车。

（2）定义积颜色集 *Pass* = （*Trans*，*Goon*，*Free*），标记列车的乘降人数、通过人数和车厢剩余载客能力等车内客流信息，声明如图 5 - 18 所示。

Pass 自身以及内部的各变量均为携带时间戳的整型变量。

（3）定义高级积颜色集 *Train* = （*Dwell*，*Pass*），表示列车信息与客流信息在内的综合情况，声明如图 5 - 19 所示，变量 *train* 也携带有时间戳。

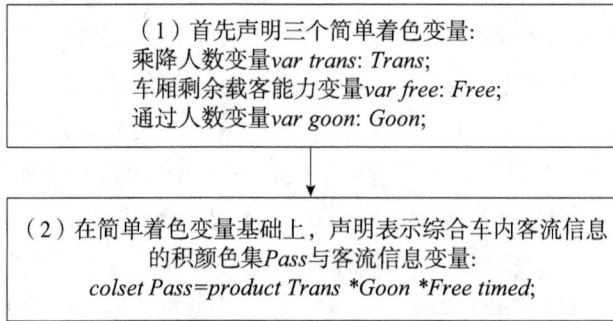

（1）首先声明三个简单着色变量：
乘降人数变量*var trans: Trans*;
车厢剩余载客能力变量*var free: Free*;
通过人数变量*var goon: Goon*;

（2）在简单着色变量基础上，声明表示综合车内客流信息
的积颜色集*Pass*与客流信息变量：
*colset Pass=product Trans *Goon *Free timed*;

图 5 – 18 声明车内客流信息

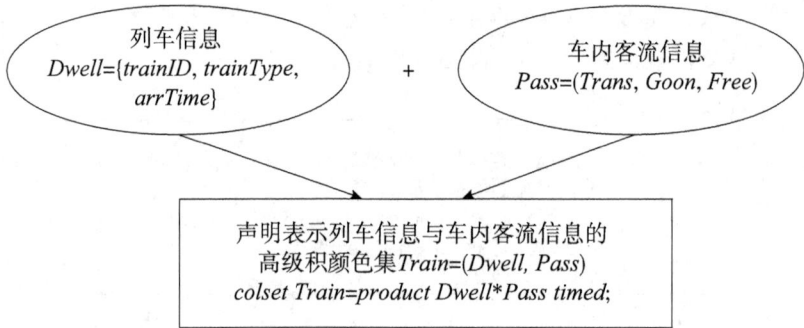

列车信息
Dwell={trainID, trainType, arrTime}

+

车内客流信息
Pass=(Trans, Goon, Free)

声明表示列车信息与车内客流信息的
高级积颜色集*Train=(Dwell, Pass)*
*colset Train=product Dwell*Pass timed*;

图 5 – 19 声明高级积颜色集

3. 列车到站子模型

列车到站子模型（Submodel Arr）的工作流程，如图 5 – 20 所示。

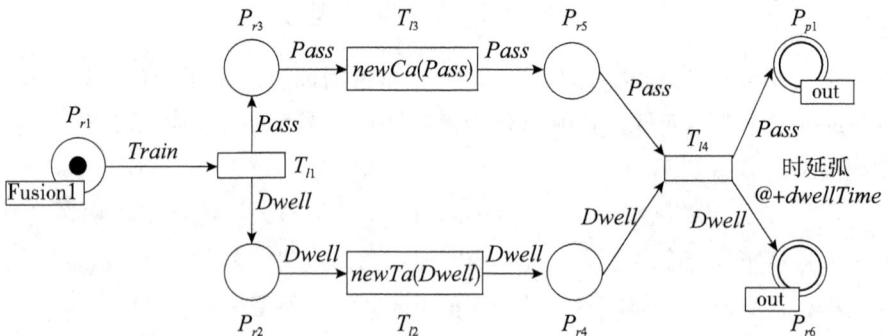

图 5 – 20 CSPN 列车到站子模型工作流程

（1）列车到站子模型从融合库所 P_{r1} 处开始，通过瞬时变迁 T_{l1} 将高级复合令牌 *Train* 分解为两个令牌，分别将列车信息 *Dwell* 与客流信息 *Pass* 发射到库所 P_{r2} 与库所 P_{r3}。

（2）瞬时变迁 T_{l2} 中的函数 *newTa* 的作用是更新列车车次，列车停站时间是通过延时弧 $A(T_{l4},P_{r6})$ 上设置 @ + *dwellTime* 的延时触发命令所控制的。这种简洁的建模方式，适合停站时间为定值的情况。

如果列车运行图较为复杂，各次停车的图定停站时间为特定数值，应将 *newTa* 函数改为同步更新车次和预计停站时间，调用并读取外部 txt 文件中的列车运行图中相应的停站时间。

（3）瞬时变迁 T_{l3} 中有一组随机客流 OD 的函数 *newCa*，具体程序如下，计算过程如图 5-21 所示。

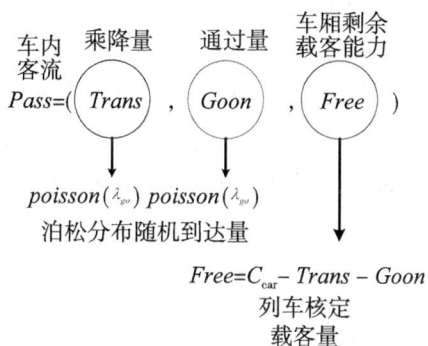

图 5-21　车内客流随机函数计算过程

其中，Int 类型变量 *ta*，*ga*，*fa* 分别表示 A 线列车到站的乘客乘降量、通过量以及车厢剩余载客能力，参数 C_{car} 是列车车厢定员容量，函数 *poisson* (λ_{ta}) 与 *poisson* (λ_{ga}) 是 CPN Tools 函数库中的泊松分布函数，乘降乘客数与通过乘客数的到达过程参数 λ_{ta} 与 λ_{ga} 由模拟运营时段的 A 线列车客流量结构确定。

（4）瞬时变迁 T_{l4} 在库所 P_{r4} 与 P_{r5} 分别具备新的列车信息 *Dwell* 与客流信息 *Pass* 的条件下进入使能状态，当全局时钟进入列车到站时刻，新的客流信息 *Pass* 发射到列车到站子模型的输出库所 P_{p1}，从而触发到站客流子系统；携带列车信息 *Dwell* 的令牌在延时弧 $A(T_{l4},P_{r6})$ 上等待一个列车停站时间才能到达库所 P_{r6}。

4. 列车离站子模型

列车离站子模型（Submodel Dep）的工作流程如图 5 – 22 所示。

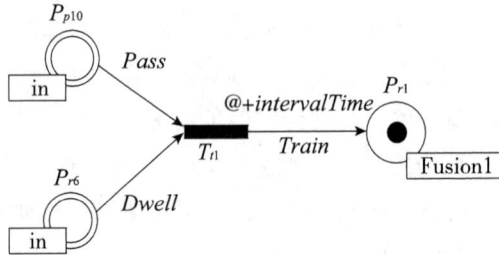

图 5 – 22　CSPN 列车离站子模型工作流程

当站台库所 P_{p10} 与列车库所 P_{r6} 这两个子模型输入端口中均含有令牌时，延时变迁 T_{t1} 进入使能状态。变迁 T_{t1} 有两个功能，一是将列车信息 $Dwell$ 与客流信息 $Pass$ 合并到高级复合着色令牌 $Train$，通过监视器记录完整的离站列车信息；二是通过变迁的延时命令 @ + $intervalTime$，控制令牌 $Train$ 延时一个列车到达间隔时间再发射。令牌被延时变迁 T_{t1} 发射后进入融合库所 P_{r1}，系统时间更新为下一列车的到站时间，列车到站子模型将再次启动，系统进入新一轮列车到站仿真。

七、站台客流子系统

站台客流子系统包括站台客流流动子模型、站台客流候车队列子模型与站台进站客流子模型三个模块。其中，站台客流流动子模型是 CSPN 仿真模型的核心部分，直接反映乘客进入与离开站台以及在站台各功能区域的活动情况。站台客流候车队列子模型与站台进站客流子模型是体现乘客动态决策乘车路径的关键模块，应用了第五章随机路径选择概率计算的相关成果。

1. 站台客流流动子模型

站台客流流动子模型（Submodel Tra）的工作流程如图 5 – 23 所示。

（1）子模型的主要功能概述。

站台客流流动子模型的主要功能是模拟列车停站时段的乘客乘降过程、进站乘客的步行与排队过程、换乘乘客的步行与排队过程以及出站乘客的步行出站过程。

站台两侧线路的站台客流流动子模型具有完全相同的结构，因此，下面以 A 线站台客流流动子模型（Submodel Tra – A）为例进行详细分析。A 线站

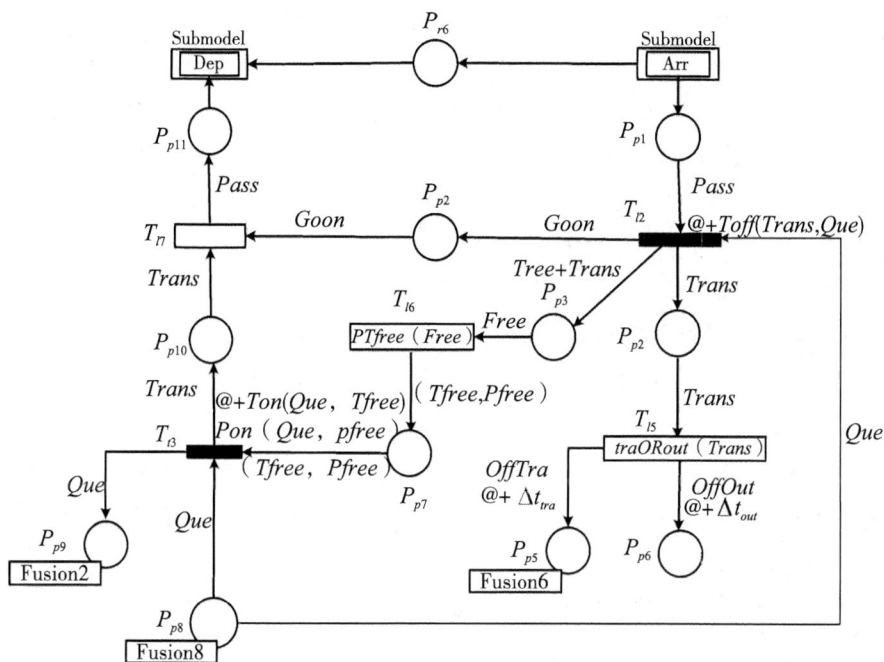

图 5 – 23　CSPN 站台客流流动子模型工作流程

台客流流动子模型共有五个端口，分别连接 A 线列车到站子模型（Submodel Arr – A）、A 线列车离站子模型（Submodel Dep – A）、B 线站台客流流动子模型（Submodel Tra – B）、站台候车队列子模型（Submodel Que – A）的入口（Fusion2）以及站台候车队列子模型（Submodel Que – A）的出口（Fusion8）。此外，站台进站客流子模型（Submodel Pin）属于三级模块，虽然没有直接通过端口与 Tra – A 子模型连接，但其发射的进站客流令牌 Pin 会通过站台候车队列子模型进入站台客流流动模块，直接影响输入站台的客流结构。

（2）站台乘客的乘降速度与步行速度。

站台乘客的乘降速度与步行速度是决定站台客流流动时间的重要参数。其中，站台乘客的乘降速度受到车门宽度、车厢客流密度、站台乘降区域客流密度以及乘降需求量等诸多因素的影响。根据赵丽娟对北京地铁乘客上下车时间的研究成果，本书在 CSPN 仿真模型中采用分段均匀分布函数 [0.5，0.8] 与 [0.8，1.3] 分别模拟站台乘降区域处于拥挤与非拥挤条件下的乘客随机乘降速度。模拟乘降时间的延时变迁 T_{t2}、T_{t3} 都需要调用该随机乘降时间计算函数。

站台乘客的步行速度，本书选取唐明采集的符合中国地铁乘客步行流动特性的数据，将站台乘客步行的自由流速度设定为 1.39m/s，拥挤流速度 y 与站台行人密度 x 简化为线性函数 $y = -0.4x + 1.3$ 计算。CSPN 仿真模型中，分别在相应的进站弧、出站弧与换乘弧处添加步行时间的命令。例如，延时弧 $A(T_{l5}, P_{p5})$ 添加了 A 线列车换乘 B 线列车的站台步行时间 Δt_{tra}，延时弧 $A(T_{l5}, P_{p6})$ 添加了出站步行时间 Δt_{out}。

（3）站台乘客下车过程（延时变迁 T_{t2}）。

CSPN 仿真模型的站台乘客乘降过程按照先下车后上车的原则，分为站台乘客下车过程和站台乘客上车过程两个独立且有序的工作流。站台乘客下车过程的具体情况如下。

替代变迁 Arr 作为列车到站子模型的输出端口，首先将携带到站列车的客流信息的 $Pass$ 令牌发射到站台库所 P_{p1}，延时变迁 T_{t2} 进入使能状态。延时变迁 T_{t2} 的主要功能是将积颜色集 $Pass = (Trans, Goon, Free)$ 含有的三类客流信息分流，并通过延时函数 $ToffA(Trans, Que)$ 计算下车时间。

积颜色集 $Pass$ 通过变迁分解三个独立的着色令牌 $Trans$、$Goon$ 和 $Free$，其中代表通过客流的令牌 $Goon$ 进入站台库所 P_{p2}，代表车厢剩余载客能力的令牌 $Free + Trans$ 进入站台库所 P_{p3}，代表下车客流的令牌 $Trans$ 进入站台库所 P_{p4}。需要特别说明的是库所 P_{p2} 与库所 P_{p3} 并不代表物理站台的具体区域，其作用是计算和传输列车车厢客流量变化。利用 CPN Tools 软件可以直接在有向弧上进行同类型变量的数学计算，因此在弧 $A(T_{t2}, P_{p3})$ 上对车厢剩余载客能力进行了更新，添加了下车客流释放的部分车厢载客能力。

函数 $ToffA(Trans, Que)$ 计算下车时间的输入条件是下车人数 $Trans$ 以及当前候车人数 Que。通过乘降总人数 $Trans + Que$ 与乘降区域拥挤临界条件 N_{norm} 的比较结果，当乘降总人数不会造成站台乘降区域出现拥挤时，就选择非拥挤条件的符合均匀分布的随机函数 $uniform$（0.8，1.3）生成乘降速度，进而计算下车时间；反之则选择拥挤条件的随机函数 $uniform$（0.5，0.8）进行计算。需要特别注意的是，弧 $A(P_{p8}, T_{t2})$ 输入延时变迁 T_{t2} 的候车队列人数 Que 仅用于判断站台拥挤状态，并没有乘客在此时段上车。下车时长 $ToffA$ 函数计算过程如图 5-24 所示。

（4）站台乘客换乘与出站过程（瞬时变迁 T_{l5}）。

瞬时变迁 T_{l5} 有两个功能，一是接收已完成下车的令牌 $Trans$，二是通过函数 $traORout$ 产生满足泊松分布的下车换乘 B 线列车的客流 $OffTra$，最后将

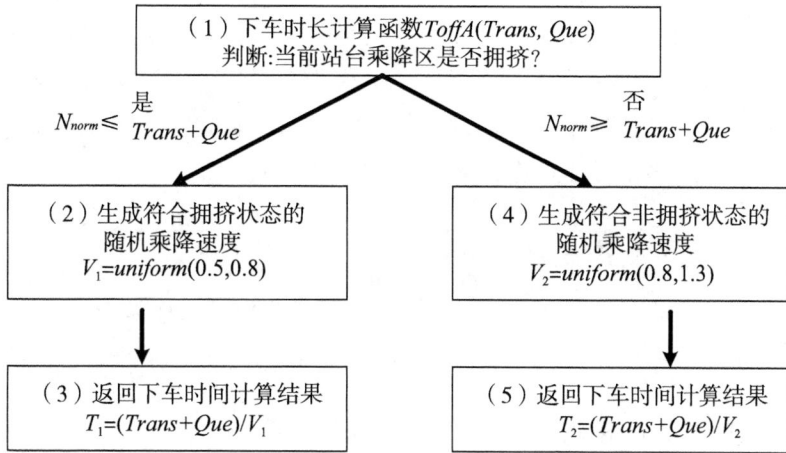

图 5 – 24　下车时长 *ToffA* 函数计算过程

下车换乘客流 *OffTra* 和下车出站客流 *OffOut* 分别发射到库所 P_{p5} 和库所 P_{p6}。其中，库所 P_{p5} 通过 Fusion6 端口连接的是 B 线站台候车队列子模型，由此触发令牌进入 B 线的候车队列。库所 P_{p6} 实质上就是出站客流的接收器。换乘客流随机函数计算过程如图 5 – 25 所示。

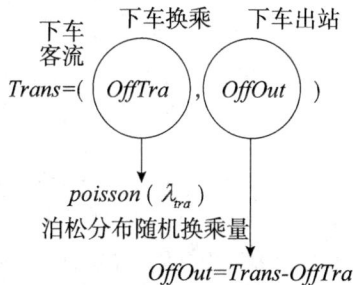

图 5 – 25　换乘客流随机函数计算过程

（5）列车接收上车乘客能力计算（瞬时变迁 T_{l6}）。

瞬时变迁 T_{l6} 利用函数 *PTfree* 计算在下车过程结束时刻，基于当前的列车剩余停站时间以及列车车厢剩余载客能力双因素影响，计算上车过程可实现的上车人数变量 *Pfree* 以及上车过程时间变量 *Tfree* 的最大值。

函数 *PTfree* 的 CPN ML 程序以及列车接收上车乘客能力的计算流程如图 5 – 26 所示。计算过程共分为 5 步，第 1 步是根据列车运行图规定的列车出发时刻 T_{depart} 和当前系统时刻求出剩余停站时间；第 2 步将剩余停站时间作为时间约束，计算该时段所允许的最大上车人数；第 3 步就是比较停站时间允许的最大上车人数与车厢剩余载客能力的大小，取二者的较小值作为最大上车人数 Pfree；第 4 步是将车厢剩余载客能力作为容量约束，计算相应的随机上车时间；第 5 步是比较基于车厢剩余载客能力的上车时间与实际剩余停站时间的大小，取二者的较小值作为最长上车时间 Tfree。

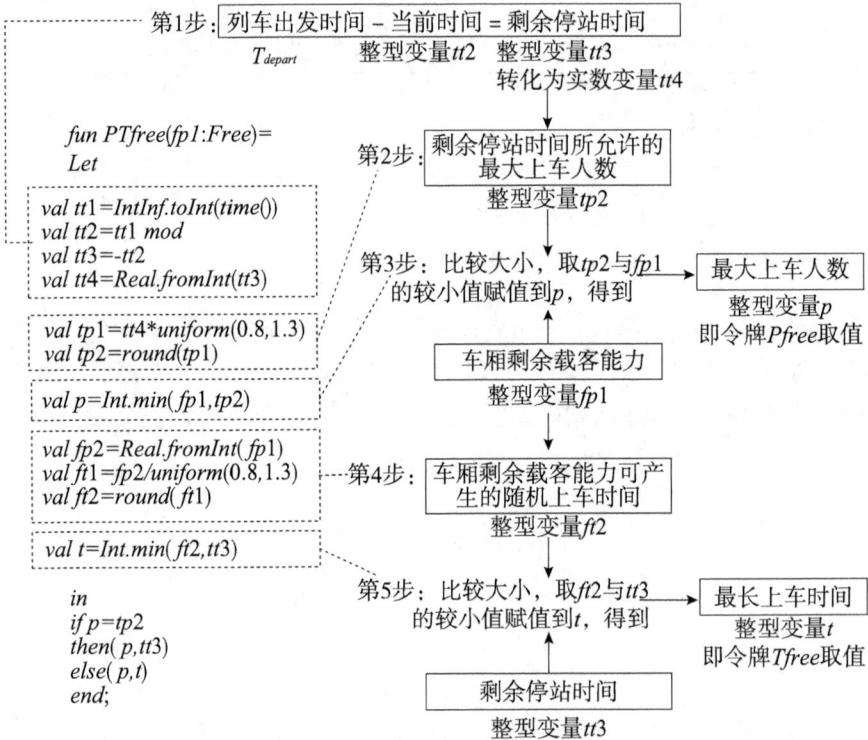

图 5-26 PTfree 的 CPN ML 程序及列车接收上车乘客能力计算流程

（6）站台乘客上车过程（延时变迁 T_{t3}）。

延时变迁 T_{t3} 的主要功能是计算实际的上车人数和上车时间。具体工作流程是通过 Fusion8 端口接收来自 A 线站台候车队列子模型的令牌 Que，待库所 P_{p7} 中收到携带时间戳的令牌（Tfree，Pfree）后，触发变迁 T_{t3}。

变迁 T_{t3} 共有两个函数，流量函数 Pon 计算实际的上车人数，延时函数 Ton 计算实际的上车时间。其工作流程如图 5-27 所示。

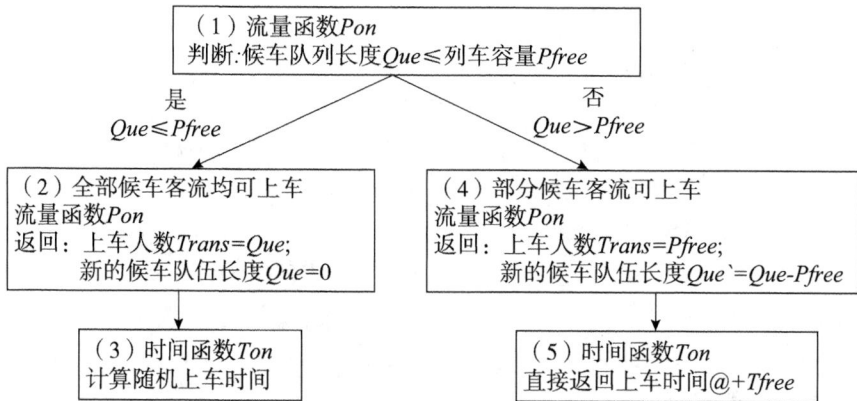

图 5 – 27 站台乘客上车过程函数计算流程

首先流量函数 Pon 判断当前站台候车客流是否可以全部上车，即候车队列长度 Que 是否小于列车容量 $Pfree$。如果队列长度满足容量约束，则更新车内乘降人数 $Trans$ 等于队列长度 Que，更新队列长度 Que 等于 0。然后再通过时间函数 Ton 计算随机上车时间，计算方法与函数 $Toff$ 相同。

如果候车人数大于列车容量 $Pfree$，则认为只有部分候车客流可完成上车，流量函数 Pon 则更新车内乘降人数等于列车容量 $Pfree$，更新队列长度 Que 等于 $Que – Pfree$，最后时间函数 Ton 直接返回延时时长等于最长上车时间 $Tfree$。

变迁 T_{i3} 将代表完成上车人数的 $Trans$ 令牌发射到库所 P_{p10}，同时将代表二次候车队列的 Que 令牌发射到库所 P_{p9}，即通过 Fusion2 端口返回站台候车队列子模型。

（7）离站乘客转移过程（瞬时变迁 T_{17}）。

离站乘客的转移过程就是在离站时刻把本站完成乘降客流 $Trans$、通过客流 $Goon$ 以及车厢剩余载客能力 $Free$ 汇总形成全新的车内客流信息 $Pass = $（$Trans$，$Goon$，$Free$），并通过替代变迁端口 Dep 输出到列车离站子模型。离站客流信息构成如图 5 – 28 所示。

瞬时变迁 T_{17} 的主要功能就是接收上车客流 $Trans$ 和通过客流 $Goon$ 的令牌并根据列车核定载客量 C_{car} 计算当前车厢剩余载客能力 $Free$，完成车厢客流信息的整理与汇总后，发射 $Pass$ 令牌至库所 P_{p11}。

2. 站台候车队列子模型

站台候车队列子模型（Submodel Que）的工作流程如图 5 – 29 所示。

站台候车队列子模型的主要功能是按照先到先服务的原则，接收由融合库

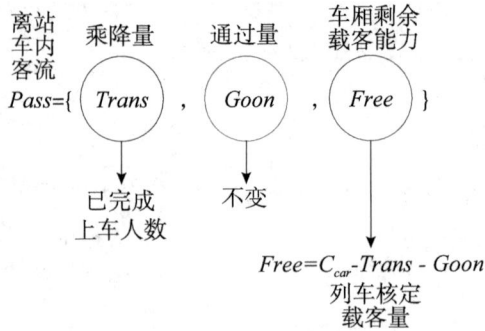

图 5-28　离站客流信息构成

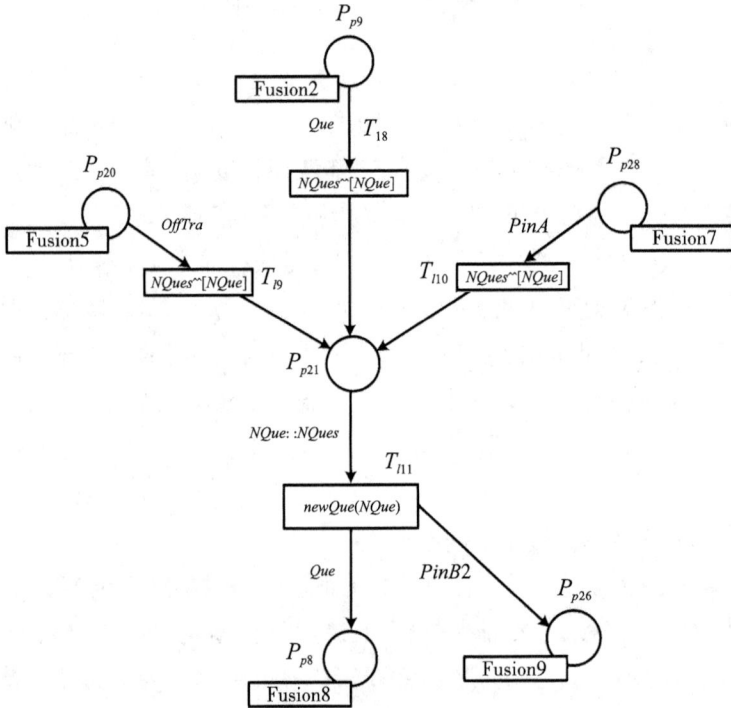

图 5-29　CSPN 站台候车队列子模型工作流程

所 P_{p9}、融合库所 P_{p20} 与融合库所 P_{p28} 输入的二次排队客流、B 线列车换入客流以及进站选乘 A 线列车客流，排序生成新一轮的 A 线列车候车乘客队列 $NQues$。

　　在站台候车队列子模型中，为实现网络的先进先出功能，需要将库所的类型从 "$NQue$" 转化为 "$List\ NQue$"，因此需要声明新的类型 "$NQues$"，声明 $colset\ NQues = list\ NQue$；与此同时，A 线候车队列库所 P_{p21} 的输入弧与输出弧的形式也有相应调整，输入弧的标注变为"$NQues^{\wedge}$〔$NQue$〕"，输出弧的标注变为"$NQue$∷$NQues$"。

其中，Fusion2 端口的融合库所 P_{p9} 连接的是 A 线站台客流流动子模型，接收令牌 Que，代表在上一轮 A 线列车乘降过程中，因停站时间不足或车厢载客能力饱和而未能上车的二次排队候车客流。

Fusion5 端口的融合库所 P_{p20} 连接的是 B 线站台客流流动子模型，接收令牌 $OffTra$，代表从站台侧线停靠的 B 线下车的换入客流。

Fusion7 端口的融合库所 P_{p28} 连接的是站台进站客流子模型，接收令牌 $PinA$，代表进入站台乘客中选择乘坐 A 线的客流。

三类输入令牌 Que，$OffTra$ 和 $PinA$ 分别通过瞬时变迁 T_{l8}，T_{l9} 和 T_{l10} 依次发射并转化为满足排队库所 P_{p21} 类型要求的令牌 $NQue$。

瞬时变迁 T_{l11} 的作用是控制候车队列长度，计算基于当前候车时间的 A 线路径选择效用。效用计算方法同站台进站客流子模型的函数 $newIN$（Pin）。超出队列长度约束或者路径选择效用不满足乘客需求的令牌将转换为令牌 $PinB2$ 并发射到 Fusion9 端口的融合库所 P_{p26}，即返回站台进站客流子模型，并进入 B 线候车队列。满足 A 线站台队列长度的约束且接受乘坐 A 线的客流令牌则转换为正式的令牌 Que，通过 Fusion8 端口的融合库所 P_{p8} 进入站台客流流动子模型。

3. 站台进站客流子模型

站台进站客流子模型（Submodel Pin）的工作流程如图 5-30 所示。

站台进站客流子模型的主要功能是作为进站客流发生器，产生满足泊松分布的客流人数并按照前文建立的同站台换乘乘车选择模型（详见式 5-6），计算进站乘客最初选择 A 线以及 B 线的概率，最后通过融合库所将客流输入相应列车的候车队列。

库所 P_{p23} 是产生进站客流的"种子"，通过延时弧 A（T_{l12}，P_{p23}）控制每隔 5 秒触发一次客流发生器变迁 T_{l12}。每隔 5 秒产生一个随机数的原因是兼顾仿真系统运行效率以及模型精度。

变迁 T_{l12} 的函数 $newIN$（Pin）分两部分，一是产生满足泊松分布的随机进站客流总量，二是分配进站客流量。进站客流随机函数计算过程如图 5-31 所示。

其中，变量 $total$ 代表按照参数 λ_{in} 产生的满足泊松分布的客流量，$a\%$ 代表根据乘车选择概率公式得到的当前系统状态（候车时间、站台候车队伍长度等综合条件）下的进站客流选择 A 线的概率。

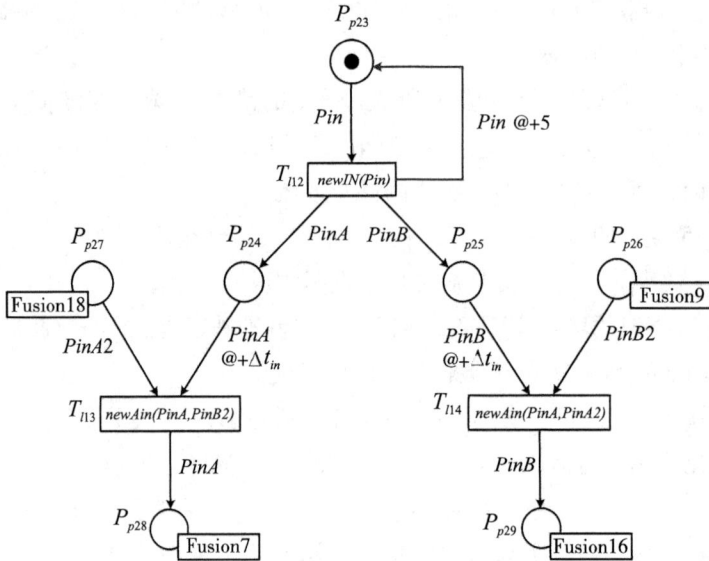

图 5－30　CSPN 站台进站客流子模型工作流程

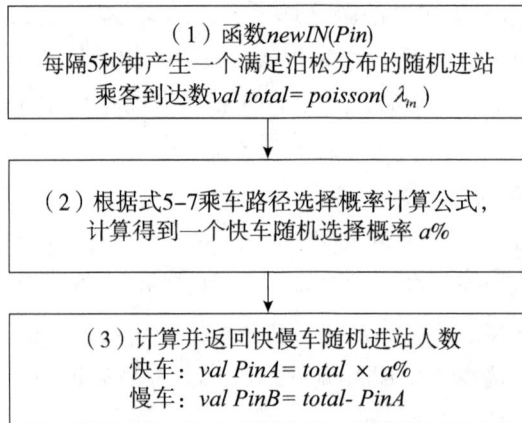

图 5－31　进站客流随机函数计算过程

A 线客流 $PinA$ 进入库所 P_{p24} 后，通过融合变迁 T_{I13} 与 Fusion18 端口库所 P_{p27} 返回的从 B 线队列中退出改选 A 线的客流合并，形成合并后的 A 线列车进站客流 $PinA$，发射到 Fusion7 端口库所 P_{p28}，进入 A 线站台候车队列子模型。

同理，B 线客流 $PinB$ 进入库所 P_{p25} 后也会与来自 A 线候车队列的进站客流相合并，通过 Fusion16 端口库所 P_{p29} 进入 B 线站台候车队列子模型。

综上，由列车运行子系统和站台客流子系统组成的 CSPN 仿真模型按照上述工作流程，模拟列车的运行状态变化，模拟乘客的动态乘车路径决策以及动态位置变化的全过程。利用 CPN Tools 软件建立的 Petri 网模型可以通过软件自动生成的仿真报告（Simulation Report）得到全部库所的数据记录，还可以通过软件所提供的九种监视器，提取特定模块、特定变量等运行数据，从而对仿真过程进行详细的分析。

八、站台客流承载能力仿真算例

本节选取基于快慢车结合运营的网络化运营组织方案，以同站台换乘模式越行站的站台客流承载能力仿真计算为例，验证 CSPN 仿真模型。算例设计了三种典型的同站台换乘客流需求结构，包括同站台双向换乘大客流、同站台单向换乘大客流以及进出站大客流。

基于这些典型的客流需求进行 CSPN 仿真实验，通过整理和计算仿真输出数据，可以得到一系列站台客流承载能力评价指标的计算结果，例如站台客流密度、乘客的平均进站候车时间、乘客的平均换乘候车时间、进站乘客选择乘坐快车的比例以及站台承载能力饱和时间等。通过对比不同客流条件的仿真实验结果，可进一步研究站台设施配置、网络化列车运行图衔接方案与客流需求的动态适应性。

CSPN 仿真实验使用的是 CPN tools 软件，基本参数的设置情况如下。

1. 站台布局与容量设置

站台布局形式是平面双岛式，站台有效长宽 120 米 × 12 米，站台两端设有两处双向出入口，正线停靠快线列车，侧线停靠慢线列车，车站具备快车越行条件。

2. 列车编组与车厢载客量设置

快线与慢线列车均采用 6 节编组 B 型车，设定列车定员载客量 1440 人，超员载客量 1780 人。

3. 快慢车结合网络化开行方案设置

通勤早高峰时段的网络化列车运行图设定快慢列车比例 1∶1，线路每小时单向发车 20 列，即平均发车间隔 3 分钟，正线快车停站时间 0.5 分钟，侧线慢车待避停站时间 3.5 分钟。其中慢车待避停站时间是根据线路信号系统的 1.5 分钟列车运行间隔时间以及正线快车的停站时间共同决定的。

CSPN 仿真实验使用的含有换乘时间衔接的网络化列车时刻表，如表 5－6 所示。以下内容将快车（Express）简称"E"，慢车（Local）简称"L"。同等级列车到达间隔时间均为 6 分钟，不同等级列车到发间隔时间，即同站台换乘衔接时间为 2 分钟。由此可知，快慢车线路的高峰小时旅客输送能力是 1780 人/列 × 20 列/小时 = 35600 人/小时。

表 5 - 6 仿真实验越行站快慢车列车时刻表

车次	到达时刻	出发时刻
L1	8：00：00	8：03：30
E1	8：01：30	8：02：00
L2	8：06：00	8：09：30
E2	8：07：30	8：08：00
L3	8：12：00	8：15：30
E3	8：13：30	8：14：00
L4	8：18：00	8：21：30
E4	8：19：30	8：20：00
L5	8：24：00	8：27：30
E5	8：25：30	8：26：00
…	…	…
L10	8：54：00	8：57：30
E10	8：55：30	8：56：00

九、基于典型客流需求的仿真实验与结果分析

1. 仿真实验概述

针对站台工作日通勤高峰小时换乘客流的流动特征，实验根据双向换乘大客流、快车换乘慢车单向大客流、慢车换乘快车单向大客流三种主要换乘流向，并结合到站列车客流总量、乘车路径随机选择特性，共设计六个基于典型客流的仿真实验，编号依次为 1 至 6，仿真输入条件和主要输出指标的计算结果如表 5 - 7 所示。

（1）实验 1 输入的是双向换乘大客流，到站列车满员，站台客流承载总量 2.9 万人次/小时，其中进站客流 0.4 万人次/小时，快车换乘慢车客流 0.75 万人次/小时，慢车换乘快车客流 0.75 万人次/小时，出站客流 0.4 万人次/小时，车内通过客流 0.6 万人次/小时。

此外，实验 1 是各组实验中唯一没有设置乘车路径随机选择模块的对照组仿真实验，按照 $\eta^E = 60.0\%$ 即 60% 的乘客选择快车路径，40% 的乘客选择慢车路径的固定比例进行客流分配，这种固定比例的客流分配方式是 Vissim 等商用仿真软件使用的一种常见方式。

（2）实验2输入的客流条件与实验1完全相同，但加入了乘车路径随机选择模块，将根据长短途乘车时间、当前候车时间和候车队列长度等效用影响因素，计算乘客快慢车随机选择概率。

（3）实验3输入的是快车换乘慢车方向的单向大客流，到站列车满员，含随机路径选择模块，站台客流承载总量2.9万人次/小时，其中进站客流0.4万人次/小时，快车换乘慢车客流0.75万人次/小时，慢车换乘快车客流0.15万人次/小时，出站客流0.4万人次/小时，车内通过客流1.2万人次/小时。

（4）实验4与实验3形成对比，输入的是慢车换乘快车方向的单向大客流，即快车换乘慢车客流0.15万人次/小时，慢车换乘快车客流0.75万人次/小时，其他条件均与实验3相同。

（5）实验5输入到站列车非满员条件下的快车换乘慢车方向的单向大客流，与实验3的不同之处在于将车内通过客流减少为0.9万人次/小时，站台客流承载总量相应减少为2.6万人次/小时，其他客流输入条件与实验3相同。

（6）实验6与实验5形成对比，输入的是到站列车非满员条件下的慢车换乘快车方向的单向大客流，即快车换乘慢车客流0.15万人次/小时，慢车换乘快车客流0.75万人次/小时，其他条件均与实验5相同。

表5-7的主要输出指标$\bar{\rho}$是候车时段站台乘降区域的平均客流密度，主要输出指标$\overline{t^{in}}$是乘客的平均进站候车时间，主要输出指标$\overline{t^{tra}}$是乘客的平均换乘候车时间，主要输出指标η^{E}是进站乘客选择乘坐快车的比例，主要输出指标t^{sat}是站台承载能力饱和时间。

表5-7　　　高峰小时典型客流需求的站台客流承载能力实验

实验编号	仿真输入条件						计算结果				
	换乘大客流方向	站台客流承载总量	进站	换乘	出站	通过	$\bar{\rho}$	$\overline{t^{in}}$	$\overline{t^{tra}}$	η^{E}	t^{sat}
		（万人次/小时）					（人/m²）	（分）	（分）	（%）	（分）
1	双向	2.9	0.4	E→L=0.75 L→E=0.75	0.4	0.6	E=5.7 L=0.6	E=11.7 L=1.6	E=11.5 L=0.1	60.0	E=42 L=0
2	双向	2.9	0.4	E→L=0.75 L→E=0.75	0.4	0.6	E=4.9 L=1.0	E=6.2 L=1.6	E=9.5 L=0.1	12.5	E=39 L=0

实验编号	换乘大客流方向	站台客流承载总量	进站	换乘	出站	通过	$\bar{\rho}$	$\overline{t^{in}}$	$\overline{t^{tra}}$	η^{E}	t^{sat}
				仿真输入条件					计算结果		
		(万人次/小时)					(人/m²)	(分)	(分)	(%)	(分)
3	E→L 单向	2.9	0.4	E→L = 0.75 L→E = 0.15	0.4	1.2	E = 1.1 L = 1.9	E = 4.9 L = 5.8	E = 3.0 L = 0.5	62.9	E = 0 L = 0
4	L→E 单向	2.9	0.4	E→L = 0.15 L→E = 0.75	0.4	1.2	E = 3.3 L = 0.5	E = 5.0 L = 1.6	E = 7.5 L = 0.0	56.5	E = 6 L = 0
5	E→L 单向	2.6	0.4	E→L = 0.75 L→E = 0.15	0.4	0.9	E = 1.2 L = 0.4	E = 4.5 L = 1.4	E = 5.1 L = 0.1	65.3	E = 0 L = 0
6	L→E 单向	2.6	0.4	E→L = 0.15 L→E = 0.75	0.4	0.9	E = 1.1 L = 0.6	E = 3.0 L = 1.6	E = 1.6 L = 0.0	59.6	E = 0 L = 0

2. 实验结果分析

（1）乘车路径随机选择模型的对照组实验。

实验 1 与实验 2 设有完全相同的到站列车满员、双向换乘大客流的仿真输入条件，目的是验证乘车选择概率公式（式 5 - 6）对客流的分配作用。实验 1 基于进站客流 60% 选择快车、40% 选择慢车的固定比例分配方式，结果造成站台客流承载能力饱和时间长达 42 分钟。而实验 2 采用乘客随机选择乘车路径，结果只有 12.5% 的乘客会坚持选择快车，多数乘客会放弃车内拥挤的快车，符合实际出行中规避拥挤的出行习惯，从而验证了基于乘车选择模型建立的 CSPN 仿真站台进站客流子模型（Submodel Pin）的有效性。

（2）三类典型换乘大客流方向的对比实验。

实验 2、实验 3 与实验 4 是针对到站列车满员，相同客流总量、不同主要换乘客流方向的一组对比实验。根据表 5 - 7 所示的平均客流密度、候车时间、承载能力饱和时间指标可知，站台系统难以适应列车旅客输送能力不足条件下的双向换乘大客流，实验 2 高峰小时站台快车乘降区域的局部客流承载能力饱和时间达到了 39 分钟，与此相对的是快换慢（E→L）单向大客流的实验 3 没有出现站台承载能力饱和，慢换快（L→E）单向大客流的实验 4 也只发生 6 分钟快车站台区域的短时的局部承载能力饱和。

实验 2 中，慢换快（L→E）乘客的平均换乘候车时间为 9.5 分钟，这样长时间的候车已经失去了换乘快车节省乘车时间的意义，因此在实际运营中，随着慢车中有换乘需求的乘客群体逐步了解该越行站的候车时间期望，会逐渐放弃在该站换乘快车，选择继续乘坐慢车，长距离乘客可能会选择在其他越行站再行换乘快车，从而实现已知线网各站拥挤程度条件下的乘客分流。这时双向换乘大客流也将转化为适应快慢车系统的快换慢（E→L）单向大客流。

（3）到站列车满员与非满员的对比实验。

实验 5 与实验 6 分别作为实验 3 与实验 4 对照组，将车内通过客流量减少了 0.3 万人次/小时，模拟了非满员到站列车。实验结果显示，在列车剩余载客量充足的条件下，实验 5 与实验 6 均没有出现站台乘降区域承载能力饱和的情况，并且进站乘客选择快车的比例也有所提高。可见到站列车具备充足的旅客输送能力，是保证快慢车越行站高效完成客流集散的重要基础。

（4）站台乘降区域客流密度变化分析。

图 5-32 是实验 2 至实验 6 的快慢车站台乘降区平均客流密度连续变化图。

其中，站台客流密度服务水平等级（Level Of Service，LOS）分为 A～E 五个等级，分别为等级 A：[0, 0.85]、等级 B：(0.85, 1.41]、等级 C：(1.41, 2.21]、等级 D：(2.21, 3.80]、等级 E：(3.80, 5.82]（单位：人/m²）。等级 A 的站台平均客流密度最低，服务水平最高；等级 E 的站台平均客流密度最高，服务水平最低。

慢车站台平均客流密度在停站时段内，呈现明显的双峰特征，客流密度尖峰时刻分别出现在慢车到站后的乘客下车时段以及快车到站后，换乘客流到达慢车乘降区的时段。由于慢车停站时间长达 3.5 分钟，乘降时间充裕，因此不易产生站台二次候车客流聚集现象，乘降区的客流密度服务水平基本保持在等级 A 或等级 B，仅仅在换入大客流造成列车能力不足的实验 3 中，出现了乘客二次候车排队现象。

快车站台平均客流密度尖峰时刻分别出现在快车停站后乘客下车时段和换乘快车的客流达到快车站台的时段。在列车载客能力饱和的实验 2 和实验 4 中，都出现了严重的候车排队现象，存在安全隐患。此外，在各实验的快车停站时段，都出现了局部密度服务水平在等级 D 和等级 E 的情况，快车乘降区十分拥挤。值得注意的是，拥挤条件下，随机乘降过程的不可控因素较多，实际完成乘降的人数很可能达不到仿真实验水平。

（a）实验2满员列车双向换乘大客流

（b）实验3满员列车快换慢（E→L）单向换乘大客流

（c）实验4满员列车慢换快（L→E）单向换乘大客流

（d）实验5非满员列车快换慢（E→L）单向换乘大客流

（e）实验6非满员列车慢换快（L→E）单向换乘大客流

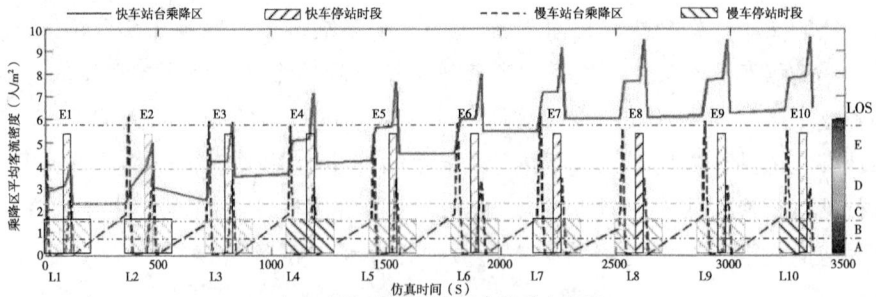

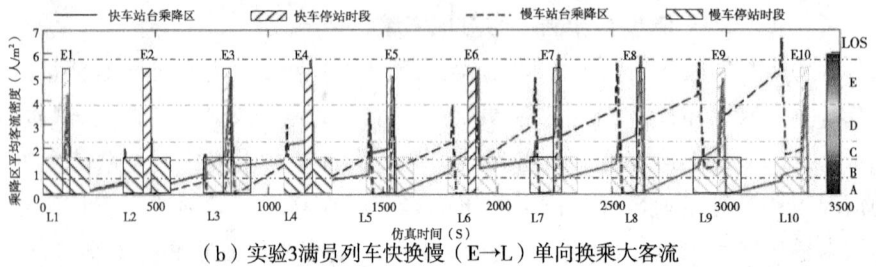

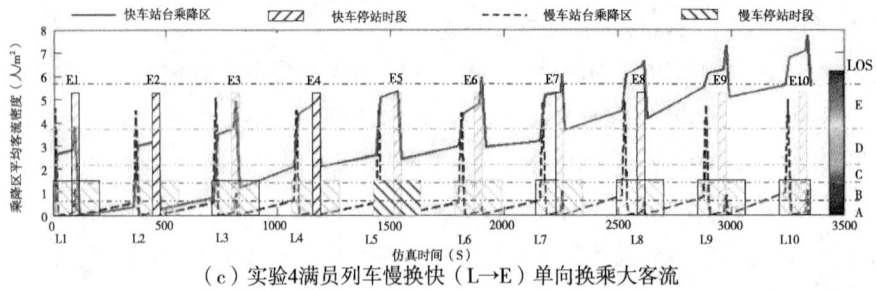

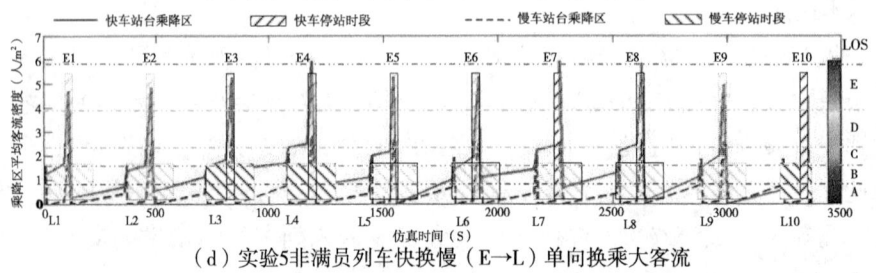

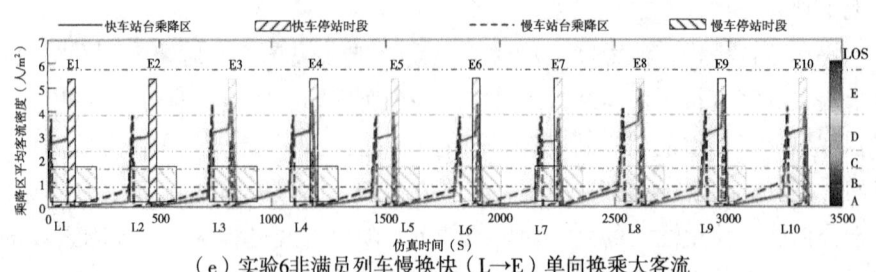

图5-32　站台乘降区域客流密度连续变化

（5）二次候车人数分析。

图 5-33 是实验 1 至实验 6 站台乘降区域的二次候车人数折线图。

在双向换乘大客流条件下，实验 1 和实验 2 从 E3 列车离站时刻起，快车乘降区域的各车门前都保持有超过 70 人的二次候车人数，导致站台长期处于承载能力饱和状态，拥挤的站台存在一定安全隐患。

针对单向换乘大客流的仿真实验 3 的慢车乘降区域，与实验 4 的快车乘降区域受列车旅客输送能力饱和的影响，站台区域也出现了二次候车人群，累积候车队列长度呈现单调递增的趋势。由此可以预见，当高峰小时的持续时间超过一个小时，列车旅客输送能力饱和的情况若得不到及时缓解，候车队列人数超过 70 人时，站台也将出现过度拥挤、服务水平降低的情况。

非满员列车的对照组实验 5 和实验 6 的二次候车人数指标表现良好，基本没有出现二次候车的队列，越行站站台系统达到了及时疏散乘客上车的目的。

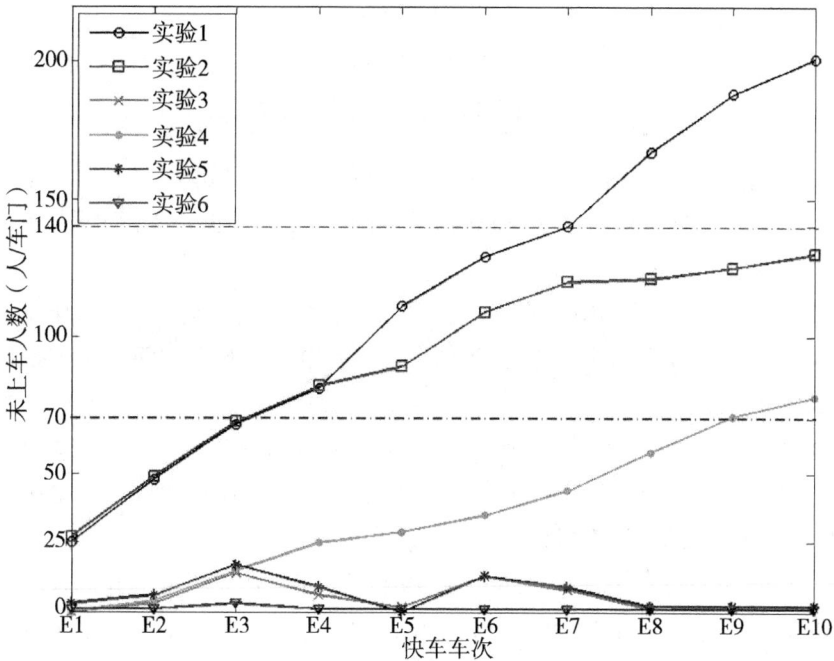

（a）快车乘降区域

图 5-33　高峰小时站台二次候车人数

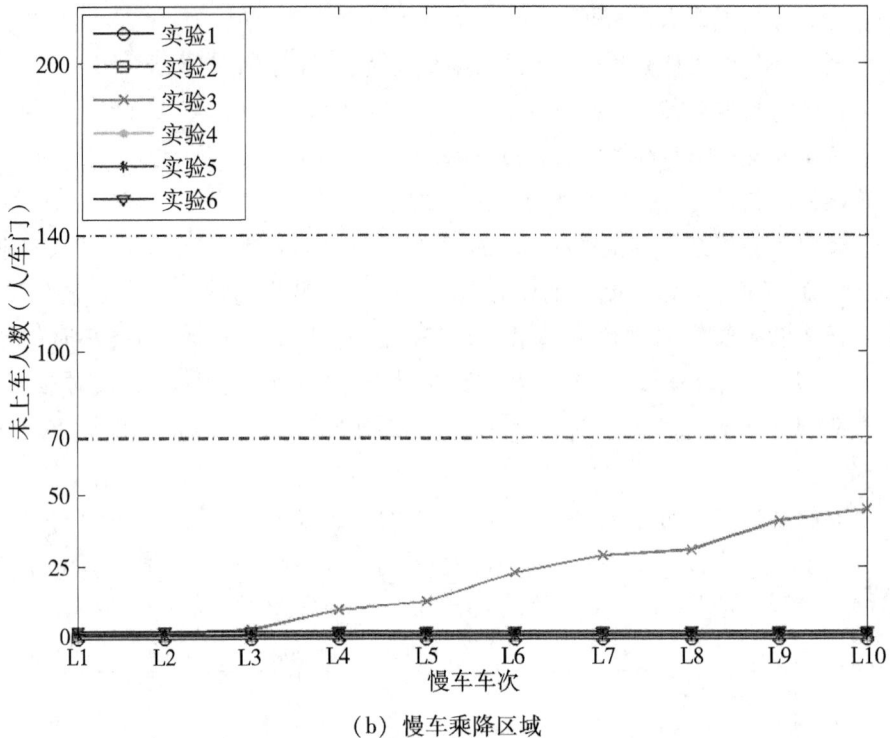

（b）慢车乘降区域

图 5-33 高峰小时站台二次候车人数（续）

（6）乘客的平均进站候车时间与平均换乘候车时间分析。

图 5-34 与图 5-35 分别是实验 1 至实验 6 的平均进站候车时间与平均换乘候车时间折线图。

如图 5-34（a）和图 5-35（a）所示，在列车满员条件下，快车站台乘降区域对大客流候车需求量的适应性较差，平均进站候车时间与平均换乘候车时间均较长。

如图 5-34（b）和图 5-35（b）所示，由于停站时间充足且进站客流需求量较小，慢车站台乘降区域对大客流候车需求的适应性较强，无论进站客流还是换入慢车的客流都能保证较高的站台客流集散效率。

此外，如图 5-35（b）所示，除实验 3 之外，其他五组实验的快车换入慢车的候车时间均小于 10 秒。由此可见，列车运行图换乘衔接方案实现了基于快慢车越行站同站台换乘模式的，时间与空间双方面的"零换乘"，即随快车到站的乘客可以立即换入站台对侧的待避慢车。

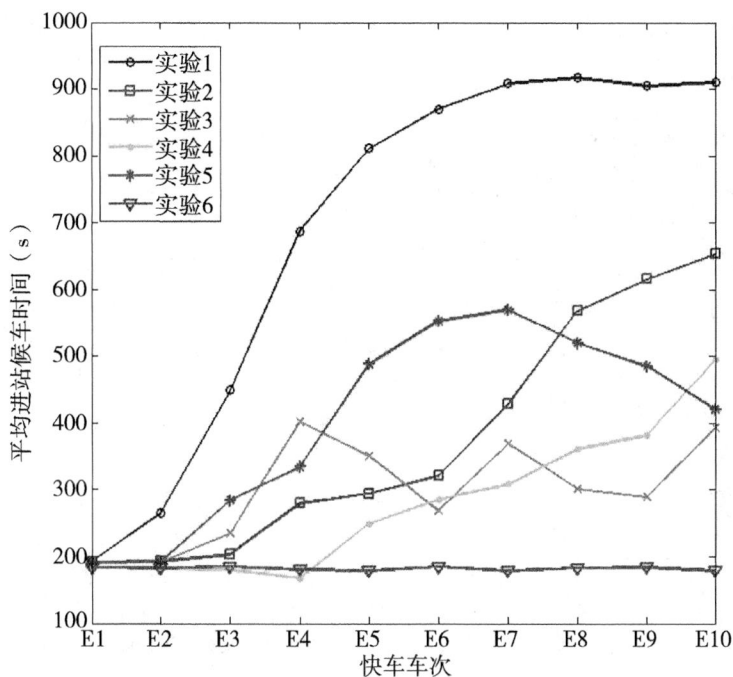

（a）快车乘客的平均进站候车时间

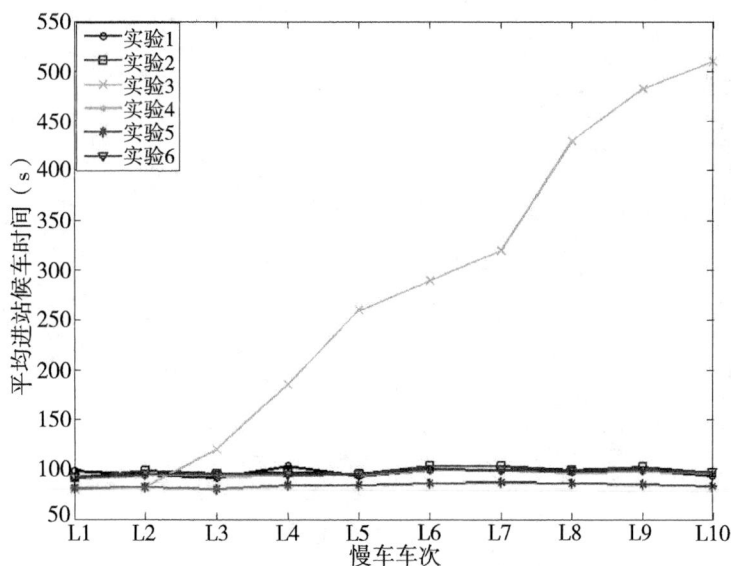

（b）慢车乘客的平均进站候车时间

图 5 - 34　同站台两侧乘客的平均进站候车时间

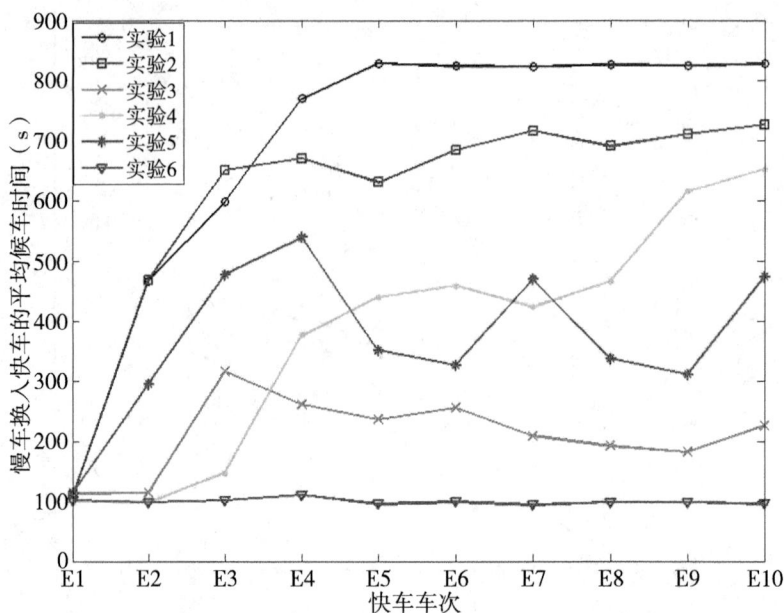

（a）慢车换入快车（L→E）的平均换乘候车时间

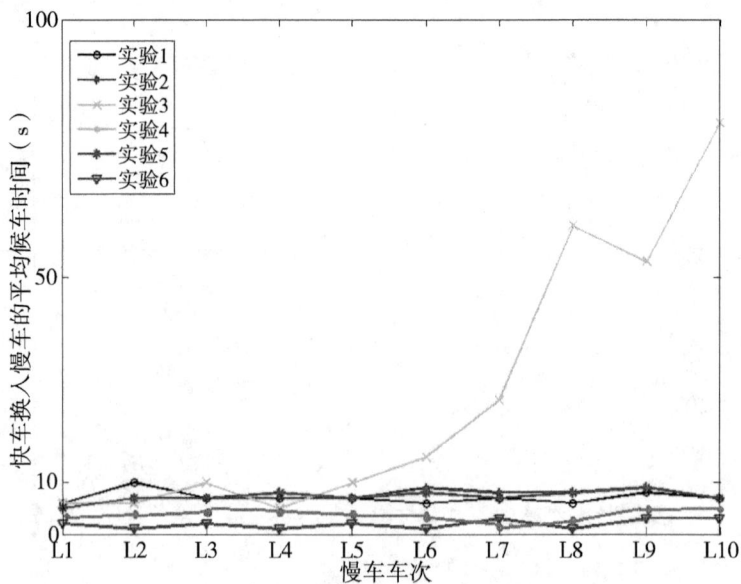

（b）快车换入慢车（E→L）的平均换乘候车时间

图 5 – 35 同站台两侧乘客的平均换乘候车时间

第四节　本章小结

本章首先通过设计和发布 RP 与 SP 联合调查问卷，研究了城市轨道交通乘客出行需求特性，尤其是对通勤乘客和休闲乘客这两类出行时段和乘车偏好均有较大差异的人群进行了重点研究。问卷分析发现乘车选择行为存在显著的个性化偏好，也存在群体间的共性与差异，得到了被访者的个体属性（年龄、性别）、出行属性（出行目的、时段和时长等）、乘车时间因素、车站步行疲劳因素、候车心理因素等需求特性规律，发现通勤乘客的时间价值较高且具备较高的拥挤环境耐受力，因此偏好选择时间优先路径，而休闲乘客偏好舒适直达路径。

在此基础上，基于随机效用理论建立了同站台换乘系统的乘车选择多项 Logit 模型，引入乘车时间、车厢拥挤时间、站内步行时间和候车时间四类主要效用特性变量，模拟乘客的决策过程，计算车站特性、列车特性和乘客主体特性变量所决定的乘车路径总效用。在模型参数估计中，利用 Rank Logit 模型处理非量化 SP 问卷，参数标定结果具备较高精度。通过一个快慢车结合网络化运营线路的同站台换乘案例，验证了模型计算乘车选择概率结果的合理性。计算结果表明，在高峰期快慢车发车比例 1∶1 的情况下，快车路径最符合通勤乘客的需求，长途直达快车路径的选择概率为 67%，换乘快车的路径选择概率高达 71%。可见同站台换乘具备快慢车换乘时间衔接，满足了乘客对乘车时间、换乘疲劳、候车心理的综合需求。

本章研究了着色 Petri 网、延时 Petri 网、随机 Petri 网以及分层 Petri 网等基础 Petri 网理论，并简要介绍了 CPN Tools 软件的功能特性。研究发现 Petri 网基于工作流的建模思想，及按照"与合并""或合并""与分支""或分支""循环关系"与"因果关系"六种基本逻辑关系定义系统状态迁移的抽象建模方法，适合站台系统客流承载量伴随列车停站事件呈现显著周期性变化规律的仿真对象。因此，本章利用 Petri 网的"着色"功能用于区分不同线路的列车、不同属性的乘客等仿真活动主体；利用 Petri 网的"延时"功能用于控制列车停站时间、乘客乘降时间；"随机"功能是实现乘客个体乘降时间的随机性；"分层"功能则是 Petri 网仿真模型结构上，对列车运行子系统和站台客流子系统进行分层设计，提高模型的可读性。

　　CSPN 站台客流承载能力仿真模型由列车运行子系统和站台客流子系统两部分组成。其中，列车运行子系统又包括列车到站子模型和列车离站子模型，站台客流子系统又包括站台客流流动子模型、站台进站客流子模型和站台客流候车队列子模型。CSPN 仿真模型实现利用 Petri 网仿真技术，输入含有同站台换乘时间衔接的网络化列车时刻表，计算站台客流承载能力的各项评价指标。进站乘客的乘车路径决策则是参照本书的乘车选择多项 Logit 模型，简洁合理地模拟了乘客动态随机的乘车选择行为，相较于成熟的商业仿真软件，更适用于解决网络化运营模式的同站台换乘系统站台客流仿真问题，同时具备较高的应用价值，可以帮助城市轨道交通运营部门实时分析站台客流承载量是否处于安全高效的运营状态。

　　一组快慢车结合网络化运营线路的越行站同站台换乘仿真实验，作为 CSPN 仿真模型的算例，验证了模型各项功能的可实现性。具体功能包括模拟乘客在站台实时动态决策乘车路径，实时统计站台客流承载能力饱和时间以及站台乘降区域客流密度、平均进站候车时间、平均换乘候车时间、二次候车人数等站台客流集散效率指标。

第六章 站台客流集散效率优化方案研究

站台客流集散效率优化方案研究是分析站台容量扩展措施、站台客流集散流线优化措施、列车载客量改善措施、列车运行协调优化措施、客流引导与限流措施在作用对象、适用阶段的特点。研究并建立灰色动态规划模型，设计基于灰色关联度顺序递推综合最优决策的动态规划求解算法，根据站台客流集散效率指标，筛选出最合适的优化措施，确定措施组合方式、介入时间，提出站台客流集散效率优化方案。

第一节 站台客流集散效率优化措施

尽管网络化列车开行方案基本可以保证运输能力供给总量与出行需求总量的平衡，但是在网络化运营模式的同站台换乘系统，由于受到乘客随机乘车选择行为与到达客流随机换乘行为等不确定性因素的影响，常常会出现站台客流承载能力暂时性饱和的情况。

根据站台客流密度、平均进站候车时间、平均换乘候车时间、损失客流量等站台客流集散效率评价指标的变化规律，分析站台动态承载能力暂时性饱和的原因，研究有针对性、具备一定提前期的站台客流集散效率优化措施。

站台客流集散效率优化措施根据作用对象、适用阶段的不同，可分为站台容量扩展措施、站台客流集散流线优化措施、列车载客量改善措施、列车运行协调优化措施、客流引导与限流措施，各措施的具体分析如下。

一、站台容量扩展措施

站台容量扩展措施一般适用于城市轨道交通系统规划设计前期，根据高峰小时最大预测客流量确定站台的有效宽度，根据应急逃生时间确定站台出入口客流通过能力。

例如，香港地铁的金钟站在设计规划阶段，考虑到该站需要实现港岛线与荃湾线异方向（折角客流）同站台换乘功能，故采取了立面双岛式站台的布局方式。此外，金钟站综合考虑两条线路的走向特征将站台设计为梯形平面结构，站台最宽处超过40米，具备负荷大量短时聚集的同站台换乘客流的客流承载能力。

由于站台一旦建成投入使用，就很难使用站台扩容措施提高站台客流集散效率。一般考虑采取站台系统软硬件结合，通过优化站台客流集散流线，减少乘客滞留站台的时间，提高站台客流集散效率。

二、站台客流集散流线优化措施

站台客流集散流线优化措施是通过合理设置站台出入口、楼扶梯等客流集散设施；缩短流线长度、避免站台流线交叉；合理设置站台导向标识帮助乘客及时找到正确的集散路径以及站台乘降区域地面画线规范候车队列等方法降低站台客流集散过程的无序性。该措施可以灵活应用于站台客流组织规划期、运营调整期，是一种常用的站台运营组织管理方法。

站台客流集散流线优化措施还可以结合站台结构改造，实现站台软硬件集散系统的综合优化。例如，东京地铁的丰洲站自改建为换乘站以后，地下站台层的客流承载能力不足的现象越发突出，因此运营公司采取了针对站台客流集散流线的站台结构综合优化措施，对车站进行了全面改造。

为缩短丰洲站乘客的出站时间，首先增加从地下三层站台层直通地下一层出入口大厅的步梯和电动扶梯的新通道，其次根据新增通道的配置位置，对站台原有步梯、电梯扶梯与直梯的配置位置进行统一调整。经过站台结构与客流集散流线的一体化优化改造，丰洲站到站乘客全部离开站台的疏散时间缩短为146秒，满足网络化运营线路系统升级为150秒/列发车频率后的站台安全客流集散要求。

三、列车载客量改善措施

列车载客量主要是在网络化运营列车开行方案规划时期，综合中长期客流需求预测、线路以及车站基础设施条件，确定列车车型与列车编组长度。与站台容量扩展措施类似，对于已经投入运营的线路和车站系统，由于受到改造成本的制约，列车车型和最大列车编组长度一般是固定不变的。

故而在城市轨道交通系统的实际运营中，企业一般根据客流时空分布特征，采取多编组列车组合的开行方案，通过动态调整列车载客量，一方面满足高峰期的乘车需求，另一方面节约非高峰期的运营成本。

　　此外，还可通过减少车厢座位数，设置收纳式座椅的方式，提高列车载客量。例如，日本东京都市圈的山手线、埼京线、东急田园都市线都曾使用过收纳式座椅列车。东急5000系收纳式座椅列车如图6-1所示，东急田园都市线通常在工作日早高峰时段将座椅收纳起来。其他线路也会对高峰期断面客流量较大的核心区段采取收纳座椅措施。值得注意的是，此处的收纳式座椅列车每节车厢通常配置6处车门。这种多车门列车的站台客流乘降效率明显高于传统的4门车型。

（a）座椅收纳前

（b）座椅收纳后

图6-1　东急5000系收纳式座椅列车

（c）收纳式座椅列车

图 6 - 1　东急 5000 系收纳式座椅列车（续）

收纳式座椅列车减少了座位，客观上会造成乘车舒适度下降，乘客会有抵触和不满情绪，因此运营部门一定要权衡利弊，因地制宜地使用该措施，例如仅对整列列车的个别车厢配置收纳式座椅。收纳座椅的措施还应与站台提示标识服务配套使用，在站台候车区域明确标注无座车厢的具体位置和实施时段。

四、列车运行协调优化措施

列车运行协调优化措施主要是指网络化运营列车开行方案编制阶段对同站台换乘列车停站时刻的协调优化，其优化的主要目的是缩短乘客的换乘候车时间。该措施存在一定风险，刚性的同站台换乘时间衔接易造成列车停站超时以及线路或交路间的晚点传递。一旦出现大规模的晚点情况，站台将出现严重的乘客滞留，难以保障运营安全。因此，在列车运行协调方案的实施过程中，需要采取柔性的管理策略，在保障线路正点运行的基础上，设置换乘时间衔接，避免正点列车因延长停站时间而出现晚点。

五、客流引导与限流措施

客流引导与限流措施是车站系统常用的运营管理措施，方法与形式灵活多样。对于同站台换乘系统难以承载的双向换乘大客流，就需要及时采取客流引导措施，赶在列车到达换乘车站前，通过车厢广播提示乘客前方站台换乘拥挤，建议乘客不要盲目选择换乘路径，规避拥挤。这种基于线路与车站实时信息提示的客流引导措施，可以有效均衡轨道交通网络各条乘车路径的客流量，实现类似 Wardrop 第二原理的系统最优分配。

限流措施则是在站台已经出现拥挤的情况下，关闭部分进站闸机控制进入站台的乘客数量，减少单位时间到达站台的乘客数量，从而缓解站台拥挤，疏解滞留乘客。

客流引导与限流措施的介入时间直接影响其调控效果，过早限制乘客进站会降低乘客出行效用，过晚的引导信息提示会延误乘客调整乘车路径的时机。因此需要合理选择措施，确定措施的实施顺序与时间。

六、措施对比

上述五类站台客流集散效率优化措施，在实施阶段、优化对象、扩能成本以及扩能效果上各有特点，对比总结如表 6 – 1 所示。由于本书是以研究运营阶段站台客流集散效率优化措施为主，因此在建模中暂不考虑站台容量扩展措施以及站台客流集散流线优化措施这两种主要适用于规划设计阶段的优化措施。

表 6 – 1　　　　　　　　　站台客流集散效率优化措施对比

措施类型	实施阶段	优化对象	扩能成本	扩能效果
站台容量扩展	规划设计阶段为主，后期改造为辅	站台结构	初期建设投资高且后期改造费用高	基础设施扩能可靠性高
站台客流集散流线优化	规划设计阶段为主，后期改造为辅	站台客流组织方案	成本适中（包括人力、设施改造等支出）	对提高站台客流集散效率有一定收效
列车载客量优化（编组长度与车辆选型）	运营计划阶段为主	列车硬件配置	成本较高	列车硬件扩能可靠性高
列车载客量优化（收纳式座椅）	运营阶段实时调整措施	列车硬件配置与管理	成本较低	提高列车荷载的同时，会降低运输服务质量

措施类型	实施阶段	优化对象	扩能成本	扩能效果
列车运行协调优化	运营计划阶段与实时调整措施	运输组织方案	成本较低	大幅提高站台客流集散效率
客流引导与限流	运营阶段实时调整措施	客流需求	成本较低	减少站台客流输入量

第二节　灰色动态规划模型

本节的重点是研究灰色动态规划模型与算法，以相邻列车到站间隔时间为动态规划阶段划分标准，制定附加费用经济合理的站台客流集散效率优化方案，确定站台客流集散效率优化措施的种类、组合方式、介入时间与实施序列。

一、理论基础

1. 复杂大系统特征

站台客流集散系统作为一个由列车、站台与乘客等事物或群体组成的相互联系、相互制约的复杂大系统，具有以下六大特征。

（1）功能性。系统各要素协同完成一系列站台客流集散任务，实现站台客流集散总目标即站台客流承载能力最大，在此基础上又可细分出若干子目标，例如"平均进站候车时间最短""平均换乘候车时间最短""站台客流密度最低"等。系统的子目标集合必须保证系统总目标的实现，但是子目标之间也可能存在着矛盾，这时就需要计算每个子目标对总目标的贡献，按照系统功能的重要性次序确定最优的方案。

（2）集合性。系统要素遵循可变性以及相关性原则，具有某种相同属性，隶属于同一集合。

（3）相关性。相关性是指系统要素之间相互作用、相互依存、相互制约等全部关系的总和，明确各要素的对应关系，是优化系统资源配置的基础。

（4）层次性。体现系统目标逐级的具体化，可以简化系统分析和评价的研究过程，反映系统要素及其对应关系在系统结构中的位置和隶属关系。

（5）整体性。要求不能以偏概全，局部最优不等于系统最优，分系统目标必须纳入系统的整体目标，服从于系统的整体功能，形成有机的系统运行整体。

（6）环境适应性。任何系统都处在一个物质、能量与信息交换的大环境之中，适应外部环境变化，获取系统生存与演化发展的能力，就是系统必须具备的环境适应性。

2. 灰色系统理论基础

灰色系统理论是由邓聚龙创立的一种研究小数据、贫信息不确定性问题的理论方法。系统自身具备的动态性、复杂性的特点，和人类对于系统认知能力的局限性，形成人类获取信息不确定、不完全的灰色系统。

灰色系统的"信息不完全性"体现在四个方面，即系统要素、要素关系、系统结构以及系统作用原理的不完全确定。灰色决策分析就是基于上述不确定、部分信息未知的情况，研究各评价对象的特征值为区间灰数或一般模型与灰色模型相结合的灰色决策问题。

3. 系统动力学与灰色动态规划

第四章研究城市轨道交通站台客流承载能力的影响因素时，已经给出了站台客流复杂集散系统的因果关系图，模拟系统的客流、车流、信息流动态发展过程。系统动力学方法的优势在于侧重系统行为研究，充分反映系统要素的动态反馈关系，有利于建立仿真模型。但是这种对系统进行的中长期趋势性、综合性的描述，难以直接应用于站台客流集散效率优化方案研究与动态决策，这就需要结合处理不确定性问题的灰色动态规划方法。

灰色动态规划是在传统动态规划的基础上融合灰色系统理论，提出的系统动态决策最优化模型。模型假设条件与动态规划模型基本相同，首先需要确定系统的阶段、状态、决策目标、状态转移、指标函数，唯一的不同点是系统的状态与决策目标均是区间灰数向量形式，用来描述系统当前状态以及状态转移方案的不确定性。

二、建立模型

1. 研究步骤

基于灰色动态规划的站台客流集散效率优化方案模型的研究步骤如下。

（1）提出模型基本假设，确定优化目标。

（2）根据相邻列车到站间隔时间，划分灰色动态规划阶段。

（3）根据站台客流承载能力与集散效率的相关评价指标，假设灰色动态规划的状态变量及状态分量。

（4）根据站台客流集散效率优化措施适用性特点，假设灰色动态规划系统的决策变量，实时调整决策集合。

（5）根据灰色系统理论，假设模型的状态灰数向量以及决策灰数向量，用于描述系统各阶段状态以及决策收效的不确定性。

（6）建立灰色动态规划状态转移方程组。

（7）基于状态转移方程组筛选可行决策，建立允许决策集合。

（8）根据灰色关联度顺序递推综合最优决策，并判断完全决策可行性。

（9）设计不完全权重信息的灰色区间关联算法。

（10）算例验证模型解决站台客流集散效率优化方案设计问题的有效性。

站台客流集散效率优化方案研究流程如图 6-2 所示。

2. 模型假设、优化目标与灰数运算法则

基本假设：首先根据灰色动态规划模型的基本性质，假设初始状态 s_1 以及策略（优化方案）$\Gamma(U)$ 时，系统有唯一的最终状态 s_{n+1}。

其次，设规划期 $[0,T]$ 内站台客流总承载能力 $N_{[0,T]}$ 大于该时段的总客流需求 $D_{[0,T]}$，认为站台容量、列车容量以及列车开行方案满足客流需求。

然而总体运输供给满足运输需求，并不等于实时动态地满足需求，因此需要利用灰色动态规划模型，将相邻两列侧线列车离开同站台换乘车站的间隔时间作为阶段划分标准，研究站台客流集散效率。通过确定实时优化措施，实现动态的站台客流集散效率满足站台服务水平要求。

因此，模型的优化目标是研究满足站台客流集散效率约束，且运营附加费用经济合理的站台客流集散效率优化方案。

此外，模型有关灰数的运算参照附录 C 列举的灰数运算法则。

3. 建立模型

（1）划分动态规划阶段。

设模型的动态规划总时间为 $[0,T]$，动态规划时段内客流需求结构相对稳定，有一定的主要客流流向特征。

设第 k 阶段（$k=1,2,\cdots,n$）发生的时间是 $(t_{k-1},t_k]$，表示自第 $k-1$ 次侧线列车离开站台车门关闭时刻 t_{k-1} 起，至第 k 次侧线列车离开站台车门关闭时刻 t_k 止，以一个完整的列车停站事件为划分时段的标准。

（2）动态规划状态变量。

状态变量涉及当前阶段站台的多项集散效率指标，涵盖了 CSPN 仿真收集的站台客流密度、平均进站候车时间、平均换乘候车时间、乘降人数、进出

（1）基本假设：列车旅客输送能力与乘客出行需求满足总体供需平衡；
优化目标：运营阶段实时调整措施，保障站台客流承载能力不发生
暂时性饱和，同时保障系统始终保持较高的站台客流集散效率

相邻列车到站间隔时间 → （2）确定模型总目标
并划分动态规划阶段

站台客流承载能力与集
散效率评价指标 → （3）确定状态变量及
状态分量

站台客流集散效率优化
措施适用性特点 → （4）确定决策变量，
实时调整决策集合

灰色系统理论 → （5）确定状态灰数向量
及决策灰数向量

（6）建立状态转移方程组

（7）建立允许决策集合

（8）根据灰色关联度顺序递推综合最优决策

建
立
模
型

（9）设计算法

（10）算例验证

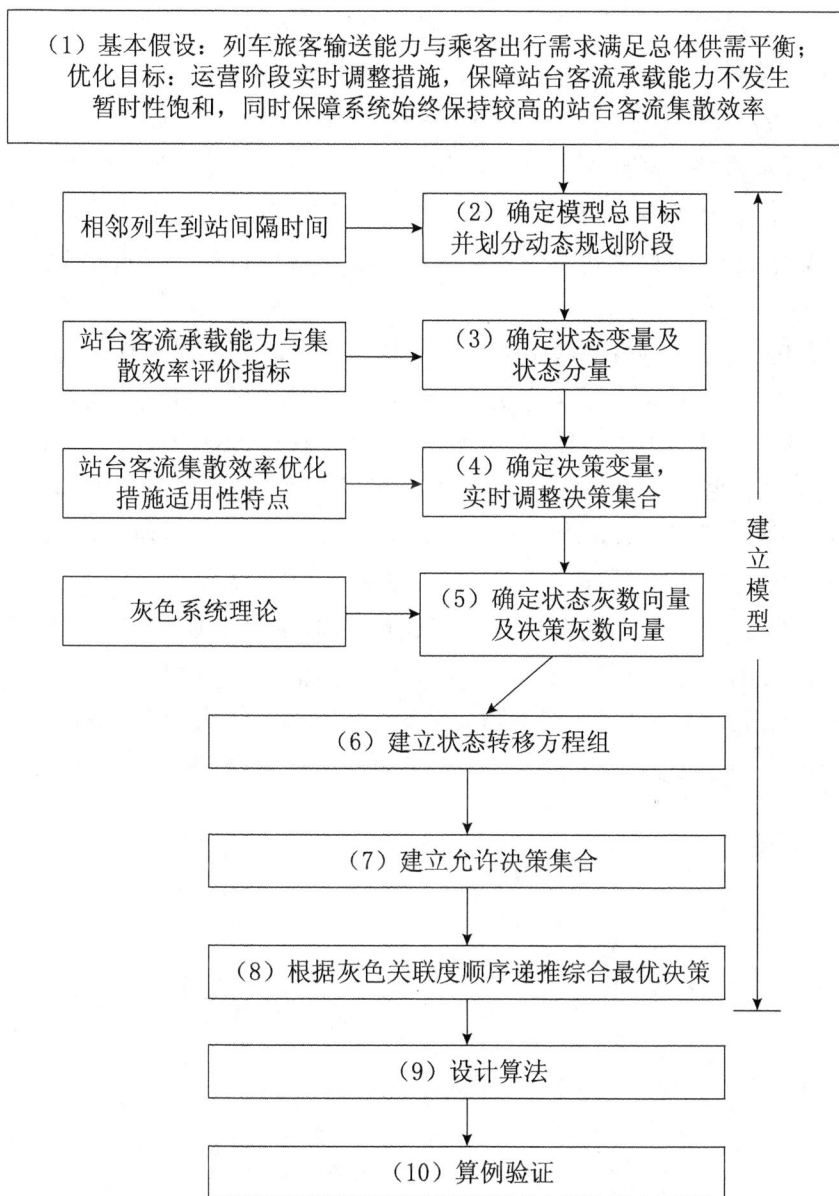

图 6-2 站台客流集散效率优化方案研究流程

站人数、同站台换乘人数、站台客流承载能力饱和时间、优化措施带来的运
营附加费用等统计数据。

设动态规划第 k 阶段的状态变量为 s_k（阶段 $k = 1, 2, \cdots, n$），s_k 由 8 个状态
分量构成，即 $s_k = (b_k^1, b_k^2, \cdots, b_k^8)$。其中，状态分量 b_k^1 表示第 k 阶段的（t_{k-1},

t_k]时段站台乘降区域平均客流密度；状态分量b_k^2表示(t_{k-1}, t_k]时段站台平均进站候车时间；状态分量b_k^3表示(t_{k-1}, t_k]时段站台平均换乘候车时间；状态分量b_k^4表示(t_{k-1}, t_k]时段二次（含多次）候车人数；状态分量b_k^5表示(t_{k-1}, t_k]时段基于限流和引导措施本站台损失的客流需求量；状态分量b_k^6表示(t_{k-1}, t_k]时段离站列车满载率；状态分量b_k^7表示(t_{k-1}, t_k]时段站台客流承载能力饱和时间；状态分量b_k^8表示(t_{k-1}, t_k]时段优化措施带来的运营附加费用。

状态分量根据各自的状态集评价站台客流集散效率指标是否满足模型约束。以状态变量s_k的第1个状态分量b_k^1，即站台乘降区域平均客流密度为例说明状态集。对于站台客流密度服务水平标准（LOS）的A~E 5个等级，侧线列车乘降区域与正线列车乘降区域两个区域的综合站台客流密度服务质量可划分为$5^2 = 25$种状态，故设状态分量b_k^1的状态集$E(b^1) = \{b^1_{(1)}, b^1_{(2)}, \cdots, b^1_{(25)}\}$。如图6-3所示，综合站台客流密度从低到高依次是$b^1_{(1)} < b^1_{(2)} < \cdots < b^1_{(25)}$。其中，状态$b^1_{(1)}$代表正线列车乘降区域与侧线列车乘降区域的LOS等级均为A级，综合站台客流密度最低，服务质量最高；与此相对的是状态$b^1_{(25)}$，两个乘降区域的LOS等级均为E级，综合站台客流密度最高，服务质量最低。

同理，其他7个状态分量$b^2, b^3, \cdots, b^8$也有对应的状态集$E(b^2), E(b^3), \cdots, E(b^8)$。

慢车乘降区

$$
\begin{array}{cc|ccccc}
 & \text{LOS} & A & B & C & D & E \\
\text{快} & A & b^1_{(1)} & b^1_{(2)} & b^1_{(5)} & b^1_{(10)} & b^1_{(17)} \\
\text{车} & B & b^1_{(3)} & b^1_{(4)} & b^1_{(7)} & b^1_{(12)} & b^1_{(19)} \\
\text{乘} & C & b^1_{(6)} & b^1_{(8)} & b^1_{(9)} & b^1_{(14)} & b^1_{(21)} \\
\text{降} & D & b^1_{(11)} & b^1_{(13)} & b^1_{(15)} & b^1_{(16)} & b^1_{(23)} \\
\text{区} & E & b^1_{(18)} & b^1_{(20)} & b^1_{(22)} & b^1_{(24)} & b^1_{(25)}
\end{array}
$$

图6-3 基于LOS的站台客流密度状态集

（3）动态规划决策变量。

设灰色动态规划模型有包含5种决策的动态规划决策集$U = \{u_1, u_2, \cdots, u_5\}$，各决策所指代的站台客流集散效率优化措施如表6-2所示。实时调整决策$u_1 \sim u_5$均指代实时优化措施且均适用于模型第1至第n阶段的任意阶段。决策$u_1 \sim u_5$均不具备后效应性，符合动态规划的基本原理。

模型的同一阶段允许并用多种优化措施,利用灰数求和运算计算组合优化措施的实施效果。例如,设第 k 阶段并用两种优化决策 u_i,u_j($1 \leq i,j \leq 4$),则有组合优化决策 $u_i \times u_j$。由于决策 u_5 代表空白措施,即当前阶段不进行调整,因此决策 u_5 不能与其他决策组合使用。

表 6 – 2   实时调整决策与站台客流集散效率优化措施对照表

决策	适用阶段	站台客流集散效率优化措施
u_1		基于收纳式座椅的列车载客量优化
u_2		列车运行协调优化
u_3	第 1 至第 n 任意阶段	基于车厢广播的客流引导
u_4		限流措施
u_5		不进行调整

由于决策 u_5 不能构成组合优化决策,因此组合优化决策共有 16 种,如表 6 – 3 所示。具体包括 5 种单措施优化决策,6 种双措施组合优化决策,4 种三措施组合优化决策,1 种四措施组合优化决策,进一步简化符号形式,形成新的组合优化决策集合 $U_{组合} = \{u_1,u_2,\cdots,u_{16}\}$。

表 6 – 3   组合优化决策

组合类型	数量	组合优化决策	简化符号
单措施	$C_5^1 = 5$	(u_1,u_2,u_3,u_4,u_5)	(u_1,u_2,u_3,u_4,u_5)
双措施	$C_4^2 = 6$	$(u_1 \times u_2, u_1 \times u_3, u_1 \times u_4,$ $u_2 \times u_3, u_2 \times u_4, u_3 \times u_4)$	$(u_6,u_7,u_8,u_9,u_{10},u_{11})$
三措施	$C_4^3 = 4$	$(u_1 \times u_2 \times u_3, u_1 \times u_2 \times u_4,$ $u_1 \times u_3 \times u_4, u_2 \times u_3 \times u_4)$	$(u_{12},u_{13},u_{14},u_{15})$
四措施	$C_4^4 = 1$	$(u_1 \times u_2 \times u_3 \times u_4)$	(u_{16})

多阶段决策形成的决策序列就构成一个优化方案,也称为一个站台客流集散效率调整方案 $\Gamma(U)$。

站台客流集散效率增量与优化决策的关系如图 6 – 4 所示,若第 k 至 $k+4$ 阶段的优化决策依次为 $u_i,u_i \times u_j,u_i,u_i \times u_l,u_l$,形成优化方案 $\Gamma(U_{1\times5}) = (u_i,u_i \times u_j,u_i,u_i \times u_l,u_l)$。其中,第 $k+1$ 阶段使用了组合优化决策 $u_i \times u_j$,

第 $k+3$ 阶段使用了组合优化决策 $u_i \times u_l (i \neq j \neq l, 1 \leqslant i, j, l)$ 。

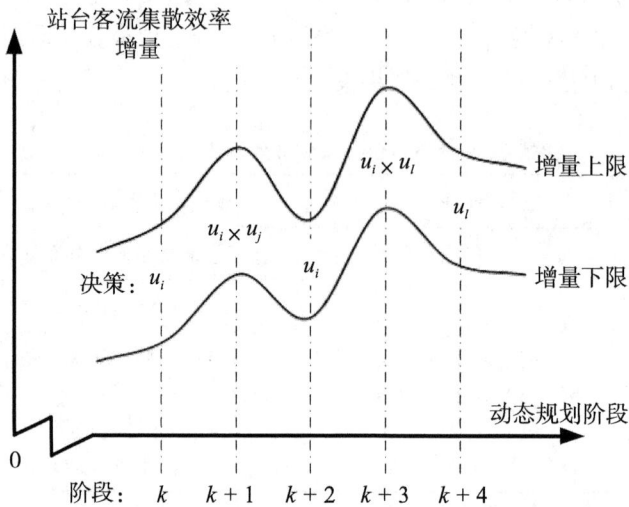

图 6 – 4　站台客流集散效率增量与优化决策的关系

（4）动态规划状态区间灰数。

设状态区间灰数 $B_k(\otimes) = [b_k^1(\otimes), b_k^2(\otimes), \cdots, b_k^8(\otimes)]$ （阶段 $k = 1, 2, \cdots, n$），其包含状态变量 s_k 的 8 个状态分量。灰数是指某一区间取值不确定的数，记号为 "$\otimes$"。设状态分量 b_k^j 的区间灰数 $b_k^j(\otimes) \in [\underline{b}_k^j, \overline{b}_k^j]$ （阶段 $k = 1, 2, \cdots, n$；状态分量编号 $j = 1, 2, \cdots, 8$），非负实数 $\underline{b}_k^j$ 与 $\overline{b}_k^j$ 分别表示状态分量 j 在第 k 阶段状态可能度的下限与上限。

（5）动态规划决策区间灰数。

设决策区间灰数 $C_i(\otimes) \in [\underline{c}_i, \overline{c}_i]$ 表示决策 $u_i \in U_{组合}$（$i = 1, 2, \cdots, 16$）优化站台客流集散效率增量取值的不确定。决策 u_i 对 8 个状态分量 $(b^1, b^2, \cdots, b^8)$ 的不确定作用效果可表示为决策分量区间灰数 $[c_i^1(\otimes), c_i^2(\otimes), \cdots, c_i^8(\otimes)]$ 。

设决策分量区间灰数 $c_i^j(\otimes) \in [\underline{c}_i^j, \overline{c}_i^j]$ （决策 $i = 1, 2, \cdots, 16$；状态分量编号 $j = 1, 2, \cdots, 8$），非负实数 $\underline{c}_i^j$ 与 $\overline{c}_i^j$ 分别表示状态分量 j 在决策 u_i 作用下状态增量可能度的下限与上限。

（6）动态规划状态转移方程组。

由于模型状态变量 $s_k = (b_k^1, b_k^2, \cdots, b_k^8)$ 有 8 个状态分量，因此基于决策 u_i 从第 k 阶段到第 $k+1$ 阶段状态分量的状态转移方程组为：

$$\begin{cases} b^1_{k+1,i} = f(b^1_k, u_i) \\ b^2_{k+1,i} = f(b^2_k, u_i) \\ \vdots \\ b^8_{k+1,i} = f(b^8_k, u_i) \end{cases} \Rightarrow \begin{cases} b^1_{k+1,i}(\otimes) = f[b^1_k(\otimes), c^1_i(\otimes)] = b^1_k(\otimes) + c^1_i(\otimes) \\ b^2_{k+1,i}(\otimes) = f[b^2_k(\otimes), c^2_i(\otimes)] = b^2_k(\otimes) + c^2_i(\otimes) \\ \vdots \\ b^8_{k+1,i}(\otimes) = f[b^8_k(\otimes), c^8_i(\otimes)] = b^8_k(\otimes) + c^8_i(\otimes) \end{cases}$$

$$(6-1)$$

其中，函数 $f[a_1(\otimes), a_2(\otimes)]$ 表示区间灰数求和运算。

（7）动态规划允许决策集合。

对于决策 $\forall u_i \in U_{组合}$（$i = 1, 2, \cdots, n$），基于第 k 阶段状态 $s_k = (b^1_k, b^2_k, \cdots, b^8_k)$，代入判别式 6-2 判断区间灰数的大小。

$$\text{s.t.} \begin{cases} H\{b^{1*}(\otimes), f[b^1_k(\otimes), c^1_i(\otimes)]\} = b^{1*}(\otimes) \\ H\{b^{2*}(\otimes), f[b^2_k(\otimes), c^2_i(\otimes)]\} = b^{2*}(\otimes) \\ \vdots \\ H\{b^{8*}(\otimes), f[b^8_k(\otimes), c^8_i(\otimes)]\} = b^{8*}(\otimes) \end{cases} \quad (6-2)$$

式 6-2 中的 8 个区间灰数 $b^{1*}(\otimes) \sim b^{8*}(\otimes)$ 分别代表标准站台客流密度、标准进站候车时间、标准换乘候车时间、标准二次候车人数、标准损失客流需求量、标准离站列车满载率、标准站台客流承载能力饱和时间、标准运营附加费用 8 项状态分量的评价标准。

若决策 $u_i \in U_{组合}$ 基于第 k 阶段状态 $s_k = (b^1_k, b^2_k, \cdots, b^8_k)$，可以满足式 6-3 至少一项约束，则认为该决策属于部分允许决策集合 $u_i \in U^{\triangle}_{S_k}$；若决策 u_i 可以满足式 6-2 中的全部约束，则认为该决策属于完全允许决策集合 $u_i \in U^{\ominus}_{S_k}$。

以站台客流密度状态分量 b^1_k 为例说明允许决策判别式。灰数取大比较式 $H\{b^{1*}(\otimes), f[b^1_k(\otimes), c^1_i(\otimes)]\}$ 的计算过程如下。

$$H\{b^{1*}(\otimes), f[b^1_k(\otimes), c^1_i(\otimes)]\} = b^{1*}(\otimes) \vee f[b^1_k(\otimes), c^1_i(\otimes)]$$

$$= \begin{cases} b^{1*}(\otimes), \text{若} p\{b^{1*}(\otimes) \geq f[b^1_k(\otimes), c^1_i(\otimes)]\} \geq \dfrac{1}{2} \\ f[b^1_k(\otimes), c^1_i(\otimes)], \text{若} p\{b^{1*}(\otimes) \geq f[b^1_k(\otimes), c^1_i(\otimes)]\} < \dfrac{1}{2} \end{cases}$$

$$(6-3)$$

如果 $f[b^1_k(\otimes), c^1_i(\otimes)]$ 与 $b^{1*}(\otimes)$ 的比较结果显示，使用决策 $u_i(u_i \in U_{组合})$ 后站台客流密度低于标准站台客流密度 $b^{1*}(\otimes)$ 的概率 $\geq 50\%$，则证明

可以选择该决策实现更优质的站台客流密度服务质量。

设 $b^{1*}(\otimes) = [b^1_{(12)}, b^1_{(13)}]$，站台客流密度服务满意范围为图 6-5 的阴影区域，要求正线列车与侧线列车两个乘降区域至少一侧站台的 LOS 达到等级 C，且不能出现等级为 E 的严重拥挤。

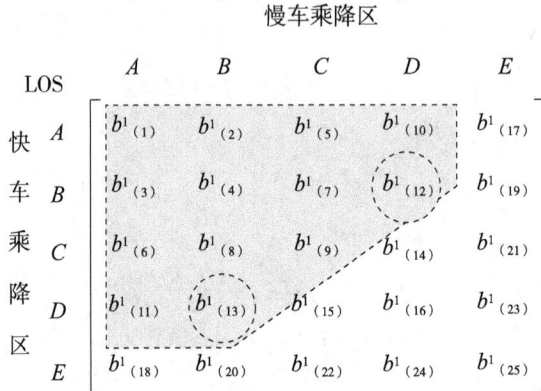

图 6-5　站台客流密度服务满意范围

类似地，其他 7 项状态分量的评价标准 $b^{2*}(\otimes) \sim b^{8*}(\otimes)$，也有对应的弹性满意范围。由于状态分量 $b^2_k, \cdots, b^8_k$ 与状态分量 b^1_k 一样，都属于成本型指标，期望目标值越小越好，因此在式 6-3 一律采用了区间灰数取大比较式。

（8）阶段灰色关联综合最优决策。

上述状态转移方程组以及允许决策集合都是实时调整决策对各个独立状态分量优化效果的判断，无法从整体上评价决策对于站台客流集散效率、站台客流承载能力以及决策费用等因素的综合优化效果。

因此，基于 8 个状态分量 $b^1_k, b^2_k, \cdots, b^8_k$ 权重信息的不确定性，模型使用不完全权重信息的灰色区间关联算法，求解在第 k 阶段特定初始状态 s_k 下，从部分允许决策集合 $U^\Delta_{S_k}$ 选择模型本阶段的灰色关联综合最优决策 u^*_k。

按照动态规划经典的顺序递推方法，从第 1 阶段顺次递推至第 n 阶段，可得到灰色最优决策序列 $u^*_1, u^*_2, \cdots, u^*_k, \cdots, u^*_n$，即为灰色关联最优方案 $\Gamma(U^*)$。

（9）阶段灰色关联综合最优决策的完全决策可行性判定。

若第 k 阶段的灰色关联综合最优决策 u^*_k 满足 $u^*_k \in U^\Theta_{S_k}$，即说明本阶段的灰色关联综合最优决策为完全允许决策，u^*_k 满足所有状态分量的评价标准。

若 $u^*_k \notin U^\Theta_{S_k}$ 则说明本阶段灰色关联综合最优决策为部分允许决策，未满足所有状态分量的评价标准，是一个基于困难阶段初始状态约束的局部满意解。

三、求解算法设计

灰色动态规划求解算法分为确定阶段允许决策集合、确定阶段灰色关联综合最优决策、灰色动态规划顺序迭代计算三大步骤。

1. 步骤1：确定第 k 阶段允许决策集合

已知第 k 阶段（$1 \leqslant k \leqslant n$）的初始状态为 $s_k = (b_k^1, b_k^2, \cdots, b_k^8)$，状态区间灰数 $B_k(\otimes) = [b_k^1(\otimes), b_k^2(\otimes), \cdots, b_k^8(\otimes)]$，状态分量编号 j（$j = 1, 2, \cdots, 8$）的状态区间灰数为 $b_k^j(\otimes) \in \left[\underline{b_k^j}, \overline{b_k^j}\right]$。

又已知第 k 阶段的决策 $u_i \in U_{组合}$（$i = 1, 2, \cdots, 16$）的决策区间灰数为 $[c_i^1(\otimes), c_i^2(\otimes), \cdots, c_i^8(\otimes)]$，状态分量编号 j（$j = 1, 2, \cdots, 8$）的决策区间灰数 $c_i^j(\otimes) \in \left[\underline{c_i^j}, \overline{c_i^j}\right]$。

将状态区间灰数与决策区间灰数的各元素分别代入状态转移方程组（见式6-1），得到使用决策 u_i 后的状态（$b_{k+1,i}^1, b_{k+1,i}^2, \cdots, b_{k+1,i}^8$），即该决策对应各状态分量的预计调整效果。

根据使用决策 u_i 后的预计效果状态（$b_{k+1,i}^1, b_{k+1,i}^2, \cdots, b_{k+1,i}^8$）代入允许决策判别式组（见式6-2）的灰数取大比较结果可知该决策是否属于完全允许决策结合 $U_{S_k}^\Theta$ 或部分允许决策集合 $u_i \in U_{S_k}^\Delta$。

将16种组合决策依次按照上述步骤进行计算与判断，从而得到本阶段的完全允许决策集合 $U_{S_k}^\Theta$ 与部分允许决策集合 $U_{S_k}^\Delta$。

2. 步骤2：计算第 k 阶段灰色关联综合最优决策

步骤1得到的第 k 阶段部分允许决策集合 $U_{S_k}^\Delta$ 就是本阶段灰色关联综合最优决策的备选集。不完全权重信息下的灰色区间关联决策算法有以下6个步骤。

（1）根据灰色极差变换公式计算各决策预计实施效果的标准化评价向量、风险最佳评价向量和临界评价向量。

成本型变量的灰色极差变换公式6-4的作用是消除状态分量的量纲，实现评价分量之间的直接比较。

设根据步骤（1）的计算结果可知决策 $u_i \in U_{S_k}^\Delta$（$i = \Delta 1, \Delta 2, \cdots, \Delta m$），然后

将决策 u_i 预计实施效果的区间灰数 $b_{k+1,i}^j(\otimes) \in \left[\underline{b}_{k+1,i}^j, \overline{b}_{k+1,i}^j \right]$ $(j = 1,2,\cdots,8)$ 进行标准化处理，令评价分量（编号 j）的风险灰数上限 $\overline{b}_{k+1}^{j*} = \max\limits_{1 \leqslant i \leqslant 16} \left\{ \overline{b}_{k+1,i}^j \right\}$，评价分量（编号 j）的临界灰数下限 $\underline{b}_{k+1}^{j\Delta} = \min\limits_{1 \leqslant i \leqslant 16} \left\{ \underline{b}_{k+1,i}^j \right\}$。

$$\underline{x}_{k+1,i}^j = \frac{\overline{b}_{k+1}^{j*} - \overline{b}_{k+1,i}^j}{\overline{b}_{k+1}^{j*} - \underline{b}_{k+1}^{j\Delta}}, \overline{x}_{k+1,i}^j = \frac{\overline{b}_{k+1}^{j*} - \underline{b}_{k+1,i}^j}{\overline{b}_{k+1}^{j*} - \underline{b}_{k+1}^{j\Delta}} \quad (j = 1,2,\cdots,8) \quad (6-4)$$

从而得到决策 u_i 在第 k 阶段末预计实施效果的标准化评价向量。

$$\boldsymbol{x}_{k+1,i}(\otimes) = \left[x_{k+1,i}^1(\otimes), x_{k+1,i}^2(\otimes), \cdots, x_{k+1,i}^8(\otimes) \right] \quad (6-5)$$

$x_{k+1,i}^j(\otimes) \in \left[\underline{x}_{k+1,i}^j, \overline{x}_{k+1,i}^j \right]$ 为 $[0,1]$ 区间上的非负区间灰数。设 $\underline{x}_{k+1}^{j+} = \max\limits_{\Delta 1 \leqslant i \leqslant \Delta m} \left\{ \underline{x}_{k+1,i}^j \right\}$，$\underline{x}_{k+1}^{j-} = \min\limits_{\Delta 1 \leqslant i \leqslant \Delta m} \left\{ \underline{x}_{k+1,i}^j \right\}$，$\overline{x}_{k+1}^{j+} = \max\limits_{\Delta 1 \leqslant i \leqslant \Delta m} \left\{ \overline{x}_{k+1,i}^j \right\}$，$\overline{x}_{k+1}^{j-} = \min\limits_{\Delta 1 \leqslant i \leqslant \Delta m} \left\{ \overline{x}_{k+1,i}^j \right\}$，$(j = 1,2,\cdots,8)$，则有评价分量的风险最佳区间灰数 $x_{k+1}^{j+}(\otimes) \in \left[\underline{x}_{k+1}^{j+}, \overline{x}_{k+1}^{j+} \right]$，以及临界区间灰数 $x_{k+1}^{j-}(\otimes) \in \left[\underline{x}_{k+1}^{j-}, \overline{x}_{k+1}^{j-} \right]$，从而得到第 k 阶段末的风险最佳评价向量 $\boldsymbol{x}_{k+1}^+(\otimes)$（见式 $6-6$）与临界评价向量 $\boldsymbol{x}_{k+1}^-(\otimes)$（见式 $6-7$）。

$$\boldsymbol{x}_{k+1}^+(\otimes) = \left[x_{k+1}^{1+}(\otimes), x_{k+1}^{2+}(\otimes), \cdots, x_{k+1}^{8+}(\otimes) \right] \quad (6-6)$$

$$\boldsymbol{x}_{k+1}^-(\otimes) = \left[x_{k+1}^{1-}(\otimes), x_{k+1}^{2-}(\otimes), \cdots, x_{k+1}^{8-}(\otimes) \right] \quad (6-7)$$

（2）计算当前阶段的风险最佳决策与临界决策的灰色区间关联系数。

设系数 $r_{k,ij}^+$ 是第 k 阶段使用决策 u_i 后，评价分量的标准化评价区间灰数 $x_{k+1,i}^j(\otimes)$ 与风险最佳区间灰数 $x_{k+1}^{j+}(\otimes)$ 的灰色区间关联系数，表示基于评价分量（编号 j），决策 u_i 与风险最佳决策的关联程度，计算公式如下。

$$r_{k,ij}^+ = \frac{1}{2} \left(\frac{\min\limits_{\Delta 1 \leqslant i \leqslant \Delta m} \min\limits_{1 \leqslant j \leqslant 8} \left| \underline{x}_{k+1}^{j+} - \underline{x}_{k+1,i}^j \right| + \lambda \max\limits_{\Delta 1 \leqslant i \leqslant \Delta m} \max\limits_{1 \leqslant j \leqslant 8} \left| \underline{x}_{k+1}^{j+} - \underline{x}_{k+1,i}^j \right|}{\left| \underline{x}_{k+1}^{j+} - \underline{x}_{k+1,i}^j \right| + \lambda \max\limits_{\Delta 1 \leqslant i \leqslant \Delta m} \max\limits_{1 \leqslant j \leqslant 8} \left| \underline{x}_{k+1}^{j+} - \underline{x}_{k+1,i}^j \right|} + \right.$$

$$\left. \frac{\min\limits_{\Delta 1 \leqslant i \leqslant \Delta m} \min\limits_{1 \leqslant j \leqslant 8} \left| \overline{x}_{k+1}^{j+} - \overline{x}_{k+1,i}^j \right| + \lambda \max\limits_{\Delta 1 \leqslant i \leqslant \Delta m} \max\limits_{1 \leqslant j \leqslant 8} \left| \overline{x}_{k+1}^{j+} - \overline{x}_{k+1,i}^j \right|}{\left| \overline{x}_{k+1}^{j+} - \overline{x}_{k+1,i}^j \right| + \lambda \max\limits_{\Delta 1 \leqslant i \leqslant \Delta m} \max\limits_{1 \leqslant j \leqslant 8} \left| \overline{x}_{k+1}^{j+} - \overline{x}_{k+1,i}^j \right|} \right)$$

$$(6-8)$$

类似地，设 $r_{k,ij}^-$ 为标准化评价区间灰数 $x_{k+1,i}^j(\otimes)$ 与临界区间灰数

$x_{k+1}^{j-}(\otimes)$ 的灰色区间关联系数，表示基于评价分量（编号 j），决策 u_i 与临界决策的关联程度，计算公式如下。

$$r_{k,ij}^{-} = \frac{1}{2}\left(\frac{\min\limits_{\Delta1 \leqslant i \leqslant \Delta m}\min\limits_{1 \leqslant j \leqslant 8}\left|\underline{x}_{k+1,i}^{j} - \underline{x}_{k+1}^{j-}\right| + \lambda\max\limits_{\Delta1 \leqslant i \leqslant \Delta m}\max\limits_{1 \leqslant j \leqslant 8}\left|\underline{x}_{k+1,i}^{j} - \underline{x}_{k+1}^{j-}\right|}{\left|\underline{x}_{k+1,i}^{j} - \underline{x}_{k+1}^{j-}\right| + \lambda\max\limits_{\Delta1 \leqslant i \leqslant \Delta m}\max\limits_{1 \leqslant j \leqslant 8}\left|\underline{x}_{k+1,i}^{j} - \underline{x}_{k+1}^{j-}\right|} \right. +$$

$$\left. \frac{\min\limits_{\Delta1 \leqslant i \leqslant \Delta m}\min\limits_{1 \leqslant j \leqslant 8}\left|\overline{x}_{k+1,i}^{j} - \overline{x}_{k+1}^{j-}\right| + \lambda\max\limits_{\Delta1 \leqslant i \leqslant \Delta m}\max\limits_{1 \leqslant j \leqslant 8}\left|\overline{x}_{k+1,i}^{j} - \overline{x}_{k+1}^{j-}\right|}{\left|\overline{x}_{k+1,i}^{j} - \overline{x}_{k+1}^{j-}\right| + \lambda\max\limits_{\Delta1 \leqslant i \leqslant \Delta m}\max\limits_{1 \leqslant j \leqslant 8}\left|\overline{x}_{k+1,i}^{j} - \overline{x}_{k+1}^{j-}\right|} \right)$$

$$(6-9)$$

（3）根据灰色区间关联系数计算状态分量的权重。

设 8 个评价分量的权重为 $\theta = (\theta_1, \theta_2, \cdots, \theta_8)$，若第 k 阶段决策 u_i 与风险最佳决策的灰色区间关联系数 $r_{k,i}^{+} = (r_{k,i1}^{+}, r_{k,i2}^{+}, \cdots, r_{k,i8}^{+})$ 与权重 θ 代入目标函数式 $g_i(\tilde{\theta}) = \sum\limits_{j=1}^{8}\left[\theta_j(1 - r_{k,ij}^{+})\right]^2$ 的值越小，说明决策 u_i 越接近风险最佳决策。因此建立非线性规划函数求解参照风险最佳决策的权重 $\tilde{\theta} = (\tilde{\theta}_1, \tilde{\theta}_2, \cdots, \tilde{\theta}_8)$。

$$\min\theta = \frac{1}{\Delta m}\sum_{i=\Delta1}^{\Delta m}g_i(\tilde{\theta}) = \frac{1}{\Delta m}\sum_{i=\Delta1}^{\Delta m}\left\{\sum_{j=1}^{8}\left[\theta_j(1 - r_{k,ij}^{+})\right]^2\right\}$$

$$\text{s.t.}\begin{cases}\sum\limits_{j=1}^{8}\theta_j = 1 \\ \theta_j \geqslant 0(j = 1, 2, \cdots, 8)\end{cases}$$

计算结果为：

$$\tilde{\theta}_j = \left\{\sum_{l=1}^{8}\left[\sum_{i=\Delta1}^{\Delta m}(1 - r_{k,ij}^{+})^2 \middle/ \sum_{i=\Delta1}^{\Delta m}(1 - r_{k,il}^{+})^2\right]\right\}^{-1} \quad (j = 1, 2, \cdots, 8)$$

$$(6-10)$$

同理，根据临界决策的灰色区间关联系数 $r_{k,i}^{-} = (r_{k,i1}^{-}, r_{k,i2}^{-}, \cdots, r_{k,i8}^{-})$，可以得到一临界决策为参照的状态分量权重 $\tilde{\rho} = (\tilde{\rho}_1, \tilde{\rho}_2, \cdots, \tilde{\rho}_8)$。

$$\tilde{\rho}_j = \left\{\sum_{l=1}^{8}\left[\sum_{i=\Delta1}^{\Delta m}(1 - r_{k,ij}^{-})^2 \middle/ \sum_{i=\Delta1}^{\Delta m}(1 - r_{k,il}^{-})^2\right]\right\}^{-1} \quad (j = 1, 2, \cdots, 8)$$

$$(6-11)$$

（4）根据第 k 阶段风险最佳决策以及临界决策各自对应的评价分量权重 $\tilde{\theta} = (\tilde{\theta}_1, \tilde{\theta}_2, \cdots, \tilde{\theta}_8)$ 与 $\tilde{\rho} = (\tilde{\rho}_1, \tilde{\rho}_2, \cdots, \tilde{\rho}_8)$ 计算灰色区间关联度，在此基础上计算灰色综合关联度的权重系数 β_1 与 β_2。

已知权重 $\tilde{\theta} = (\tilde{\theta}_1, \tilde{\theta}_2, \cdots, \tilde{\theta}_8)$ 与灰色区间关联系数 $r_{k,i}^+ = (r_{k,i1}^+, r_{k,i2}^+, \cdots, r_{k,i8}^+)$，可计算决策 u_i 与风险最佳决策的灰色区间关联度为：

$$D_{k,i}^+ = D[x_{k+1}^+(\otimes), x_{k+1,i}(\otimes)] = \frac{1}{8}\sum_{j=1}^{8}\theta_j r_{k,ij}^+ \quad (j = 1, 2, \cdots, 8)$$

$$(6-12)$$

同理，已知权重 $\tilde{\rho} = (\tilde{\rho}_1, \tilde{\rho}_2, \cdots, \tilde{\rho}_8)$ 与灰色区间关联系数 $r_{k,i}^- = (r_{k,i1}^-, r_{k,i2}^-, \cdots, r_{k,i8}^-)$，可计算决策 u_i 与临界决策的灰色区间关联度为：

$$D_{k,i}^- = D[x_{k+1}^-(\otimes), x_{k+1,i}(\otimes)] = \frac{1}{8}\sum_{j=1}^{8}\rho_j r_{k,ij}^- \quad (j = 1, 2, \cdots, 8)$$

$$(6-13)$$

得到风险最佳决策与临界决策的灰色区间关联度 $D_{k,i}^+$ 与 $D_{k,i}^-$ 之后，利用熵权分析法可以计算灰色综合关联度的权重系数 β_1 与 β_2，计算模型如下。

$$\max\left\{\sum_{i=\Delta 1}^{\Delta m}[\beta_1 D_{k,i}^+ + \beta_2(1 - D_{k,i}^-)] - \sum_{l=1}^{2}\beta_l\ln\beta_l\right\}$$

$$\text{s. t.}\begin{cases}\beta_1 + \beta_2 = 1 \\ \beta_1, \beta_2 \geqslant 0\end{cases}$$

计算结果为 $\begin{cases}\beta_1 = \zeta/(1+\zeta) \\ \beta_2 = 1/(1+e\zeta)\end{cases}$ 令 $\zeta = e^{\sum\limits_{i=\Delta 1}^{\Delta m}(D_i^+ + D_i^- - 1)}$ $\quad (6-14)$

（5）计算第 k 阶段的综合最优决策。

已知风险最佳决策的灰色区间关联度 $D_{k,i}^+$，临界决策的灰色区间关联度 $D_{k,i}^-$，及灰色综合关联度的权重系数 β_1, β_2，可得决策 u_i 与综合最优决策的灰色线性综合关联度 $D_{k,i}^{综合}$。

$$D_{k,i}^{综合} = \beta_1 D_{k,i}^+ + \beta_2(1 - D_{k,i}^-) \quad (u_i \in U_{S_k}^\Delta, i = \Delta 1, \Delta 2, \cdots, \Delta m) \quad (6-15)$$

按照由大到小的顺序排列第 k 阶段各决策 u_i（$u_i \in U_{S_k}^\Delta$）的灰色综合关联度 $D_{k,i}^{综合}$，关联度最大的决策就是第 k 阶段的灰色关联综合最优决策 u_k^*。

（6）综合最优决策的完全允许性质判断。

若 $u_k^* \in U_{S_k}^\theta$，则表明灰色关联综合最优决策 u_k^* 属于完全符合 7 个状态分量标准的完全允许决策。

若 $u_k^* \notin U_{S_k}^\theta$，则表明灰色关联综合最优决策 u_k^* 是一个局部满意解。

3. 步骤 3：灰色动态规划顺序迭代计算

灰色关联综合最优方案是根据动态规划顺序递推的思想，按照第 1 阶段

至第 n 阶段的顺序使用基于不完全权重信息的灰色区间关联算法，依次得到各阶段的综合最优决策 u_k^*（$k = 1,2,\cdots,n$），形成最终的最优方案 $\Gamma(U^*) = (u_1^*,u_2^*,\cdots,u_k^*,\cdots,u_n^*)$。

灰色动态规划模型在实际的应用中可进行有针对性的参数调整。对某一个或某几个重点客流集散效率评价指标，赋予权重较高的白化权重值，例如令评价分量站台客流承载能力饱和时间的权重 $\theta_7 = \lambda_7$，令评价分量决策附加费用的权重 $\theta_8 = \lambda_8$（λ_7 与 λ_8 满足 $0 < \lambda_7,\lambda_8 < 1$ 且 $\lambda_7 + \lambda_8 < 1$），此时，风险最佳决策的权重计算公式 6 - 10 的约束将转化为：

$$\min \theta = \frac{1}{\Delta m}\sum_{i=\Delta 1}^{\Delta m} g_i(\tilde{\theta}) = \frac{1}{\Delta m}\sum_{i=\Delta 1}^{\Delta m}\left\{\sum_{j=1}^{8}\left[\theta_j\left(1 - r_{k,ij}^+\right)\right]^2\right\}$$

$$\text{s.t.}\begin{cases} \theta_7 = \lambda_7(0 \leqslant \lambda_7 \leqslant 1) \\ \theta_8 = \lambda_8(0 \leqslant \lambda_8 \leqslant 1) \\ \theta_7 + \theta_8 \leqslant 1 \\ \sum_{j=1}^{6}\theta_j = 1 - \lambda_7 - \lambda_8 \\ \theta_j \geqslant 0(j = 1,2,\cdots,6) \end{cases} \qquad (6-16)$$

此外，运营部门在实际工作中还可人工干预调整最优决策，改变灰色关联综合决策最优方案 $\Gamma(U^*) = (u_1^*,u_2^*,\cdots,u_k^*,\cdots,u_n^*)$ 的部分允许决策，选择满足重点客流集散效率评价要求的其他决策。

第三节　站台客流集散效率优化算例

一、算例介绍

本节算例延续使用前文关于快慢车结合网络化运营方案的同站台换乘算例，验证灰色动态规划模型的有效性。

1. 优化前的站台客流集散效率

站台客流集散效率优化算例的研究对象是第五章第三节有关高峰小时典型客流需求的三组仿真实验，分别将 CSPN 仿真模型计算的三组实验结果代入灰色动态规划模型，研究并制定措施附加费用经济合理的站台客流集散效率优化方案。

算例选取的三组仿真实验分别是第五章第三节实验 2 双向换乘大客流

CSPN 仿真实验，实验 3 快车换乘慢车（E→L）单向换乘大客流 CSPN 仿真实验，及实验 4 慢车换乘快车（L→E）单向换乘大客流 CSPN 仿真实验。三组实验的站台客流承载总量均为 2.9 万人次/小时，站台客流集散效率优化前的状态分量统计结果如表 6-4 所示，根据慢车的到站间隔时间共划分出 $n = 10$ 个动态规划阶段。

表 6-4　　　　站台客流集散效率优化前的状态分量统计结果

	实验编号	[2] 双向	[3] 单向（E→L）	[4] 单向（L→E）
客流 总需求 条件 （万人/小时）	客流承载总量	2.9	2.9	2.9
	进站	0.4	0.4	0.4
	换乘（E→L/L→E）	0.75/0.75	0.15/0.75	0.75/0.15
	出站	0.4	0.4	0.4
	通过	0.6	1.2	1.2
优化前 第 2 阶段 初始状态 （E/L）	b_2^1（人/m²）	2.3/0.2	1.2/0.1	2.5/0.2
	b_2^2（分）	3.0/1.6	3.0/1.6	3.0/1.6
	b_2^3（分）	1.6/0.1	1.6/0.1	1.6/0.1
	b_2^4（人）	25/0	0/0	0/0
	b_2^5（人）	0	0	0
	b_2^6（%）	72/91	58/112	112/50
	b_2^7（分）	0/0	0/0	0/0
	b_2^8（虚拟币）	0	0	0
中间阶段（详见第五章算例结果分析）				
优化前 第 11 阶段 初始状态 （E/L）	b_{11}^1（人/m²）	6.6/1.4	0.8/4.3	5.7/0.9
	b_{11}^2（分）	10.8/1.6	6.7/8.5	8.1/1.6
	b_{11}^3（分）	12.2/0.1	3.8/1.3	11.0/0.1
	b_{11}^4（人）	131/0	0/46	78/0
	b_{11}^5（人）	0	0	0
	b_{11}^6（%）	70/95	55/121	116/52
	b_{11}^7（分）	6/0	0/0	2/0
	b_{11}^8（虚拟币）	0	0	0

其中，第 k 阶段 $(1 \leqslant k \leqslant n+1)$ 的初始状态表示为 $s_k = (b_k^1, b_k^2, \cdots, b_k^8)$ 。状态分量 b_k^1 表示第 k 阶段站台乘降区域平均客流密度的初始状态；状态分量 b_k^2 表示上一时段内上车乘客的平均进站候车时间；状态分量 b_k^3 表示上一时段内上车乘客的平均换乘候车时间；状态分量 b_k^4 表示上一时段内未能上车，而在本时段继续二次（或多次）候车乘客人数；状态分量 b_k^5 表示上一时段基于限流和引导措施本站台损失客流需求量；状态分量 b_k^6 表示上一时段离站列车满载率；状态分量 b_k^7 表示上一时段站台客流承载能力饱和时间；状态分量 b_k^8 表示上一时段优化措施带来的运营附加费用，此处由于还未使用调整决策，所以损失客流需求量 $b_k^5 = 0$ ，运营附加费用 $b_k^8 = 0$ 。

实验 2 双向换乘大客流仿真与实验 4 慢车换乘快车单向大客流仿真存在的主要问题都是越行站快车站台乘降区域客流承载能力饱和且站台客流集散效率低下，实验 3 快车换乘慢车单向大客流的主要问题则是慢车乘降区域的客流集散效率较低。这些问题都将成为站台客流集散效率优化方案尝试优化的重点内容。

2. 白化权重设置

在算例计算中，对于 8 项站台客流集散效率评价指标，令站台客流承载能力饱和时间的权重 $\theta_7, \rho_7 = 0.25$ ，令决策附加费用的权重 $\theta_8, \rho_8 = 0.25$ ，相应的则有其他五项评价分量的风险最佳权重之和 $\sum_{j=1}^{6} \theta_j = 0.5$ 与临界权重之和 $\sum_{j=1}^{6} \rho_j = 0.5$ 。对 θ_7, ρ_7 与 θ_8, ρ_8 给定较高白化权值的原因是模型侧重提高站台客流承载能力，同时重视控制运营成本。

3. 扩能运营附加费用设置

采用专家打分的形式定义了五种基本实时优化措施的虚拟运营附加费用，基于收纳式座椅的列车载客量改善措施（决策 u_1 ）的虚拟费用等于 $[3, 5]$ ，列车运行协调措施（决策 u_2 ）的虚拟费用等于 $[5, 8]$ ，基于车厢广播的客流引导措施（决策 u_3 ）的虚拟费用等于 $[1, 3]$ ，进站限流措施（决策 u_4 ）的虚拟费用等于 $[8, 12]$ ，空白措施（决策 u_5 ）的虚拟费用等于 $[0, 0]$ ，按照由小到大的顺序依次是 $u_5 < u_3 < u_1 < u_2 < u_4$ 。

专家打分综合考虑了各措施实施过程中的人力成本、资源成本、运营调整难度等因素，属于一种综合费用。空白措施（决策 u_5 ）由于没有运营调整，因此费用为 0 ；而进站限流措施（决策 u_4 ）会拒绝乘客的出行需求，造成客票收入的损失，一般不会优先考虑使用。故而在五种单措施中的附加费用最高。

此外，评分的方式还适于定义组合优化措施的虚拟费用。例如，若某阶段同时使用基于收纳式座椅的列车载客量优化措施以及列车运行协调优化措施，即采用组合优化措施 u_6 的附加费用是 $u_6 = u_1 \times u_2 = [3,5] + [5,8] = [8,13]$，设附加费用的单位为"虚拟币"。

二、算例结果分析

按照实验 2 至实验 4 三组仿真实验各自的客流需求条件，分别代入灰色动态规划模型进行计算，得到站台客流集散效率优化方案的灰色关联综合决策最优方案，具体的算例结果分析如下。

1. 基于双向换乘大客流的站台客流集散效率优化方案

基于双向换乘大客流的站台客流集散效率优化方案的最优决策结果如表 6-5 所示，灰色关联综合决策最优方案 $\Gamma(U^*) = (u_3, u_7, u_2, u_3, u_2, u_2, u_7, u_4, u_2, u_9)$，第 3 阶段、第 5 阶段、第 6 阶段、第 9 阶段与第 10 阶段中使用的列车运行协调措施（决策 u_2）均延长了快车的停站时间，由原来的 30 秒增加到 45 秒，比较符合快车车厢仍具备一定剩余载客能力，因换入与换出快车的双向大客流，停站时间不足的情况。此外，在双向换乘大客流的站台客流集散效率优化方案中多次使用了基于车厢广播的客流引导措施（决策 u_3），缓解本越行站站台的客流承载压力。

表 6-5　　双向换乘大客流算例的灰色动态规划阶段最优决策结果

阶段 k	完全允许决策集合 $U_{S_k}^{\Theta}$	部分允许决策集合 $U_{S_k}^{\Delta}$	最优决策 u_k^*	关联度 $D_{k,i}^{综合}$	判断完全可行性
1	$u_{1\sim16}$	$u_{1\sim16}$	u_3	0.85	√
2	$u_{2,4,6,8\sim16}$	$u_{1\sim16}$	u_7	0.68	×
3	$u_{2,4,6,8\sim16}$	$u_{1\sim16}$	u_2	0.73	√
4	$u_{1\sim4,6\sim16}$	$u_{1\sim16}$	u_3	0.84	√
5	$u_{4,8,10\sim16}$	$u_{1\sim16}$	u_2	0.70	×
6	$u_{2,4,6,8\sim16}$	$u_{1\sim16}$	u_2	0.82	√
7	$u_{2,4,6,8\sim16}$	$u_{1\sim16}$	u_7	0.84	√
8	$u_{2,4,6\sim16}$	$u_{1\sim16}$	u_4	0.78	√
9	$u_{8,10\sim16}$	$u_{1\sim16}$	u_2	0.64	×
10	$u_{4,8\sim16}$	$u_{1\sim16}$	u_9	0.80	√

实验 2 使用最优方案 $\Gamma(U^*)$ 后，各阶段的站台客流集散效率评价指标的计算结果如表 6 – 6 所示。第 2 阶段、第 5 阶段与第 9 阶段的阶段综合最优措施不属于完全允许决策，个别站台客流集散效率指标偏高，但这并不影响站台在整个规划期的平均站台客流集散效率，灰色关联综合最优方案可以保证安全、高效的站台客流集散功能。

表 6 – 6　　双向换乘大客流算例的阶段站台客流集散效率评价结果

阶段 k (E/L)	站台客流密度 b_{11}^1 (人/m²)	平均进站候车时间 b_{11}^2 (分)	平均换乘候车时间 b_{11}^3 (分)	多次候车人数 b_{11}^4 (人)	损失客流需求量 b_{11}^5 (人)	离站列车满载率 b_{11}^6 (%)	站台客流承载能力饱和时间 b_{11}^7 (分)	运营附加费用 b_{11}^8 (虚拟币)
1	[0.4, 0.6], [0.4, 0.6]	[3.0, 3.5], [1.3, 1.8]	[1.5, 1.8], [0.0, 0.3]	[0, 0], [0, 0]	[0, 0]	[92, 98], [92, 98]	[0, 0], [0, 0]	[0, 0]
2	[1.2, 1.5], [0.9, 1.3]	[3.2, 4.1], [1.3, 1.7]	[1.7, 4.5], [0.1, 0.4]	[15, 21], [0, 1]	[4, 8]	[85, 93], [97, 112]	[0, 0], [0, 0]	[1, 3]
3	[2.6, 3.8], [0.8, 1.4]	[3.5, 4.8], [1.2, 1.7]	[2.3, 4.6], [0.1, 0.5]	[18, 26], [1, 3]	[3, 9]	[79, 85], [99, 114]	[0.3, 0.8], [0, 0]	[5, 11]
4	[1.7, 2.1], [0.6, 1.3]	[3.3, 3.9], [1.3, 1.9]	[1.6, 3.1], [0.1, 0.6]	[5, 10], [0, 1]	[0, 2]	[90, 102], [102, 110]	[0.3, 0.5], [0, 0]	[10, 19]
5	[1.7, 2.1], [0.4, 0.5]	[3.4, 4.2], [1.3, 1.9]	[1.6, 3.5], [0.1, 0.2]	[5, 7], [0, 1]	[1, 4]	[93, 108], [92, 99]	[0.8, 1.1], [0, 0]	[11, 22]
6	[2.7, 4.1], [0.5, 1.7]	[3.8, 5.2], [1.4, 1.6]	[1.8, 3.8], [0.1, 0.3]	[8, 12], [0, 0]	[5, 12]	[86, 105], [95, 102]	[0, 0.1], [0, 0]	[16, 30]
7	[2.0, 2.2], [0.8, 1.4]	[4.1, 5.8], [1.4, 1.8]	[1.6, 3.3], [0.1, 0.2]	[2, 10], [1, 1]	[0, 3]	[90, 95], [96, 101]	[0, 0.4], [0, 0]	[21, 38]
8	[1.3, 2.1], [0.5, 1.3]	[3.4, 4.0], [1.5, 2.0]	[1.8, 2.5], [0.1, 0.3]	[4, 9], [1, 3]	[5, 9]	[95, 105], [100, 108]	[0, 0.2], [0, 0]	[25, 46]
9	[1.8, 2.2], [0.6, 1.8]	[3.2, 3.8], [1.3, 1.7]	[1.9, 2.8], [0.1, 0.6]	[5, 7], [3, 4]	[2, 4]	[90, 100], [92, 98]	[0.2, 0.3], [0, 0]	[33, 58]
10	[1.4, 2.0], [1.2, 1.9]	[4.5, 5.6], [1.3, 2.0]	[1.6, 3.2], [0.1, 0.4]	[1, 6], [0, 3]	[26, 45]	[84, 92], [89, 95]	[0.4, 1.2], [0, 0]	[38, 66]
11	[1.7, 2.1], [0.5, 1.2]	[3.3, 4.5], [1.3, 1.9]	[1.6, 3.1], [0.1, 0.3]	[4, 8], [0, 0]	[8, 14]	[95, 102], [92, 104]	[0.5, 0.7], [0, 0]	[44, 77]

实验 2 双向换乘大客流使用站台客流集散效率优化方案前后，实验 2 双向换乘大客流乘降区密度优化效果，如图 6-6 所示。

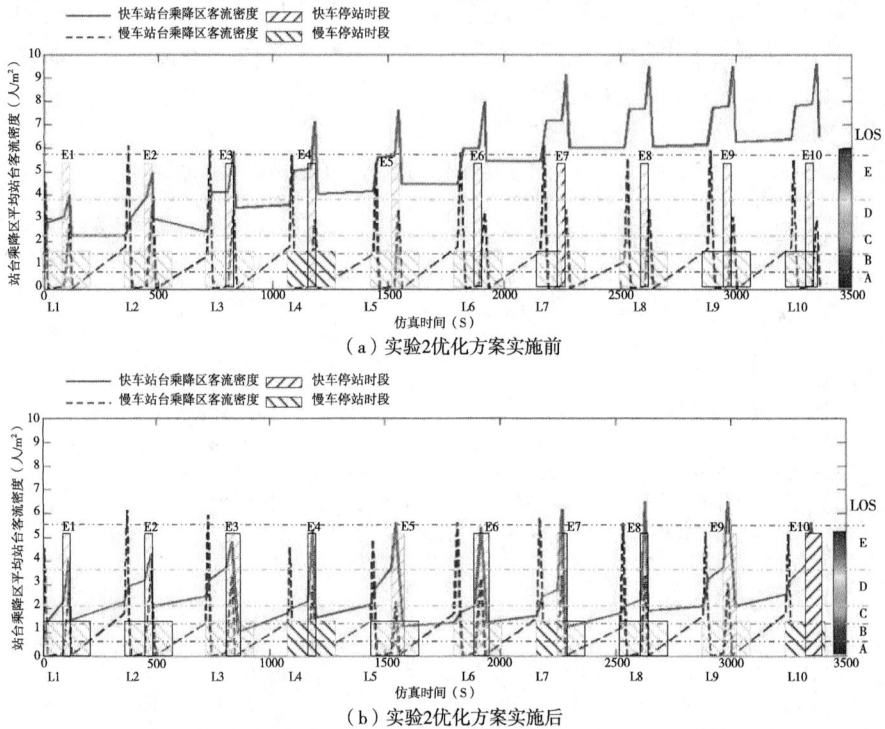

（a）实验2优化方案实施前

（b）实验2优化方案实施后

图6-6 实验2 双向换乘大客流乘降区密度优化效果

实验 2 在优化前的主要问题是在快车停站时段内，换入快车与换出快车双方向的客流量较大，加之快车停站时间较短，造成了大量欲换入快车的乘客滞留快车乘降区域，需要多次排队候车。考虑到离站慢车与快车仍具备一定车厢剩余载客能力，灰色动态规划方案给出以广播引导乘客减少换乘，同时延长部分快车停站时间的调整措施，实现了整个规划期站台两侧的乘降区域客流密度服务水平基本达到 LOS 密度评估标准的等级 C 及以上，避免大规模乘客滞留站台。

图 6-6（b）是将灰色动态规划方案作为新的仿真条件输入 CSPN 模型的一次仿真结果，因此 CSPN 的站台客流密度仿真结果与表 6-6 的灰色动态规划的计算结果基本一致，但受随机因素的影响，数值上有一定合理范围内的差异。以下的实验 3 与实验 4 优化后的 CSPN 仿真结果与灰色动态规划的计算结果有一定合理范围内的数值差异，将不再赘述说明。

2. 基于快车换乘慢车（E→L）单向大客流的站台客流集散效率优化方案

E→L 单向换乘大客流的站台客流集散效率优化方案的最优决策结果如表 6 - 7 所示，灰色关联综合决策最优方案 $\Gamma(U^*)=(u_5, u_5, u_5, u_5, u_1, u_7, u_6, u_2, u_9, u_9)$。第 1 阶段至第 4 阶段均采用了空白措施（决策 u_5），从第 5 阶段起，在换入慢车需求量较大，慢车载客能力逐渐饱和的情况下，采用了基于收纳式座椅的列车载客量优化措施（决策 u_1），基于车厢广播的客流引导措施（决策 u_3），引导乘客选择在其他车站换乘，缓解因慢车载客能力不足造成越行站站台乘客滞留的情况。其中，第 8 阶段至第 10 阶段的调整措施均包括列车运行协调措施（决策 u_2），具体的调整内容是优化快车的开行方案，在乘客集中到达的目的地车站增加停站，从根本上减少乘客在越行站的换乘需求量。

表 6 - 7　E→L 单向换乘大客流算例的灰色动态规划阶段最优决策结果

阶段 k	完全允许决策集合 $U_{S_k}^\Theta$	部分允许决策集合 $U_{S_k}^\Delta$	最优决策 u_k^*	关联度 $D_{k,i}^{综合}$	判断完全可行性
1	$u_{1\sim16}$	$u_{1\sim16}$	u_5	0.86	√
2	$u_{1\sim16}$	$u_{1\sim16}$	u_5	0.78	√
3	$u_{1\sim16}$	$u_{1\sim16}$	u_5	0.73	√
4	$u_{1\sim4,6\sim16}$	$u_{1\sim16}$	u_5	0.68	×
5	$u_{1\sim4,6\sim16}$	$u_{1\sim16}$	u_1	0.70	√
6	$u_{4,6,8\sim16}$	$u_{1\sim16}$	u_7	0.65	×
7	$u_{2,4,6,8\sim16}$	$u_{1\sim16}$	u_6	0.80	√
8	$u_{2,6,8\sim16}$	$u_{1\sim16}$	u_2	0.73	√
9	$u_{8\sim16}$	$u_{1\sim16}$	u_9	0.88	√
10	$u_{4,8\sim16}$	$u_{1\sim16}$	u_9	0.86	√

实验 3 使用最优方案 $\Gamma(U^*)$ 后，各阶段的客流集散效率评价指标的计算结果如表 6 - 8 所示。第 4 阶段与第 6 阶段的阶段综合最优措施不属于完全允许决策，主要原因是评价指标中慢车的离站列车满载率达到了 115% ~ 125% 的灰色临界值。

表6-8　E→L 单向换乘大客流算例的阶段站台客流集散效率评价结果

阶段 k	站台客流密度 b_{11}^1 (人/m²)	平均进站候车时间 b_{11}^2 (分)	平均换乘候车时间 b_{11}^3 (分)	多次候车人数 b_{11}^4 (人)	损失客流需求量 b_{11}^5 (人)	离站列车满载率 b_{11}^6 (%)	站台客流承载能力饱和时间 b_{11}^7 (分)	运营附加费用 b_{11}^8 (虚拟币)
1	[0.4, 0.6], [0.4, 0.6]	[3.0, 3.4], [1.3, 1.8]	[1.5, 1.8], [0.0, 0.5]	[0, 0], [0, 0]	[0, 0]	[72, 75], [94, 100]	[0, 0], [0, 0]	[0, 0]
2	[0.5, 1.2], [1.0, 1.7]	[3.0, 3.5], [1.5, 2.5]	[1.7, 1.9], [0.1, 0.3]	[0, 0], [0, 1]	[0, 0]	[75, 81], [107, 114]	[0, 0], [0, 0]	[0, 0]
3	[0.5, 0.8], [0.6, 1.3]	[3.1, 3.3], [1.5, 2.7]	[1.8, 2.0], [0.3, 0.5]	[0, 0], [1, 3]	[0, 1]	[70, 76], [97, 106]	[0, 0], [0, 0]	[0, 0]
4	[0.4, 1.0], [0.9, 1.5]	[3.1, 3.5], [1.8, 3.0]	[1.6, 2.1], [0.5, 1.6]	[0, 1], [5, 15]	[0, 2]	[80, 82], [108, 113]	[0, 0], [0, 0]	[0, 0]
5	[0.7, 0.9], [1.6, 2.5]	[3.2, 3.3], [2.0, 4.6]	[1.6, 2.5], [1.1, 4.5]	[0, 0], [8, 27]	[1, 3]	[73, 78], [112, 120]	[0, 0], [0, 0]	[0, 0]
6	[0.6, 0.8], [1.5, 1.8]	[3.0, 3.2], [2.4, 2.8]	[1.8, 1.8], [0.9, 3.7]	[0, 0], [5, 16]	[0, 5]	[76, 85], [89, 100]	[0, 0], [0, 0]	[3, 5]
7	[1.0, 1.2], [1.9, 2.6]	[3.1, 3.5], [2.9, 3.8]	[1.6, 2.0], [2.0, 3.5]	[0, 1], [10, 28]	[1, 4]	[76, 82], [106, 125]	[0, 0], [0, 0]	[7, 13]
8	[0.4, 0.8], [1.5, 2.1]	[3.0, 3.6], [1.9, 3.0]	[1.8, 2.1], [2.1, 3.3]	[0, 0], [7, 13]	[0, 4]	[78, 80], [94, 103]	[0, 0], [0, 0]	[15, 26]
9	[0.5, 1.0], [1.4, 1.8]	[3.2, 3.8], [2.0, 3.5]	[1.6, 1.8], [1.0, 1.6]	[0, 0], [6, 10]	[2, 5]	[86, 96], [92, 97]	[0, 0], [0, 0]	[20, 34]
10	[0.6, 0.8], [1.3, 1.9]	[3.0, 3.3], [2.3, 3.0]	[1.6, 2.0], [0.8, 1.4]	[0, 2], [4, 7]	[1, 6]	[89, 102], [92, 98]	[0, 0], [0, 0]	[26, 45]
11	[0.7, 1.0], [1.5, 1.7]	[3.1, 3.5], [1.8, 2.8]	[1.7, 1.9], [1.1, 1.5]	[0, 1], [2, 8]	[4, 8]	[85, 98], [90, 105]	[0, 0], [0, 0]	[32, 56]

实验 3E→L 单向换乘大客流使用站台客流集散效率优化方案前后，有关站台乘降区域客流密度的 CSPN 仿真结果分析如图6-7所示。

实验 3 在引入灰色动态规划优化前的站台乘降区客流密度指标是从第5阶段起，由于慢车载客能力饱和出现了大量乘客滞留站台，多次候车的情况。因此，灰色动态规划优化方案实际上也从第5阶段起开始使用广播引导乘客、提高列车载客能力的相关措施，措施介入时间合理，减少了调整措施的附加成本。实验 3 的总成本仅有 [32，56] 虚拟币，远低于实验 2 或实验 4 的总附加成本，可见通过人为设定附加成本所占权重，起到了控制最终优化方案总成本的效果。

（a）实验3优化方案实施前

（b）实验3优化方案实施后

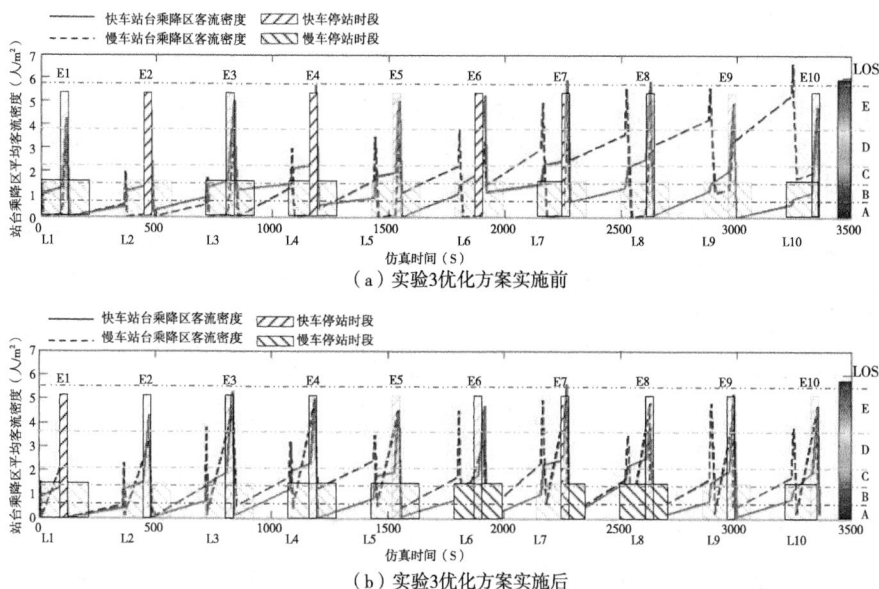

图6-7 实验3 E→L 单向换乘大客流乘降区密度优化效果

3. 基于慢车换乘快车（L→E）单向大客流的站台客流集散效率优化方案

L→E 单向换乘大客流的站台客流集散效率优化方案的最优决策结果如表 6-9 所示，灰色关联综合决策最优方案 $\Gamma(U^*) = (u_5, u_7, u_{12}, u_9, u_3, u_7, u_9, u_1, u_7, u_{12})$，各阶段调整措施多次综合使用了基于收纳式座椅的列车载客量优化的措施（决策 u_1）、列车运行协调优化措施（决策 u_2）与基于车厢广播的客流引导措施（决策 u_3）。这是由于实验4在换入大客流压力下，出现了严重的快车能力饱和的情况。因此在第4阶段和第7阶段的运行协调优化中，分别取消了一列快车的越行计划，慢车先到先发，旅行速度得到了提高，从而客观上减少了部分乘客的换乘需求。

表6-9 L→E 单向换乘大客流算例的灰色动态规划阶段最优决策结果

阶段 k	完全允许决策集合 $U_{S_k}^{\Theta}$	部分允许决策集合 $U_{S_k}^{\Delta}$	最优决策 u_k^*	关联度 $D_{k,i}^{综合}$	判断完全可行性
1	$u_{1 \sim 16}$	$u_{1 \sim 16}$	u_5	0.73	√
2	$u_{2,6,8 \sim 16}$	$u_{1 \sim 16}$	u_7	0.69	×
3	$u_{8,10,12 \sim 16}$	$u_{1 \sim 16}$	u_{12}	0.86	√

续　表

阶段 k	完全允许 决策集合 $U_{S_k}^{\Theta}$	部分允许 决策集合 $U_{S_k}^{\Delta}$	最优决策 u_k^*	关联度 $D_{k,i}^{综合}$	判断完全 可行性
4	$u_{2,4,6,8\sim16}$	$u_{1\sim16}$	u_9	0.82	√
5	$u_{2,6\sim16}$	$u_{1\sim16}$	u_3	0.64	×
6	$u_{2,4,6,8\sim16}$	$u_{1\sim16}$	u_7	0.80	√
7	$u_{6,8\sim16}$	$u_{1\sim16}$	u_9	0.77	√
8	$u_{2,4,6\sim16}$	$u_{1\sim16}$	u_1	0.68	×
9	$u_{6\sim16}$	$u_{1\sim16}$	u_7	0.78	√
10	$u_{4,8,10\sim16}$	$u_{1\sim16}$	u_{12}	0.85	√

实验 4 使用如表 6 - 9 所示的最优方案 $\Gamma(U^*)$，在第 2 阶段、第 5 阶段与第 8 阶段的关联度小于 0.70。这三个阶段的综合最优措施均属于部分允许决策。各阶段的站台客流集散效率评价指标的计算结果如表 6 - 10 所示。在上述三个部分允许决策措施实施后的下一个阶段，即第 3 阶段、第 6 阶段与第 9 阶段的离站列车满载率达到了 115% ~ 125% 的灰色临界值，这是由于各阶段决策的实施效果主要看其下一个阶段的客流集散效率的评价结果。

同理，在表 6 - 9 的决策方案中，第 4 阶段和第 7 阶段取消快车越行之后，表 6 - 10 中，第 5 阶段和第 8 阶段快车与慢车的离站列车满载率较为均衡，都在 90% 左右。此外，由于没有换乘客流，因此这两个阶段换乘候车时间均为 0。

表 6 - 10　　　L→E 单向换乘大客流算例的阶段站台客流集散效率评价结果

阶段 k (E/L)	站台客流 密度 b_{11}^1 （人/m²）	平均进站 候车时间 b_{11}^2 （分）	平均换乘 候车时间 b_{11}^3 （分）	多次候车 人数 b_{11}^4 （人）	损失客流 需求量 b_{11}^5 （人）	离站列车 满载率 b_{11}^6 （%）	站台客流 承载能力 饱和时间 b_{11}^7 （分）	运营附加 费用 b_{11}^8 （虚拟币）
1	[0.4, 0.6], [0.4, 0.6]	[3.2, 3.7], [1.3, 1.5]	[1.5, 1.8], [0.0, 0.3]	[0, 0], [0, 0]	[0, 0]	[100, 102], [72, 75]	[0, 0], [0, 0]	[0, 0]
2	[0.9, 1.3], [0.2, 0.4]	[3.5, 3.8], [1.5, 1.7]	[1.6, 2.8], [0.0, 0.2]	[2, 5], [0, 0]	[0, 0]	[105, 113], [77, 82]	[0, 0], [0, 0]	[0, 0]

续　表

阶段 k (E/L)	站台客流密度 b_{11}^1 (人/m²)	平均进站候车时间 b_{11}^2 (分)	平均换乘候车时间 b_{11}^3 (分)	多次候车人数 b_{11}^4 (人)	损失客流需求量 b_{11}^5 (人)	离站列车满载率 b_{11}^6 (%)	站台客流承载能力饱和时间 b_{11}^7 (分)	运营附加费用 b_{11}^8 (虚拟币)
3	[1.8, 2.6], [0.2, 0.5]	[3.7, 4.5], [1.3, 1.6]	[2.5, 4.2], [0.0, 0.2]	[6, 12], [0, 0]	[0, 0]	[119, 125], [74, 84]	[0, 0.5], [0, 0]	[4, 8]
4	[0.8, 1.2], [0.4, 0.6]	[3.0, 3.4], [1.5, 1.9]	[1.7, 2.1], [0.1, 0.3]	[3, 4], [0, 0]	[0, 0]	[101, 110], [82, 95]	[0, 0.2], [0, 0]	[13, 24]
5	[0.2, 0.4], [0.3, 0.4]	[3.0, 3.3], [3.0, 3.2]	[0, 0], [0, 0]	[0, 4], [0, 0]	[2, 5]	[89, 94], [92, 95]	[0, 0], [0, 0]	[19, 35]
6	[2.0, 2.8], [0.5, 0.6]	[4.0, 4.7], [1.5, 1.7]	[3.0, 4.9], [0, 0]	[10, 18], [0, 0]	[0, 0]	[116, 126], [75, 82]	[0.1, 0.6], [0, 0]	[20, 38]
7	[0.7, 1.2], [0.4, 0.6]	[3.0, 3.4], [1.3, 1.8]	[1.8, 2.6], [0.0, 0.4]	[0, 2], [0, 0]	[0, 0]	[105, 109], [76, 81]	[0, 0.3], [0, 0]	[24, 46]
8	[0.4, 0.6], [0.2, 0.2]	[3.2, 3.5], [3.1, 3.5]	[0, 0], [0, 0]	[0, 0], [0, 0]	[6, 10]	[85, 109], [95, 100]	[0, 0], [0, 0]	[30, 57]
9	[1.4, 2.0], [0.2, 0.5]	[4.0, 4.2], [1.3, 1.4]	[2.7, 3.8], [0.2, 0.4]	[6, 10], [0, 0]	[0, 0]	[120, 124], [72, 78]	[0.3, 0.7], [0, 0]	[33, 62]
10	[0.7, 1.2], [0.3, 0.4]	[3.0, 3.2], [1.5, 1.6]	[1.9, 2.6], [0.1, 0.3]	[0, 4], [0, 0]	[0, 3]	[104, 112], [79, 82]	[0, 0], [0, 0]	[37, 70]
11	[0.8, 1.0], [0.5, 0.6]	[3.1, 3.6], [1.3, 1.7]	[1.5, 2.3], [0.0, 0.4]	[0, 4], [0, 0]	[0, 0]	[105, 107], [82, 86]	[0, 0], [0, 0]	[46, 86]

实验 4L→E 单向换乘大客流使用站台客流集散效率优化方案前后，有关站台乘降区域客流密度的 CSPN 仿真结果分析如图 6-8 所示。

实验 4 在使用优化方案之前，快车站台乘降区的客流密度基本处于较为危险的拥挤状态，而通过引入灰色动态规划方案，站台客流密度基本达到了 LOS 评级标准的等级 C，满足提高站台客流集散效率，保证站台乘客安全的目标。

通过 CSPN 仿真发现第 5 阶段和第 8 阶段作为恢复快车越行后的首个阶段，换入快车的客流需求量增长迅速，可见在线路能力有限的条件下，需要保持乘车信息引导，避免客流在乘车路径上的分布不均。

4. 综合对比三组实验的站台客流集散效率优化方案

综合对比实验 2、实验 3 与实验 4 的站台客流集散效率优化方案不难发现，灰色动态规划模型可以基于灰色理论分析站台客流集散效率低的原因，

（a）实验4优化方案实施前

（b）实验4优化方案实施后

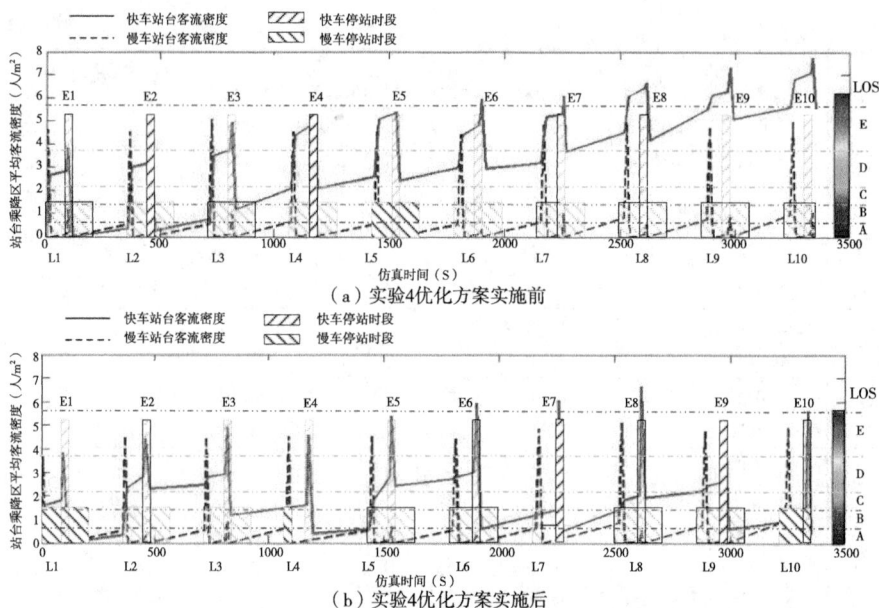

图6-8 实验4 L→E 单向换乘大客流乘降区密度优化效果

并寻找附加成本较低的优化措施，保证站台客流集散效率始终处于较高的状态。三组仿真算例验证了灰色动态规划模型的合理性与有效性。

从三组算例的优化方案中，可以发现列车运行协调优化措施的具体形式灵活多样，包括调整列车停站时间、调整列车越行方案、调整列车停站方案等。因此，本章的灰色动态规划模型还可用于检验快慢车结合网络化列车开行方案与换乘衔接方案的合理性验证。

此外，不难发现三组实验的优化方案中都很少使用限流措施（决策 u_4），这是因为限流措施的运营附加费用为 [8，12] 虚拟币，成本高于其他单项措施与组合优化措施。此外，限流措施适于解决因进站大客流造成的站台拥挤，不太适用于三组案例同站台换乘大客流的情况。

第四节　本章小结

本章首先研究了代表性的站台客流集散效率优化措施，并对站台容量扩展措施、站台客流集散流线优化措施、列车载客量改善措施、列车运行协调优化措施、客流引导措施和限流措施这六类措施的适用条件、优化对象、扩能成本以及扩能效果进行了对比。结果表明，站台容量扩展措施与站台客流集散流线优化措施仅适用于车站系统规划设计前期。

其次重点研究了快慢车站台客流集散效率优化方案设计的灰色动态规划模型与算法。灰色系统理论适于求解小数据、贫信息的不确定性系统问题，与包括车流与客流动态事件，及客流具有不确定性路径决策的站台系统特性较为一致；而灰色动态规划是在传统动态规划的基础上融合灰色系统理论，建立的系统动态决策最优化模型，动态规划阶段选取相邻列车到站时间间隔作为一个阶段，可以定量评估每一组同站台换乘周期的各项站台客流集散效率指标的变化情况，确定综合最优调整决策。

灰色动态规划模型的优势是描述站台系统状态的不确定性，及站台客流集散效率调整措施作用效果的不确定性。模型求解算法过程分为确定阶段允许决策集合、确定阶段灰色关联综合最优决策、动态规划顺序迭代计算三个步骤。根据待定决策的 8 个状态分量代入允许决策判别式组的灰数计算结果，可以判断该决策是否属于阶段允许决策集合。完全满足 8 个状态分量的决策被称为"完全允许决策集合"，满足部分状态分量的决策则被称为"部分允许决策集合"。这两个允许决策集合主要是用于判断通过综合计算风险最佳决策与临界决策所得到的综合最优决策是全局满意解，还是部分满意解。这种综合考虑多种因素且具备一定容错性的求解方式，可以避免无解情况的发生，大大提高了模型计算效率。按照列车到站间隔时间确定的动态规划阶段，依次迭代计算各阶段的综合最优决策，最终构成优化站台客流集散效率的灰色关联综合决策最优方案。

最后，站台客流集散效率优化方案算例沿用了第五章 CSPN 模型使用的快慢车结合运营同站台换乘系统的站台客流承载能力仿真算例，使用了其中三组线路列车旅客输送能力基本饱和状态的典型换乘大客流作为优化对象。针对列车旅客输送能力有部分剩余的动态规划阶段，灰色动态规划方案给出以广播引导减少换乘、延长列车停站时间为主的调整措施；针对列车旅客输送能力饱和的情况，灰色动态规划方案则会以提高列车输送能力的措施为主。此外，从三组实验使用优化方案后的站台客流集散效率指标来看，灰色动态规划所给出的方案基本实现了保证站台客流承载能力不出现暂时性饱和的目标，进一步验证了研究方法的有效性。

第七章 城市轨道交通系统运营效率提升的展望

本书主要研究乘客基于个性化出行偏好在同站台换乘系统的随机乘车选择行为，仿真计算同站台换乘系统的站台客流承载能力，制定以相邻列车到站间隔时间为动态规划阶段的站台客流集散效率优化方案。

第一节 本书主要成果

本书的主要成果归纳为以下四项。

1. 提出轨道交通站台客流承载能力的定义

本书将生态学常用的"承载能力"概念应用于轨道交通站台安全客流集散的评估体系。轨道交通站台客流承载能力重视环境与承载对象的协调关系。

传统的站台客流集散量核定方法是保证规划时段站台客流集散需求总量与站台可承载客流总量达到总体供需平衡。而本书提出的轨道交通站台客流承载能力的定义则是基于一定的站台客流密度服务水平评价标准，根据站台、车流、客流三大系统动态、协调、可持续的相互作用关系，描述站台可以安全承载的极限客流量。

2. 建立同站台换乘系统的乘车选择多项 Logit 模型

网络化运营模式下的同站台换乘系统，往往存在多条乘车路径供乘客随机选择。为了定量计算站台客流的具体流向和流量，需要研究乘客在同站台换乘系统随机乘车的决策行为。

本书通过问卷调查与分析，标定乘车路径效用函数有关乘客个性化偏好的时间价值系数、车厢拥挤的耐受力系数、站内步行难度系数、候车心理系数，建立了同站台换乘系统的乘车选择多项 Logit 模型。

该模型实现了对通勤乘客、休闲乘客等不同出行目的群体乘车决策偏好的估计，较为适合用于同站台换乘系统计算随机性较强的乘车选择概率。站台客流承载能力仿真模型通过加入模拟乘客随机乘车选择的仿真模块，基本实现定量预测进站客流的具体流向和流量。

3. 建立 CSPN 站台客流承载能力仿真模型

与站台客流仿真软件常用的三维展示站台客流"流量—速度—密度"变化的仿真手段不同，本书建立的 CSPN 仿真模型是采取 Petri 网工作流模式模拟列车停站事件，站台客流集散事件。

这种基于着色随机 Petri 网的仿真模型的主要特点在于：可以便捷地根据网络化列车运营组织方案控制同站台两侧列车的停站事件；可以定量模拟同站台客流集散系统进站乘客、换乘乘客、离站乘客在站台系统的动态集散过程；可以快速地计算和提取站台客流承载能力饱和时间以及站台乘降区域客流密度、平均进站候车时间、平均换乘候车时间、二次候车人数等站台客流集散效率指标。通过分析这些关键性指标数据，可以快速、定量计算站台客流承载能力饱和的时间点，指出发生严重拥挤的站台区域，同时为站台客流集散效率优化方案编制提供了丰富的数据支持。

仿真算例验证了加入进站乘车选择模块，可以实现模拟乘客自觉规避站台环境拥挤的乘车线路，选择综合效用更高路径的决策行为；同站台换乘模式对单向以及双向换乘大客流的承载能力适应特性；列车旅客输送能力对缓解站台客流承载能力的基本保障作用。

4. 建立站台客流集散效率优化方案的灰色动态规划模型

灰色动态规划模型适于处理 CSPN 仿真模型预测的站台客流承载能力发生暂时性或持续性饱和情况，在动态规划各阶段筛选出综合最优的站台客流集散效率优化措施，最终形成一套完整有序的站台客流集散效率优化方案。

灰色动态规划模型符合站台系统"信息不完全"且"信息不确定"的系统特性。灰色关联综合最优决策是根据风险最佳决策与临界决策所得到的综合最优决策，具有一定的容错性，是基于当前系统状态的全局满意解，而不一定是完全满足站台乘降区域平均客流密度、平均进站候车时间、平均换乘候车时间等八项状态分量评价标准的"完全允许决策"。这种求解最优决策的方式符合实际运营管理中，需要快速确定可行调整措施的现实需求，具有较强的应用价值。

此外，采用相邻列车到站时间间隔作为动态规划模型的阶段划分标准，可以定量分析同站台换乘周期内的各项站台客流集散效率指标，使得站台实时客流组织管理与列车运行系统实现同步。

第二节　研究展望

鉴于研究问题的复杂性以及本人的学术水平十分有限，本书虽然取得了一定的研究成果，但仍存在许多有待深化之处。

1. **拓展研究对象**

本书的研究对象仅限于一座同站台换乘站。无论是站台客流承载能力的定义、仿真计算与优化，还是乘客的乘车选择行为，都是限定在一座单独的站台范围内。然而实际的网络化运营系统中包括多条线路，仅提高一座换乘站的站台客流承载能力还远远不够，有待进一步扩展研究对象范畴，研究多站协调的线路客流承载能力计算与优化问题。

2. **提高网络化列车运行协调优化技术**

本书针对一座同站台换乘站的站台客流集散效率优化问题，综合使用了列车载客量优化措施、列车运行协调优化措施和站台客流引导与限流措施。虽然可以有效提高一座站台的客流集散效率，但是不排除会影响线路其他车站的站台客流集散效率。因此，在拓展研究对象范围的基础上，有待进一步研究以提高全线线路客流承载能力的网络化运营列车运行协调优化技术，从根本上改善网络客流承载能力。

3. **进一步丰富站台客流集散效率调整措施**

除本书站台客流集散效率优化方案中的已经使用的调整措施外，还可考虑进一步丰富调整措施。例如可以借鉴大型公共集散场所设立行人缓冲带的方法，在站台系统留出一定的空心区域。这些站台空心区域虽然客观上占用了一部分站台客流承载能力，但是当发生突发事件时，这部分预留的站台就可以发挥重要的应急疏散功能。

4. **结合摄像技术实现站台客流承载能力评估**

由于缺乏含有乘车选择行为的实时数据，因此本书仿真输入的客流数据均是满足一定客流需求分布的随机数。然而实际的站台客流集散系统会更加复杂，所以在引入快慢车同站台换乘系统之后，可以考虑利用站台现场的实时监控视频，获取实时客流流量和流向数据，将这些实时客流数据输入站台客流承载能力仿真模型，真正实现实时站台客流承载能力评估。

5. 研究商业化应用

参考提供规避拥堵路径服务的驾驶导航软件，利用本书站台客流承载能力仿真计算的相关成果，开发适用于城市轨道交通系统的乘客乘车路径决策支持软件。乘客可输入个人对乘车快捷性和舒适性的个性化需求，决策支持软件将结合站台系统当前候车时间、乘车时间、车厢满载率，计算各条乘车路径的费用，并通过移动设备实时向乘客提供乘车路径信息服务。

参考文献

［1］张星臣. 城市轨道交通运营管理 ［M］. 北京：高等教育出版社，2017.

［2］潘学英，魏庆朝，邱丽丽，等. 快慢线模式在北京地铁新线设计中的应用 ［J］. 都市快轨交通，2012，25（5）：33–37.

［3］刘海洲，周涛，高志刚. 轨道交通长大线路存在的问题及思考［J］. 都市快轨交通，2012，25（1）：54–57.

［4］毛保华，刘明君，黄荣，等. 轨道交通网络化运营组织理论与关键技术 ［M］. 北京：科学出版社，2011.

［5］黄海军. 城市交通网络平衡分析——理论与实践 ［M］. 北京：人民交通出版社，1994.

［6］李翀. 现代西方经济学原理 ［M］.3 版. 广州：中山大学出版社，1999.

［7］中华人民共和国住房和城乡建设部，中华人民共和国国家质量监督检验检疫总局. 中华人民共和国国家标准地铁设计规范（GB50157–2013）［M］. 北京：中国建筑工业出版社，2014.

［8］解晓灵，张星臣，陈军华，等. 城市轨道交通乘车路径随机效用模型 ［J］. 交通运输系统工程与信息，2014，14（2）：127–131.

［9］解晓灵. 同站台换乘轨道交通站台客流承载能力仿真优化 ［D］. 北京：北京交通大学，2015.

［10］张兴强，贺杰，朱竟争. 基于有色 Petri 网的轨道换乘设施服务水平评价模型研究 ［J］. 交通运输系统工程与信息，2013，13（5）：101–106.

［11］赵丽娟. 可视化仿真在地铁站台乘降适应性验证中的应用 ［D］. 成都：西南交通大学，2008.

［12］唐明，贾洪飞，杨丽丽. 城市轨道交通车站站台行人交通特性［J］.

城市交通, 2010, 8 (4): 47 - 51.

　　[13] 王新华, 李堂军, 丁黎黎. 复杂大系统评价理论与技术 [M]. 济南: 山东大学出版社, 2010.

　　[14] 罗党. 灰色决策问题分析方法 [M]. 郑州: 黄河水利出版社, 2005.

附录 A　地铁出行者乘车路径调查问卷

您对北京地铁的服务还满意吗？您更喜欢选择怎样的乘车路线？您理想中的候车时间是多久？为了了解您对地铁服务的需求，我们希望您能协助填写这份调查问卷，非常感谢！

首先请填写以下信息：

> 性别：□ 男　□ 女
>
> 年龄：□ 18 岁以下　□ 18 ~ 25 岁　□ 26 ~ 35 岁　□ 36 ~ 50 岁　□ 51 ~ 65 岁　□ 65 岁以上
>
> 一星期平均乘坐几次地铁：□ 1 次以下　□ 2 ~ 4 次　□ 5 ~ 10 次　□ 10 次以上
>
> 一般乘坐地铁的原因：□ 上下班　□ 上下学　□ 公事　□ 休闲（购物、访友，去公园、饭店等）
>
> 一般乘坐地铁的时间段：□ 早 7 点以前　□ 早 7 点至 9 点　□ 上午 9 点至下午 5 点　□ 下午 5 点至 7 点　□ 晚上 7 点后
>
> 一般乘坐地铁的时长：□ 10 分钟内　□ 10 ~ 30 分钟　□ 30 ~ 60 分钟　□ 60 分钟以上

1. 您选择乘车路线时，最重视的一项是什么？（请在选择的方框中打√）

□ 最节省时间、路程最短

□ 可以直达或者最少换乘次数

□ 车厢内最不拥挤、可能有空位

□ 其他（请注明：　　　　　）

2. 您认为换乘时，可接受的最长候车时间是多久？

□ 10 ~ 15 分钟

□ 6 ~ 10 分钟

□ 4 ~ 6 分钟

□ 2 ~ 4 分钟

□ 2 分钟以内

3. 您认为换乘时，最佳（最合理）的候车时间是多久？

□ 6 ~ 10 分钟

□ 4 ~ 6 分钟

□ 2 ~ 4 分钟

□ 2 分钟以内

4. 对您来说，在地铁站向上爬 30 阶楼梯（相当于两层楼高），与在平坦的通道步行多少米会感到相同的疲劳？

　　□ 平坦的通道上步行 80 米

　　□ 平坦的通道上步行 60 米

　　□ 平坦的通道上步行 40 米

　　□ 平坦的通道上步行 20 米

5. 对您来说，在平坦的通道上步行 3 分钟与向上爬楼梯多长时间会感到相同的疲劳？

　　□ 向上爬 3 分钟楼梯

　　□ 向上爬 2 分钟楼梯

　　□ 向上爬 1 分钟楼梯

　　□ 低于 1 分钟，爬楼梯对我来说非常困难

6. 如果有两条舒适度不同的乘车路线：路线①乘车时间是 20 分钟，但车厢内比较拥挤，完全找不到座位；相比之下，路线②则比较舒适，很容易找到座位。请问如果选择舒适的路线②，您能接受的最长乘车时间是多久？

　　□ 40 分钟　　　　□ 30 分钟　　　　□ 25 分钟　　　　□ 20 分钟

　　□ 从不选择路线②，并不介意路线①很拥挤

7. 案例题：从公主坟站到呼家楼站有三条备选路径，请问您最希望选择以下哪条乘车路径呢？（请单选一条路径）

　　□ 最省时的路径 A：

乘 1 号线在国贸站换乘 10 号线，全程 14 站，用时 36 分钟（含进站步行时间 2 分钟，换乘步行时间 4 分钟）。

请注意途中的换乘站国贸站客流量大，一般比较拥挤。

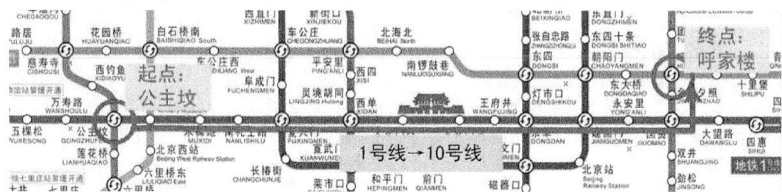

附图 1　乘车路径 A（1 号线换乘 10 号线）

□ 不用换乘的路径 B：

乘 10 号线内环（公主坟→莲花桥→……→金台夕照→呼家楼），全程 23 站，用时 50 分钟（含进站步行时间 2 分钟）。

附图 2　乘车路径 B（10 号线直达）

□ 不拥挤的路径 C：

乘 10 号线在慈寿寺站换乘 6 号线，全程 13 站，用时 38 分钟（含进站步行时间 2 分钟，换乘步行时间 2 分钟）。

请注意 6 号线一般比 1 号线人少，车厢内较为舒适。

附图 3　乘车路径 C（10 号线换乘 6 号线）

□ 其他地铁乘车路线：_____（请说明）

8. 案例题：上述三条从公主坟站到呼家楼站的备选乘车路径，请问您最不会选择哪条呢？（请单选一条路线）

□ 最省时的路径 A

□ 不用换乘的路径 B

□ 不拥挤的路径 C

附录 B 乘车路径调查问卷案例题常量表

问卷案例题中，公主坟站至呼家楼站的三条乘车方案的具体乘车路径如下。

路径方案 A_1 是时间优先路径，先乘坐 1 号线上行列车，在国贸站换乘 10 号线外环列车；

路径方案 A_2 是少换乘优先路径，乘坐 10 号线外环列车直达；

路径方案 A_3 是少拥挤优先路径，先乘坐 10 号线内环列车，在慈寿寺站换乘 6 号线上行列车。

附表 1　　　　乘车路径调查问卷案例题列车与车站编号对照表

类型	编号内容	编号
列车	1 号线上行列车	$j_1^{上}$
	6 号线上行列车	$j_6^{上}$
	10 号线内环列车	$j_{10}^{内}$
	10 号线外环列车	$j_{10}^{外}$
车站	公主坟站	k_1
	慈寿寺站	k_2
	国贸站	k_3
	呼家楼站	k_4

附表 2　　　　　乘车路径调查问卷案例题常量表　　　　　单位：min

路径方案 A_{in}	出行链 {列车 j，车站 k}	乘车路段时间		车站节点时间	
		列车运行时间	平均拥挤时间	标准步行时间	平均候车时间
时间优先 A_1	$\{k_1, j_1^{上}, k_3, j_{10}^{外}, k_4\}$	$T_{j_1^{上}(k_1,k_3),1}=28$ $T_{j_{10}^{外}(k_3,k_4),1}=4$	$T_{j_1^{上}(k_1,k_3),2}=20$ $T_{j_{10}^{外}(k_3,k_4),2}=2$	$T_{k_1(j_1^{上}),1}=2$ $T_{k_3(j_1^{上}j_{10}^{外}),1}=4$	$T_{k_1(j_1^{上}),2}=4$ $T_{k_3(j_{10}^{外}),2}=4$

续　表

路径方案 A_{in}	出行链 {列车 j, 车站 k}	乘车路段时间		车站节点时间	
		列车运行时间	平均拥挤时间	标准步行时间	平均候车时间
少换乘优先 A_2	$\{k_1, j_{10}^{外}, k_4\}$	$T_{j_{10}^{外}(k_1,k_4),1} = 50$	$T_{j_{10}^{外}(k_1,k_4),2} = 16$	$T_{k_1(j_{10}^{外}),1} = 2$	$T_{k_1(j_{10}^{外}),2} = 4$
少拥挤优先 A_3	$\{k_1, j_{10}^{内}, k_2, j_6^{上}, k_4\}$	$T_{j_{10}^{内}(k_1,k_2),1} = 6$ $T_{j_6^{上}(k_2,k_4),1} = 30$	$T_{j_{10}^{内}(k_1,k_2),2} = 2$ $T_{j_6^{上}(k_2,k_4),2} = 4$	$T_{k_1(j_{10}^{内}),1} = 2$ $T_{k_2(j_{10}^{内}j_6^{上}),1} = 2$	$T_{k_1(j_{10}^{内}),2} = 4$ $T_{k_2(j_6^{上}),2} = 4$

附录 C 灰数运算法则

（1）设有灰数 $\otimes_1 \in [a,b], a < b$；$\otimes_2 \in [c,d], c < d$，则有以下七条灰数基本运算法则。

法则 1：$\otimes_1$ 与 $\otimes_2$ 的和记为 $\otimes_1 + \otimes_2$，且

$$\otimes_1 + \otimes_2 \in [a+c, b+d] \tag{C-1}$$

法则 2：$\otimes_1$ 的相反灰数记为 $-\otimes_1$，则有

$$-\otimes_1 \in [-b, -a] \tag{C-2}$$

法则 3：$\otimes_1$ 与 $\otimes_2$ 的差记为 $\otimes_1 - \otimes_2$，则有

$$\otimes_1 - \otimes_2 = \otimes_1 + (-\otimes_2) \in [a-d, b-c] \tag{C-3}$$

法则 4：设 $\otimes_1$ 的逆运算记为 $\otimes_1^{-1}$，$\otimes_1 \in [a,b], a < b$ 且 $a \neq 0, b \neq 0$，$ab > 0$，则有

$$\otimes_1^{-1} \in \left[\frac{1}{b}, \frac{1}{a} \right] \tag{C-4}$$

法则 5：$\otimes_1$ 与 $\otimes_2$ 的积记为 $\otimes_1 \cdot \otimes_2$，则有

$$\otimes_1 \cdot \otimes_2 \in [\min(ac,ad,bc,bd), \max(ac,ad,bc,bd)] \tag{C-5}$$

法则 6：$\otimes_1$ 与 $\otimes_2$ 的商记为 $\otimes_1 / \otimes_2$，且 $c \neq 0, d \neq 0, cd > 0$，则有

$$\otimes_1 / \otimes_2 \in \left[\min\left(\frac{a}{c}, \frac{a}{d}, \frac{b}{c}, \frac{b}{d} \right), \max\left(\frac{a}{c}, \frac{a}{d}, \frac{b}{c}, \frac{b}{d} \right) \right] \tag{C-6}$$

法则 7：设 k 为正实数，则有

$$k \cdot \otimes_1 \in [ka, kb] \tag{C-7}$$

（2）区间灰数可能度比较公式。

设区间灰数 $a(\otimes) \in [\underline{a}, \overline{a}]$，$b(\otimes) \in [\underline{b}, \overline{b}]$，记 $l_a = \overline{a} - \underline{a}$，$l_b = \overline{b} - \underline{b}$，则称 $a(\otimes) \geqslant b(\otimes)$ 的可能度满足

$$p[a(\otimes) \geqslant b(\otimes)] = \frac{\min[l_a + l_b, \max(\overline{a} - \underline{b}, 0)]}{l_a + l_b} \tag{C-8}$$

设可能度 $p_{ij} = p[a_i(\otimes) \geqslant b_j(\otimes)]$ $(i,j = 1,2,\cdots,n)$，建立可能度矩阵

$P = (p_{ij})_{n \times n}$，由于矩阵 P 是模糊互补判断矩阵，根据排序公式 $w_i = \dfrac{1}{n(n-1)} \left(\sum\limits_{j=1}^{n} p_{ij} + \dfrac{n}{2} - 1 \right)$ $(i = 1, 2, \cdots, n)$，可算得矩阵 P 的排序向量 $W = (w_1, w_2, \cdots, w_n)$，$w_1, w_2, \cdots, w_n$ 的大小顺序关系对应灰数的大小顺序。

（3）两个灰数 $G[a(\otimes), b(\otimes)]$ 取小运算法则。

设有区间灰数 $a(\otimes) \in \left[\underline{a}, \overline{a}\right]$，$b(\otimes) \in \left[\underline{b}, \overline{b}\right]$，定义灰数取小运算公式 $G[a(\otimes), b(\otimes)] = a(\otimes) \wedge b(\otimes)$ 满足

$$G[a(\otimes), b(\otimes)] = \begin{cases} b(\otimes), \text{若 } p[a(\otimes) \geqslant b(\otimes)] \geqslant \dfrac{1}{2} \\ a(\otimes), \text{若 } p[a(\otimes) \geqslant b(\otimes)] < \dfrac{1}{2} \end{cases} \qquad (C-9)$$

（4）两个灰数 $H[a(\otimes), b(\otimes)]$ 取大运算法则。

设有区间灰数 $a(\otimes) \in \left[\underline{a}, \overline{a}\right]$，$b(\otimes) \in \left[\underline{b}, \overline{b}\right]$，定义灰数取大运算公式 $H[a(\otimes), b(\otimes)] = a(\otimes) \vee b(\otimes)$ 满足

$$H[a(\otimes), b(\otimes)] = \begin{cases} a(\otimes), \text{若 } p[a(\otimes) \geqslant b(\otimes)] \geqslant \dfrac{1}{2} \\ b(\otimes), \text{若 } p[a(\otimes) \geqslant b(\otimes)] < \dfrac{1}{2} \end{cases} \qquad (C-10)$$

（5）一组灰数 $a_1(\otimes), a_2(\otimes), \cdots, a_n(\otimes)(n \geqslant 2)$ 的取小运算法则。

设可能度矩阵 $P = (p_{ij})_{n \times n}$ 的排序向量 $W = (w_1, w_2, \cdots, w_n)$ 的最小分量为 $w_k = \min\limits_{1 \leqslant i \leqslant n} w_i$，则定义

$$a_1(\otimes) \wedge a_2(\otimes) \wedge \cdots \wedge a_n(\otimes) = a_k(\otimes) \qquad (C-11)$$

为这组灰数 $a_1(\otimes), a_2(\otimes), \cdots, a_n(\otimes)(n \geqslant 2)$ 的取小运算结果。

（6）一组灰数 $a_1(\otimes), a_2(\otimes), \cdots, a_n(\otimes)(n \geqslant 2)$ 的取大运算法则。

设可能度矩阵 $P = (p_{ij})_{n \times n}$ 的排序向量 $W = (w_1, w_2, \cdots, w_n)$ 的最大分量为 $w_j = \max\limits_{1 \leqslant i \leqslant n} w_i$，则定义

$$a_1(\otimes) \vee a_2(\otimes) \vee \cdots \vee a_n(\otimes) = a_j(\otimes) \qquad (C-12)$$

为这组灰数 $a_1(\otimes), a_2(\otimes), \cdots, a_n(\otimes)(n \geqslant 2)$ 的取大运算结果。

附录 D 轨道交通车站建筑分类分级标准

轨道交通车站建筑规划设计应严格执行我国相关国家和地方标准中的各项建设控制要求。

根据乘客对车站建筑基本功能的使用要求，轨道交通车站建筑可按附表 3 分类。

附表 3   轨道交通车站建筑分类体系

类别	主导客流	车站服务区域环境功能定位	主导客流行为特征描述
A 类（旅行）	城市对外及城际交通客流	各类城际交通枢纽	乘客携带物品较多，对车站环境较为陌生，通行速率较低，对人工服务需求比例较高。对建筑空间有视觉通畅及空间尺度上的物质需求
B 类（休闲）	旅游观光及商业客流	大型特色商业区；风景名胜区及观光点；书市、各类庙会及特定商品展销等场所；其他大型游乐场所	乘客携带少量物品，对车站环境介于熟悉和陌生之间，通行速率较低，对车站辅助功能及建筑空间环境的文化特色有一定需求
C 类（集会）	瞬时大规模突发客流	体育场馆及其他大型社会活动中心等短时间产生突发性客流的场所	乘客携带物品很少，对车站环境熟悉度参差不齐，通行速率较高，对车站辅助功能需求较低，对建筑空间视觉通畅要求较高

类别	主导客流	车站服务区域环境功能定位	主导客流行为特征描述
D类 （通勤）	早晚高峰上下班客流、平峰期常规出行客流	高密度就业区； 以居住功能为主、远地就业的社区； 不含城际交通的城市公共交通枢纽	乘客携带物品很少，对车站环境较为熟悉，通行速率较高，对车站辅助功能需求低，对车站空间没有特殊的要求

在确定轨道交通车站建筑分类的基础上，根据乘客对轨道交通车站建筑扩展功能的使用要求，可按附表4对轨道交通车站（不含换乘车站）进行分级。

附表4　　轨道交通车站建筑基本功能分类与拓展功能分级对照表

分类依据		乘客对轨道交通车站建筑基本功能的使用要求			
分级依据	等级	A类（旅行）	B类（休闲）	C类（集会）	D类（通勤）
		城市对外及城际交通客流	旅游观光及商业客流	瞬时大规模突发客流	早晚高峰上下班客流、平峰期常规出行客流
乘客对轨道交通车站建筑扩展功能的使用要求	特级	国际交通枢纽	世界文化遗产旅游观光区	举办国际性聚会活动的场所	国际商务中心
	甲级	发车距离400公里以上的长途城际客运站	国家级风景名胜区及著名商业区	举办国家级聚会活动的场所	国家级商务中心、国际商住区、市郊铁路首末站和重点站
	乙级	城际发车距离200~450公里范围内的城际客运站	市级休闲、商业活动中心	举办市级聚会活动的场所	市级办公中心区、区级行政中心、市内公交枢纽、线路起终点
	丙级	市郊铁路普通站	区级休闲、商业活动中心	举办市级以下聚会活动的场所	其他

轨道交通换乘车站根据远期车站高峰小时上下车客流总规模，分为特大

型、大型、中型和小型四类车站。在此基础上，根据其客流构成差异，以全日客流换乘比例为表征的网络功能定位进行分级，具体分级结果如附表5所示。

附表5　　　　　　　　轨道交通换乘车站建筑分类分级对照表

分类依据		远期车站高峰小时上下车客流总规模			
分级依据	等级	特大型	大型	中型	小型
		单线大于20000人/小时	单线大于15000人/小时，小于等于20000人/小时	单线大于10000人/小时，小于等于15000人/小时	单线小于等于10000人/小时
		双线大于32000人/小时	双线大于24000人/小时，小于等于32000人/小时	双线大于16000人/小时，小于等于24000人/小时	双线小于等于16000人/小时
以全日客流换乘比例为表征的网络功能定位	一级	换乘比例大于50%	换乘比例大于65%	换乘比例大于75%	换乘比例大于80%
	二级	换乘比例41%~50%	换乘比例51%~65%	换乘比例66%~75%	换乘比例76%~80%
	三级	换乘比例31%~40%	换乘比例41%~50%	换乘比例51%~65%	换乘比例61%~70%
	四级	换乘比例小于30%	换乘比例小于40%	换乘比例小于50%	换乘比例小于60%